U0796903

尽 善 尽 美 弗 求 弗 迪

趋势

互联网未来的商机在哪里

承哲 著

電子工業出版社
Publishing House of Electronics Industry
北京·BEIJING

内 容 简 介

本书从多个角度、多个维度向读者展示互联网的众多机会，包括BAT的互联网布局、社交产品的发展方向、O2O的未来、大数据应用、人工智能的关键技术、移动互联网的趋势等内容，这些都可以成为未来的商机。

本书不仅适合大公司的CEO、高层管理者阅读，也可以帮助中小公司的创业者开阔视野，提高对互联网的认识，从而为企业插上腾飞的翅膀。

未经许可，不得以任何方式复制或抄袭本书之部分或全部内容。
版权所有，侵权必究。

图书在版编目（CIP）数据

趋势：互联网未来的商机在哪里 / 承哲著. —北京：电子工业出版社，2016.7
ISBN 978-7-121-28900-2

Ⅰ. ①趋…　Ⅱ. ①承…　Ⅲ. ①网络经济—通俗读物　Ⅳ. ①F062.5-49

中国版本图书馆CIP数据核字（2016）第113684号

责任编辑：张　毅
印　　刷：三河市鑫金马印装有限公司
装　　订：三河市鑫金马印装有限公司
出版发行：电子工业出版社
　　　　　北京市海淀区万寿路173信箱　　邮编：100036
开　　本：720×1000　1/16　印张：17.5　字数：285千字
版　　次：2016年7月第1版
印　　次：2016年7月第1次印刷
定　　价：45.00元

凡所购买电子工业出版社图书有缺损问题，请向购买书店调换。若书店售缺，请与本社发行部联系，联系及邮购电话：（010）88254888，88258888。

质量投诉请发邮件至zlts@phei.com.cn，盗版侵权举报请发邮件至dbqq@phei.com.cn。

本书咨询联系方式：（010）57565890，邮箱meidipub@phei.com.cn。

前言

Preface

感谢这本书能够出版，这两年我主要的事情就是创业，我的职业是产品经理，在想要创业之前经常思考的是互联网能够带来的可能性，而当亲自深入到种种细节之后才发现对于互联网，真正需要思考的则是它的不可能性，要想利用互联网达成某些事情是否是需要的？以及这种需求背后是由什么理由支撑？直到某个阶段我终于明白了，互联网并不是什么新东西，它只是在满足已经有的需求，用一种更高效的方式去满足而已。

为什么创业失败？

以我个人的经验来聊聊创业失败的几个原因。

- 错的方向。不要把自己的需求当作是所有人的需求，自己的需求与他人的需求是两回事，太多失败的案例死在起点上，将自己的需求当成别人的需求，其中一个比较重要的原因就是因为自己没有在某个行业有很深的扎根，只是看到表象而没有看到本质，相信互联网的万能。
- 错的自身定位。很多项目的失败最大的原因就是没有找到明确的定位，自身的资源条件是否能够支撑这个项目也是很重要的，“风口上的猪”一抓一大把，但是为什么只有雷军做成了，一堆做手机ROM的公司全部阵亡，这里面最大的原因无非是资源经验的积累，所以即使方向正确但是自身定位错误也依然会失败。

- 错的努力。目标和努力其实是两回事，很多人每天很努力忙忙碌碌，但是产生的效绩却不高，但依然却乐在其中。这样的工作方式实际上就是没有明确目标导致的，认为只要自己在努力在用功就是在接近目标。“冬吴相对论的”这个节目里谈过，做功是分正向和负向，如果方向是错的话那再努力做的都负向的事情，不仅离目标越来越远，而且只会剩下疲劳而已。所以绝大多数创业者劳而无功，将自己需要承受“苦劳”看得比达成目标还重要，并以此安慰自己“我努力了，就没有遗憾”，但这只是在自我幻想，并不值得任何同情。

对互联网的误解

下面再谈谈很多人对互联网的误解。

- 万能的互联网。很多不了解互联网的人会认为互联网是某个什么特别的武林秘籍，得之可得天下，但实际上并非如此，互联网仅仅只是一个工具，将传统企业进行结合使得效率更高而已。比如我们以前点外卖需要看传单打电话再付钱找钱，过程极为烦琐，但是有了O2O之后就只需要直接手机查找，然后下单付款，等着外卖就行了。互联网说白了就是对效率的改造。
- 互联网的思维。互联网本身没有任何思维，在思维的只是人而已。互联网可以将一群喜欢某个产品的人聚集起来，但是这在互联网以前也是如此，比如几百年前某个喜欢下棋的本地俱乐部就是互联网思维，只不过如今的互联网这一工具将这一特性放大到最极致了而已，当前创业要关注的不是互联网思维是什么，而是要关心如何做好自己，利用互联网获得更多的曝光与粉丝才是最关键的。武林秘籍从来不存在，过去没有，现在没有，将来也不会有。
- 万能的微信。经常看到某些宣传会说“昨天马云让你开淘宝你错过了，今天你还想错过微信吗”这类过分夸大的宣传。而实际上微信并不能取代淘宝，不能取代的原因也很简单，微信的封闭系统并不能有效支持电商运转，所以微商除了传销就是小打小闹，不会成体统。

互联网的很多东西都能在经典中找到对应，《易经》的三易分别是：不易、简易、变易。当前世界因为互联网所带来的千变万化对应的是变易，而支撑这些变化的又是人性底层那些不变的东西，此乃不易，而所有的创业都需要真正抓住这些不变的东西就是抓对了真正的方向，例如打车、外卖这些O2O项目，当前互联网处于寒冬时期，太多项目的估值都被过分抬高，要能够看清事物的真正价值需要一种化繁为简的能力，越是能用一两句话说清楚的项目成功的可能性越大，这是简易。

这些文章一部分是我自己的一些创业经历的反思，其次是对国内当下科技公司格局盘点以及未来可能性，还有一部分是对互联网本质的拆解与重组，最后一部分有对前沿人工智能技术的前瞻。

希望这些思考能够给各位带来些许帮助。

承　哲

2015年10月28日 北京

目录

Contents

第1章 互联网价值日益凸显

互联网正在掀起一场革命，一场翻天覆地的革命。它让这个时代的企业面临生死转型，或浴火重生，或在沉默中老去；它让社会大众的衣、食、住、行、用与互联网密不可分，每一次互联网中断都等同于断水断电，无网不爽；“360+互联网”战略使互联网提升至国家层面，从城市建设管理到问政，整个系统都在变得更加透明与开放。

互联网与企业的生死转型

导语:

在传统PC时代我们很难想象，互联网会与我们的现实生活有如此密切的关系，我们原以为大家在网上找个资料，打个牌，玩个游戏，所有一切都是虚拟的，和现实没有任何关系，但是万万没想到的是，第一个改变现实世界的是淘宝，让线下商品可以在网上买卖，这种消费方式史无前例的便捷性给了我们第一次历史性的震撼，而越来越多的实体零售行业受到了巨大冲击，这是互联网袭击传统行业的第一波。

互联网的冲击逐年增大

在2010年，团购大战兴起，互联网再一次入侵到了我们的线下领域，餐馆、KTV、景点门票、电影院等曾经和互联网八竿子都打不着关系的线下实体商户都在联网，用户在线上的团购网站支付后，直接拿着获取的短信验证码来到具体地点就可以直接消费了，而线下商家也因为线上的流量获得了更多的收益，这是互联网袭击传统行业的第二波，互联网开始成为商家的上游。

而到了2012年，移动互联网兴起，智能手机展现出了翻天覆地之势，智能手机由于其操作的便携性，让手机成为了PC，而认为手机还是手机的传统企业如诺基亚、摩托罗拉这些曾经极为辉煌的公司，上亿美金瞬间蒸发。

智能手机彻底改变了用户的消费方式，用户可以随时用手机而不是电脑来查看可以团购的商家，用户还可以用手机来查找线路、阅读新闻、查看天气、聊天等，这让那些曾经线下信息不对称的行业变得更加透明，那些传统纸质出版物从报纸到书籍都遭遇重创，中移动的天气等定制短信也不再有市场，而微信则直接让短信发送数量骤降。从这个角度来说，移动互联网对传统行业的第三波袭击是更具有毁灭性的，并且这种毁灭与你无关，而BAT在这方面看得还是比较清楚，所以都在大力布局移动互联网，一直都在争夺移动互联网的入口，所以才诞生了百度地图、手机百度、微信、手机淘宝这一系列重量级产品。

互联网对传统企业的毁灭与重建

互联网的绕道式超车，从本质上来讲并非天外来物，实际上，所有存在信息不对称性的地方，都会被互联网渐次入侵，最后颠覆。

零售业，第一个被颠覆，从批发到零售这里面的信息不对称性极高，传统的商贩利用信息的不对称性获利，而互联网则建立了交易平台，让商品的价格降低，让每个人公平地获取价格信息。

中介，传统房地产中介公司有着极高的利润，因为信息的不对称性，房主与房客以及买方都只能通过房产中介交易，并且被抽取大量提成。中介是一个油水极大的行业，而互联网所建立的中介平台，用户可以免费发布信息，买卖双方可以直接进行零手续费的交易，而这也注定让中介公司越来越难做，甚至最后会消失。

互联网将摧毁一切建立在信息不对称性上赢利的公司，互联网将成立平台打破一切不对称性，我们回过头去看百度、阿里巴巴、腾讯，所干的都是这些事情，大家都在建立一个更大更系统的平台，让信息的不对称性降到更低，让效率更加便携。

但是从另一个角度来看，BAT们所建立的超级平台，也在帮助那些传统企业们转型，帮助那些曾经只能依赖传统渠道的传统企业，他们将借力全新的平台重新开始，那些没有进行互联网化的企业将逐渐没落，因为未来是一个万物联网的时代。

从某种意义上来说，互联网正在重塑整个商业世界的形态，BAT在这个时代的使命是完成各自的生态平台，摧毁一切信息不对称性，让更多传统企业利用它们的平台进行“互联网+”的改造，让用户也能更好地享受到一步到位的服务。生死无常，道法自然，最后剩下的也只会是那些符合时代发展趋势的企业。

被互联网改写的16个传统行业：新闻出版广电领域

导语：

互联网影响传统行业有两个特点：第一，打破信息的不对称性格局，竭尽所能透明一切信息；第二，对产生的大数据进行整合利用，使得资源利用率最大化。

互联网最有价值的不是自己在产生很多新东西，而是对已有行业的潜力的再次挖掘，用互联网的思维去重新提升传统行业。

从这个角度去观察，新闻出版广电领域（新闻、出版、电视、电影、广告）、制造流通领域（零售、批发、制造、物流）、餐饮酒店领域（酒店与旅游、餐饮）、政府管制领域（通信、金融、教育、保险、医疗、教育）等16个传统行业在互联网影响下已经发生的变化。

新闻业

传统新闻业被寡头垄断，在这样一种垄断之下，实际上是在垄断真相。自媒体，以及小微媒体可以说是互联网发展进程中的必然产物。互联网的特点就是透明！透明！再透明！福柯说过：话语的本质就是权力意志。如果说新闻业是话语霸权的主导者，那么自媒体就是对话语霸权的解构，使得话语权力回归到每一个有话语权的言说者身上。

传统新闻业的报道都是冷酷客观的，而自媒体则更加主观更加人性化，是以“人”的身份去做这样一份事业。也就是说，未来的自媒体，不仅仅是某个行业新闻发布的品牌，还是一个有血有肉的个人人格。从传统新闻行业到自媒体，可以看作从话语权威机构对人的信息传播变为一个有人格魅力的人对人的信息传播。

预测未来的新闻业。

第一，传统新闻媒体的话语权衰弱，话语权将被分散到各个自媒体的山头，新闻业会反过来向自媒体约稿。

第二，自媒体模式必将寻找到可行的盈利点，未来会有更多的新闻从业者出走去办自媒体。

出版业

传统的出版行业在外行看来是暴利，不过他们自己却说是微利，因为成本相当高，有个出版人曾经透露说他们最后只能赚10%的钱。这些事情，我也只是道听途说不知道真相。但是未来电子书的发行成本几乎是跟他们开了一个巨大玩笑，接近零啊！

传统的出版行业悲催了，因为未来除了营销策划基本没他们什么事了。但，只要转型也许还能踏上时代的末班车，还有机会。

预测未来出版业。

第一，纸质书只会有一部分还会继续存在，将继续纸质化存在的将只有经典著作和个性化定制。

第二，出版商将由互联网公司介入搅局，纸质书基本消失。

第三，传统出版商若介入互联网出版行业，将会更多地以营销策划者的姿态出现。

第四，正版书籍将会受到应有的尊重，盗版逐渐消失。

第五，由于出版成本几乎为零，所以价格会普遍走低。

第六，长尾部落化生存，广告出版电子书不足以养活作者，那么一定会有全新的盈利模式出现。还是像《技术元素》里说的："目光聚集的地方，金钱必将追随。"

电视节目行业

在美国，电视节目行业没有受到巨大冲击的原因在于其节目的原创质量以及美国人的习惯性依赖。但是在中国就没这么幸运。虽然少有成功的节目，但这并不能阻挡互联网要融合这一切的趋势。

传统电视节目时代，人更像是被迫选择，而互联网使得人的自由选择有了可能。

预测电视节目行业未来。

第一，互联网会让电视节目行业更加优胜劣汰，互联网并非是要取代电视节目，而是要对电视节目行业施以优胜劣汰的革命。

第二，各种有创意的网络节目会横空出世，挤压这块市场。目前搜狐自制剧就是对这块市场挤压的例子。

第三，电视节目行业也可能会有本地化的OTT情况出现。你会看到本地的一个人在录一个本地化的方言节目，无所谓好坏，这是互联网长尾必然会诞生的产物，只要时机一到便会涌现。

电影行业

《致青春》的成功说明了一个由互联网狂欢主导的全新电影时代的正式来临。任何电影的营销策划都已经无法离开社会化，而社会化的主要载体就是互联网，一部电影的成败已经彻底与互联网捆绑。

互联网让电影行业也像电视节目行业那样，更加优胜劣汰。豆瓣电影和时光网都是非常不错的产品，它们专门针对电影进行评论，使得消费者能更快了解一部电影。

预测未来的电影行业：

第一，将出现各种井喷状态，各种外行不断介入来搅局。原有的几大霸主地位降低，一个霸主地位会被成百上千的小霸主取代。

第二，长尾小众化需求，部落化生存可能实现。未来的电影制作成本将大幅降低，电影行业必将迎来小众化个性需求。百花齐放。

广告业

传统广告行业理论已然崩溃，当前已由大规模投放广告时代转变为精准投放时代。最具代表性的是谷歌的adwords购买关键词竞价方式，可算是互联网广告业领头羊。adwords的精准之处不仅仅在于关键词投放，投放者还可以选择投放时间，投放地点，模糊关键词投放，完全匹配关键词投放等进行精准选择。

不仅在搜索处如此精准，在网站联盟投放也讲究精准。只要各位在百度、谷歌、淘宝搜索过相应商品关键词后进入有这些网站联盟的网站，该网站广告处都会出现你所搜索过的产品的相关广告。这种做法的本质其实就是一种大数据思维。

预测未来的广告业。

第一，未来的广告业将被重新定义，进入精准投放时代。

第二，未来广告业将依托互联网大数据进行再建立。在未来，在你酒后驾车被罚后，也许你老婆的手机里面会出现是否需要为你购买保险的短信广告。

被互联网改写的16个传统行业：制造流通领域

制造业

传统的制造业都是封闭式生产，由生产商决定生产何种商品。生产者与消费者的角色是割裂的。但是在未来，互联网会瓦解这种状态，将会由顾客全程参与到生产环节当中，由用户共同决策来制造他们想要的产品。也就是说，在未来，消费者与生产者的界限会模糊起来，而传统的经济理论也将面临崩溃。这也是注定要诞生的C2B全新模式。

小米手机就是一款典型的用互联网思维做出来的产品。就像凯文·凯利在《技术元素》中描述的维基百科，底层有无限的力量，只要加入一些“自顶向下”的游戏规则，两者结合后就会爆发出惊人的力量，于是也就彻底超越大英百科全书。当前的制造业和大英百科全书有点像，在耗费着各种人力物力去做一件极其困难的事情，完全没有用到互联网的力量。

预测未来的制造业。

第一，传统的制造业将难以为继，从大规模投放广告到大规模生产的时代宣告终结。

第二，进入新部落时代，产品个性化、定制化，人人都是设计师，人人都是生产者，人人都在决策所在的部落的未来。这就是互联网的游戏规则。

零售业

传统零售业对于消费者来说最大的弊端在于信息的不对称性。在《无价》一书中，心理实验表明，外行人员对于某个行业的产品定价根本没有“把握”，只需要抛出锚定价格，消费者就会被乖乖地牵着鼻子走。

而C2C、B2C却完全打破这样的格局，将世界变平坦，将一件商品的定价变得透明，大大降低了消费者的信息获取成本，让每一个人都知道这件商品的真正价格区间，使得区域性价格垄断不再成为可能，消费者不再蒙在鼓里。不仅如此，电子商务还制造了大量用户评论UGC。这些UGC真正意义上制造了互联网的信任机制。而这种良性循环，是传统零售业不可能拥有的优势。

预测未来的零售业。

第一，线下与线上相结合，价格同步。

第二，同质化的强调功能性的产品将越来越没有竞争力，而那些拥有一流用户体验的产品会脱颖而出。

第三，配合互联网大数据，将进行个性化整合推送。现在亚马逊就已经将首页改版为个性化推送主页。

批发业

传统批发业有极大的地域限制，一个想在北京开家小礼品店的店主需要大老远地跑到浙江去进货，不仅要面对长途跋涉并且还需要面对信任问题。所以对于进货者来说，每次批发实际上都是一次风险。

当阿里的B2B出现之后，这种风险被降到最低。一方面，小店主不需要长途跋涉去亲自检查货品，只需要让对方邮递样品即可。另一方面，阿里建立的信任问责制度，使得信任的建立不需要数次地见面才能对此人有很可靠的把握。

预测未来的批发业。

第一，在互联网的影响下，未来的B2B应当是彻底的全球化，信任问题会随着时间很好地被解决。

第二，在互联网繁荣到一定程度后，代理批发商的角色会逐渐消失，被B2C取代。

物流行业

电子商务撬动物流行业。可以说物流行业沾了电子商务的光才如此红火。曾经的邮政平邮有谁还记得呢?

虽然当前的物流业非常繁荣，是互联网的产物，但是这个行业却依然一片乱象，参差不齐。从互联网的要求来思考，物流业面对的压力如下。

第一，电子商务要求服务更完善的物流。

第二，电子商务的不断繁荣决定物流将面临更大的承载能力。

第三，由互联网建立的问责机制会使物流业优胜劣汰。

预测物流行业。

第一，最后会产生几足鼎立的局面，小鱼或被大鱼收购吃掉，或自生自灭，而活下来的大鱼一定会建立起非常完备的整套流程。

第二，活下来的物流企业对用户的服务也将随竞争优化，无论是对寄件人还是收件人，这些活下来的物流公司都会为其建立起完美的超越以前的服务。无须阿里的参与都会建成，只是时间尚未到来。随着时间的沉淀，这些问题自然会“不成问题”，只不过我们还需要耐心。是互联网要求物流行业的崛起，同时互联网也在要求更高质量的繁荣。

被互联网改写的16个传统行业：餐饮旅游领域

酒店业与旅游行业

传统的酒店业与旅游行业由于信息的不透明性，经常会发生各种宰客现象，由于很多集团的利益纠葛，使得个人消费者的维权步履维艰。而当互联网出现后，这些被隐藏在黑暗角落的东西会被彻底挖掘出来晒在阳光下。“海南一万元午饭”事件就是一次很好的互联网曝光案例。

预测未来的酒店业与旅游行业。

第一，互联网为二者建立起强大的问责制，未来一定有个大一统平台对这两个行业进行细致的评判考核。消费者的利益受到损害的可能性会大大降低。与此同时，这两个行业也将得到超越来自政府的更强有力的监督，不敢擅自作恶。

第二，从行业本身来说，这两个行业的未来一定会利用起互联网大数据，对消费者的喜好进行判定。酒店可以为消费者定制相应的独特的个性房间，甚至可以在墙纸上放上消费者微博的旅游心情等。旅游业可以根据大数据为消费者提供其可能会喜好的本地特色产品、活动、小而美的小众景点等，旅游业还可根据其旅行的时间地点以及旅行时的行为数据推送消费者可能会喜欢的旅游项目。

预测未来这两个行业不仅会自律还会做得更好。利用互联网沉淀出的大数据，想象力无穷。

餐饮行业

美国很多州政府在与餐饮点评网ylep展开合作，监督餐饮行业的卫生情况，效果非常好。人们不再像以前那样从窗口去看餐馆里的情况，而是从手机APP里的评论！

在中国的本地化O2O点评比如大众点评、番茄快点、淘宝点点等，消费者可以对任何商家进行评判，同时商家也可以通过这些评判来提升自己的服务能力。

预测未来的餐饮行业。

第一，将会由互联网彻底带动起来，会有越来越多的人加入点评中，餐馆也会愈加优胜劣汰。社会化媒体会将一件事彻底放大，一个真正好的餐馆会在互联网上聚集成一个小部落。而一个没有特色的餐馆，连被评论的资格都没有。那么一个坑人的餐馆，无论有多少造势回帖说好，只需要有几个评论就可以将它彻底毁灭。这就是互联网的规则要求，一切透明，可以将你捧上天堂也可以将你打入地狱。

第二，在服务环节上进行更大的效率优化。完善一整套产业服务格局，其中一个标志性的最大的特点就是用户就餐零等待。

被互联网改写的16个传统行业：政府管制领域

通信业

可以说通信行业被OTT是注定的命运。传统的通信业，开路收费模式，如寄信、通话等都是为你开路然后收钱。而互联网的出现却完全无视这些规则，互联网要求人与人更紧密的链接，每一秒都可以以最低成本随时联系得到，于是3G的普及也同时意味着特洛伊木马的彻底接入。

预测通信业未来。

第一，世界可能不再需要手机号码而被WIFI替代，对电话和短信的依赖性越来越低，直到有一天电话的技术被彻底封存起来，就像当年的电报一样。同时手机号码、电话号码等词会出现在历史课本里，并非耸人听闻。

第二，未来你的手机不再需要2G、3G、4G、5G……信号，而是WIFI，那时候的WIFI技术也将升级普及，WIFI技术会进行无缝对接，无处不在。当无线技术突破后有线宽带也将迎来终结。

第三，而那时也是人类进入全面的物联网时代。不再是人与人的通信，更多的是人与物、物与人、物与物的通讯。

金融业

绝大多数人都不明白当时阿里为何要花如此高的代价从雅虎手中夺回支付宝，直到最近闹得沸沸扬扬的支付宝余额宝事件，我们才恍然大悟，马云这个局布得真是大！阿里要以互联网搅局者姿态杀入金融业。用互联网的思维，让金融回归本质服务！

众所周知，中国是一个权力市场经济，基于权力寻租的原因，权力会扼杀一切撼动其利益格局的苗头。但是权力寻租又如何？银行把钱投到房地产，而真正制造就业的中小企业却拿不到钱，实在荒唐！如果金融最深刻的本质不是让资本得到合理的利用使得社会整体价值最大化，只是逐利般本末倒置，那么这样的金融就是社会动乱的罪恶源头。马云那时候就说：“如果银行不改变，那么我们就改变银行！”

早在2010年阿里就已经建立了“淘宝小贷”的试水，这次不过是将历史再往前推了一把。金融业本身面临的是历史潮流问题，已经不再是固有权力可以抵挡的事。

预测未来的金融业。

第一，全面互联网化。以大数据为依托，互联网会要求双方都有极高的透明信息，在最短时间内建立信任。

第二，投资方与被投资方的信任问题将会直接由互联网的游戏规则进行建立。同时风险的评估也会更加透明客观且准确。

第三，每一个被投资方的全部信息都会完全公开，从微博到家庭住址到人生经历等。未来每个人连住址都将不再是隐私，他无法伪造任何虚假信息，也无法遁逃。这就是我要回答对于认为人需要政府监管才能进行融资的理由，未来不是政府监管你，而是这个世界共同在监管。

保险业

保险业是金融业的一种，这里我打算重点单独拿出来谈。传统保险行业最大的不透明性在于代理层级关系的错综复杂，以及上游的伪装信息。一款产品需要通过诸多过分包装的手段来面向投保人，这对于投保人来说会低估真正的风险性。而对于保险公司来说，受制于区域限制，保险产品无法面向更多的受众，保险公司只能以代理模式为手段来推广产品。

中国的保险行业是奇特的，这里面掺杂了诸多的人情世故因素，与其说是用户在与保险产品打交道，还不如说是在与人打交道。是的，保险业回归的时间到了。我们需要更简单更直接的面对面接触。

预测未来的保险业。

第一，将会逐渐摆脱人际关系，以更直接的方式面对投保人，全部风险利弊不再隐藏，而是由互联网来将其透明并进行更公正的解读，以大幅度降低个人误判的可能性。

第二，基于大数据，未来人类的所有行为都会上传到云端，那么保险行业的想象力一定会更加爆发出来。现在更像是一潭死水。未来的投保一定更细分更人性，依托广告业的变革，投保的广告也会更精准。

医疗业

传统医疗行业问题很多，北京取消淘宝挂号时，快刀青衣作为一个父亲就声泪俱下地写过一篇《奶爸亲历：为什么我要毫无底线地支持淘宝挂号！》。

这同样是一个权力寻租的问题，我相信这些问题未来会被彻底解决。

未来的医疗行业将全面与互联网接轨。

从患者角度来说。

第一，各个医院以及医师的口碑评价会在互联网上被大众看到，当你看完病你就可以马上对该医生进行评价，并让所有人知道。

第二，用户的病历大数据会跟随电子病历永久保存直至用户寿终。

第三，未来物联网世界会将你的一切信息全部联网。你何时吃过什么饭，何时做过什么事，当天的卡路里消耗等信息统统上传到云端。医生根据你的作息饮食规律即可更加精准地判断你的健康情况。

第四，更多时候，患者可以选择“无须医院”就医。基于大数据的可靠性，医生可以直接远程诊断，药物随后物流送达。

从医疗行业角度来说。

第一，病人描述病情的时间会缩短，沟通成本降低会使得医院的效率得到大幅提升。

第二，医院的不透明性会被迫“开放”，各种药品价格不再是行业机密。

第三，当区域性的技术资源问题解决之后，医院也将进入自由市场。

教育行业

当下的教育是一种精英主义教育，这种精英主义的教育并非是为了个性化发展人们的能力，而是为了培养出大学教授而设计的。这是全世界教育的通病。价值取向极其枯燥并且单一化。这种金字塔模式的存在的原因就在于知识的封闭性、权威性，而互联网时代，这些知识的获取将不再是问题。我们面临的问题是，一个人如何不在教育中被异化，教育的本质不应当是知识的灌输，而应当是能够独立思考的人格的建立。

我想谈的不是说互联网会如何来做一些符合当前教育行业价值观的事情。更多的是，在未来，互联网会改变全人类的价值取向。将单一片面的价值观打下神坛，让各种价值重新回归社会，对人的才能进行各种认可。这其实也就是马克思真正所预言的“社会主义”。

预测未来的教育行业。

第一，互联网会改变教育行业的价值取向，将单一的以成绩为主导的教育转变为对人的个性的全面认可与挖掘，从单一走向多元，再从竞争走向合作。原有的金字塔形教育结构将被全部废弃，转变为“狼牙棒”形态。

第二，同时开挖大数据，建立有利于人格发展的大数据心理模型，对人进行个性化的教导。

BAT产品出问题等于全民断水电?

导语:

2015年7月13日下午百度搜索出现异常，搜索任意关键词，均出现链家地产的品牌推广。而该事件仅仅发生5分钟却已被大量媒体报道，这种事情如果发生在小公司上完全不足以引起任何关注，但是这种“鸡毛蒜皮”的事情一旦发生在了BAT产品上，就成了新闻大事，从侧面也说明了BAT的产品正如水和电一样融入我们的生活之中，用户平时已经习惯使用他们的产品，并且已经习惯到忘了这些产品的存在，直到出了问题才发现这些产品有着如此重要的“位置”。

BAT各自出过什么BUG（故障）

先聊下BAT各自出过的问题。

百度：百度此次的搜索事件持续了5分钟时间，而这5分钟也导致了链家时不时出现宕机、网页打不开的情况，网友开玩笑道：“这个BUG让链家赚翻了，这些流量可以让链家直接上市了！”而在微博、知乎也出现了大量的讨论。

阿里巴巴的支付宝：2015年6月20日，支付宝突然出现宕机情况，持续了90分钟，而仅仅断了90分钟，让很多用户奇痒难忍。而最终原因查明是因为杭州市政建设的野蛮施工导致，支付宝的回应也被谑为：“线上再厉害，也怕线下挖掘机。”

腾讯的微信：2015年7月28日下午2点前后微信群出现故障，用户只能看到自己发的消息，并不能看到其他人发送的消息；无法在群聊分享链接，否则会出现发送失败的红色惊叹号。网友依托其他社交网络平台上不断出现提问，还有抢红包的用户表示“错过了几个亿……深表遗憾……”。

BAT产品正在变成“水电设施”

网友的戏谑很有意思，也从另一个侧面来说BAT的产品已经进入我们的生活，已经如同水电一般，当我们使用时甚至已经忘了自己在使用他们的产品，而我们为什么会像需要水电一样需要BAT的这些核心产品？

一、这些产品让用户需求实现得更高效

互联网改变了什么？在我看来什么也没变，因为需求一直在那，我们只是利用一个更好的工具来实现自己原有的需求，而BAT切中的是最为刚需的部分。我们有搜索信息的需求，在搜索引擎出现之前人们就在大量的文献中查阅资料，而搜索引擎的特点是极为迅速与高效：通过一个关键词就可以搜索到我们想要查询的东西。其次，我们有社交的需求，人们在没有微信之前就用短信和电话联系，但是微信更高效地实现了这一需求，免费并且用户体验更流畅。而我们之前就有购买商品的需求，以前是在线下寻找，但是淘宝则让我们更快速地浏览全国的商品，这比线下一家一家店地去找更为高效。

试想当BAT的产品离开我们哪怕一天，那一定都是灾难性的，如同断水断电，我们甚至需要提前做好准备。

二、用户习惯BAT产品的全方位服务

移动互联网正在高速进行，BAT的矩阵产品正在实现更多的衍生功能，比如我们可以用百度地图查询线路，还可以预订电影票、景点门票、医院挂号、团购、打车等，而支付宝和微信也集成了这些O2O功能，而我们也已经习惯了这些衍生服务。作为一个懒人，我们喜欢它们，所以BAT一直在争夺这些入口。

而用户也越来越依赖BAT的产品。

此次百度的突发小事件又一次获得如此大的关注，从中可以看到，我们其实已经进入BAT开启的新时代，BAT正在越来越好地完成本来应该由政府提供的便捷性，BAT的产品已经是这个新时代的水和电，提供着我们再也无法离开的产品。

第一位互联网劳模诞生说明了什么?

导语:

2015年4月28日，百度语音首席架构师贾磊，在人民大会堂与2064位劳动者一起接受了全国劳动模范的表彰，这也是自1950年开始评选劳模以来，第一次有互联网的从业者获得殊荣，这背后折射出了一些更深刻的东西，互联网正在越来越深刻地融入这个国家，而我们的生活也因为互联网而发生了翻天覆地的变化。通过此次表彰，我们可以重新看到新兴科技对于我们这个国家的意义。

互联网对国家的贡献正越来越大

自改革开放后，我们国家一直都是提倡工业经济、能源经济，而本次两会中总理提出了“互联网+”战略，通过互联网来带动各行各业的就业，互联网也被首次抬高至如此高的层面，从某种意义上来说，今后一切终将联网，而政府的IT化进程也依赖互联网的发展进程，目前政府都在积极寻找互联网式的管理，从城市建设管理到问政，整个系统都在变得更加透明与开放。而百度、阿里巴巴、腾讯这三家互联网公司也对这个国家作出了巨大的贡献。

百度：李彦宏在本次两会上提出了“中国大脑”计划，希望能够通过建立一个基础系统，让各行各业都能进入其中受益，而百度自身也一直在积极地将数据贡献出来，率先参与到政府的政策决策中。首先是交通方面，根据百度2015Q1财报显示，百度地图拥有市场70%的份额，每日定位请求高达110亿次，拥有海量的用户出行记录，而百度方面则将这些出行数据向政府公开，并且将自身的大数据技术与政府部门数据结合，帮助政府在城市道路规划上做出高质量的决策。其次是疾控方面，百度的搜索请求在移动端有6亿的MAU，占据80%的用户，其数据正在与疾控中心结合，帮助疾控中心预测流感，做好卫生防御工作，以及在用自身的技术帮助疾控中心建立更好的疾控对策。目前百度医疗大脑项目已经落地。

阿里巴巴：阿里巴巴对中国最大的改变就是增加了就业，阿里巴巴（或简称阿里）目前正在打造“千村万户”计划，将所有边远城乡都连入淘宝，在淘宝上发展电商以拉动当地经济，目前也已经和全国二十多个省签订协议。其次就是阿里云，其云计算以及服务器的稳定性在国内是领先的，而在阿里巴巴与各省政府签订的协议中就有将阿里云服务器作为政府信息化建设的设备，其大数据的挖掘工作可以帮助政府做好更多的民生服务。

腾讯：腾讯最大的贡献在于用微信直接OTT运营商，通过一流的用户体验，极高地改善了国民的通信体验，这是国企运营商无论如何分裂合并打价格战都无法做到的。其次，腾讯的微信正在连接全部的政府机构，国民可以在微信公众号中搜索老家的某个地区的法院、派出所、居委会，并且在公众号中提供法院立案、判决结果查询、护照办理资料、民事纠纷立案等一大堆相关的职能模块，而许多地方政府也将微信服务的考核纳入评价体系中，这种透明高效的方式极大改善了国民在享受政府职能时的效率。

综上，互联网这种高效透明的运作方式，让政府能够更好地实现职能，加速了信息化的进程，也让国民享用到了互联网带来的福利。从总理的“互联网+”的提出，到互联网公司能够纳入劳模评价系统，充分证明了政府层面已经充分认可互联网公司对于这个国家在过去的贡献，并且相信互联网公司在未来的贡献会更大。

前沿科技的未来价值正在显现

在政府历届劳模的评选中，在实业方面都是评选那些能够立竿见影马上带来业绩的行业，诸如能源、建筑、水利电力等，但是这次则是首次对如此新兴的前沿科技——“语音技术”进行评选。这个技术在当前的实用层面上是不可能像能源、建筑等行业一样马上就带来立竿见影的价值效果的，对比于其他传统行业显得有些“不干正事”，但此次也就是第一次偏偏就是将这个“不干正事”的行业也列入其中，这说明了国家层面也开始对前沿科技的价值有了更高的肯定，因为未来一定是属于这些高科技领域，虽然暂时看不到像传统行业那样立竿见影的效果，但是它在未来一定有巨大的升值空间，其价值正在一点点显现，而恰恰百度是在BAT中对未来投入最多的。

根据百度2015Q1报表，百度在研发上已经投入22.86亿，百度已经连续10季研发投入比超10%，这是BAT中投入最高的，而谷歌在对未来的投入上也没有百度如此之高。百度目前在语音技术方面在国内保持绝对领先，联想、中兴、华为、乐视等上市企业均在使用百度的语音技术，而数千家中小开发企业也在接入百度的语音平台。而百度不仅投入语音技术，在图片识别、人工智能的深度学习领域也有深耕。目前百度内部已经成立百度大脑人工智能，其智力水平已经达到2～3岁的婴儿，而在去年又有谷歌的首席人工智能科学家吴恩达的加盟，此外百度还启动了“少帅计划”，通过更高的福利待遇吸引一批在人工智能领域的优秀年轻人加入，百度和谷歌一样是一家以未来为主导的企业，将未来看得比现在更重要，百度正在布局未来，而这些布局已经在当前有所回报，现在就连政府也已经肯定了这点。

贾磊能够获得这次劳模，一方面是自身努力的结果，其出色的成绩以及负责任的工作让他成为了有史以来第一位从互联网企业中选出的劳模。另一方面则是因为政府也在认可互联网以及前沿科技的重要性，也在从各个方面积极推动并鼓励互联网和前沿科技的进展，而百度正走在最前面。

第2章

重新理解互联网与格局体系

一场名为“互联网+”的风潮正席卷产业及资本，打在了每一个创业者和投资者身上。互联网正在重构，重构出波澜壮阔的大时代。大浪淘沙，谁能成为时代精英，谁又将被时代所遗弃。

唯有掌握互联网本质，洞悉格局发展态势，才能立于不败之地。

通过《链接》，重新理解整个互联网

导语：

巴拉巴西教授《链接：商业、科学与生活的新思维》一书深刻地解释了从非互联网时代到互联网时代以及以后的社会生活的方方面面，通过一种网络模型的角度去重新解释社会规则，这本书帮我重新理解了社交的底层人性，借助其一部分的核心观点来更好地理解我们当下的互联网。

首先解释三个名词：

> **节点：复杂网络中的人或者信息。**
> **链接：两者有关系，就称为链接，但是链接有方向。**
> **中心节点：链接其他节点比较多的节点。**

复杂网络必是中心化网络

如果我们把这个世界存在的各种关系当成网络来看，那么在这个网络当中的每个节点必然都不是平等的，一定是有差异化存在的。从动物到人类历史，统统都是这么一套逻辑。小到一个班级有老师班长，大到一个组织结构有大领导和部门负责人，全都是自顶向下的结构。中心节点人物有着更大的影响力，可以链接更多其他节点。

一、重新理解BAT互联网公司的中心化

百度：当我们搜索任何关键词后，百度能够得到成千上万的相关网页，但是就是把那些最重要的链接放在了前面。百度通过技术，实现信息的中心化链接。

阿里巴巴：阿里巴巴做的是平台，所以在淘宝上面有成千上万个优质的商品，而每个细分领域几乎都有一个老大独占鳌头，而大多数用户的钱也进了这些最主要的关键的店铺。阿里巴巴通过运营的方式，将优质的内容和商家呈现出来，让这些中心获得更多链接。

腾讯：QQ和微信都是一个去中心化产品，是不可运营的工具产品，所以QQ

与微信不是社交，是工具。QQ与微信是建了一层底层网络，让用户去自发形成中心化，让用户自己运营自己的QQ群和微信群。

百度和阿里巴巴是介入中心化的塑造过程，而腾讯不介入或者说无法介入，所以QQ和微信不是社交，是还原社交的工具，现实中的中心化人际关系网络是怎么样，那么在QQ和微信中就会如此呈现出来，这与腾讯自身无关。

二、理解社交的中心化

任何成功的社交产品都是自顶向下的结构，管理员是老大，接着是红人或者版主，再接着是次活跃用户，再接下来是浏览用户。当前的社交产品是一个部落的还原。

在社交平台的建立过程上，可以参考知乎、美拍，通过不断培养中心化的红人节点，让这个平台持续有优质内容，就是非常正确的模式。任何社交产品要想成功，必须经历同样的路径，一个没有红人只有编辑输出内容的社交平台，那算不上社交，那只能算是媒体。

一个社交平台能做多大就看能够在这个平台中培育多少红人节点，一个平台如果红人节点用户持续输出的内容越来越少就说明在面临衰落，因为用户也必定逃离，这就是豆瓣目前的状态。新浪微博因为还有明星、公知、段子手这三大红人节点在持续输出内容，能够留住用户，所以微博目前来说还是能够维持的。

所以做运营就是通过不断把优质的内容生产者的内容前置，培养这些关键人物的活跃度，让其成为红人，并让更多优质的红人出现，不断生产优质内容，来拉动更多的普通用户来这个平台存留。

复杂网络的链接有方向

链接是有方向的，我们都知道国家领导人是谁，但是国家领导人都不知道我们是谁，明星、微博、段子手等一系列都是这么个道理。

一、人际关系中的链接方向

新浪微博就是最好的还原佐证，明星大号都有着几十万几百万的粉丝，但是自己所关注的用户就很少。而这些关系也被叫做弱关系，因为成千上万的人关注一个人，但是那个人是不可能关注其他人的，但是他能够产生更大的影响力。

而一个小节点能被一个大节点关注，就有机会借助另一个节点获得更多节点，所以做营销的本质就在这里，在一个社交平台中，通过与其他红人结交，以及管理员结交，不断让他们帮助你放出你的优质内容，你在持续输出内容，你就会获得更多节点。

其实做任何事情都是这样，我们经常会在商业和政治故事中看到“贵人相助”就是这么个逻辑，但不要迷失在这里面，其实一切的前提还在于自身有内容，机会到来的时候才能抓住，不然都只是一个关注而已，自身没有价值，也不会有人会随随便便帮你。

二、信息的链接方向

在信息链接的方向中最好的例子就是谷歌和百度的链接算法，在李彦宏那边就是叫做“超链接”算法，也是百度立根之本，在谷歌那边被称为PR算法（PageRank）。

简单地说，比如有一个网站，很多其他网站有这个网站的超级链接，那么百度就会寄予这个网站更高的排名权重，然后当用户搜索相关信息的时候这个网站的结果就会出现在首页。当一个网站获得的友情链接比自己输出的友情链接更多时（当然还要看其他网站自身权重等综合考虑，这里只是简单比方），就可以获得的权重越高，超级链接在百度和谷歌中有着不可低估的作用。

所以很多黑帽子通过SEO作弊的方法，来让自己网站的排名排到前面，通过大量的非法手段，入侵政府网站，企业网站，建立垃圾网站等，建立单向链接，这让谷歌和百度一直很头疼，所以搜索引擎一边要忙着优化搜索结果，一边做得更多的就是反作弊。

信息的单向链接算法，和人类现实关系其实也一模一样。

复杂网络是动态的，节点也是生命

复杂网络不是静态网络，它是有生命的，动态的，比如明星刚起步的时候会链接很多其他节点，但是当其过气之后，所能够链接的节点就越来越少，任何中心节点必然的生命旅程。

以理解明星和媒体举例：

其实当前的“90后”明星与之前任何时代的明星没有任何不同，只不过支撑网络的媒介有变化，以前是电视、海报、磁带等，现在更多的就是互联网。那些还有名气的明星，换个地方还是很有名，不会因为媒介的改变而改变，这是与媒体机构不同的。

这也是罗振宇所说的，传统媒体机构会在网络时代遭遇坍塌是因为没有个人魅力。换到复杂网络中理解就是，传统媒体机构所链接的节点无法轻易迁移到基于微博、微信等新的网络平台之中，所以会断开原来的节点链接，而明星可以轻易跨越。这其中的原因在于链接的性质不同，粉丝链接明星是一种跨媒介行为，是非理性的需求行为，但是媒体诞生于媒介，用户与媒体的链接更多属于理性的需求行为，所以当出现新媒介之后，用户自然会有更多理性行为的选择。所以媒体当前最想要做的就是从理性到非理性的跨越，但这种困难又有点像阿喀琉斯之踵。

站在复杂性动态网络这个角度来说，这轮洗牌是必经之路，复杂网络的任务就是要不断地让新的节点冒出来，让到达瓶颈的节点消失，这也是保障整个网络健壮性和可拓展性的必备条件。

当然，无论明星还是媒体，都永远需要输出内容，不然会很快失去影响力，这也是传统时代为什么明星需要频繁放出各种绯闻八卦的原因，就是为了不断获得更多节点链接，而媒体不断追热点，本质都一样，都是为了获得节点的链接。因为这些链接节点一直在不断消失，如果不频繁出现，公众就会彻底忘记。

所以无论明星还是媒体，都在拼命争夺更多的链接节点，来成为中心。

最后再来理解下互联网和世界

互联网诞生之初就是为了对抗苏联的核打击，美国所建立起来的去中心化网络，当然这里的去中心化不是为了真的去掉“中心”，而是为了建立更多“中心”。因为一旦苏联将美国的中心军事控制给打击掉，那么等于美国整个军事指挥也作废。所以，互联网的本质就是为了重建更多“中心”。当然，互联网的诞生，最后不仅给了军事指挥有了更多“中心”，还给了各行各业万事万物更多的“中心”。互联网不断地将原有的“中心节点”取代，并创造出其他新的“中心节点”，这也就是互联网的本质了。

再往大了说，建立更多新的“中心节点”是在让原有“中心节点”被不断取代。这也是世界运行的本质，宇宙大爆炸之前，宇宙只有一个“中心节点”，在这里是死寂的，空虚的，没有生命的，而大爆炸之后，各种“中心节点”出现后再消失，万物生长。

“中心化”，往小里说可以是2/8法则，往大里说就是宇宙运行规则，道生一，如果这个世界运行规律只是“去中心化”而不建立新的“中心”，那么必然一片死寂。

最后借用罗素的名言：“须知参差多态，乃是幸福本源。”

从降维攻击详解互联网格局体系

导语：

2014年12月，360宣布与手机厂商酷派正式敲定合作，向酷派投资4.0905亿美元现金成立一家合资公司，奇虎360将持有该合资公司45%股权。周鸿祎将任合资公司董事长。为什么360必须做手机？这其实是在占领互联网的高维阵地，实现降维攻击，借此我想用一种降维攻击的视角重新解读互联网格局体系。

什么是互联网的降维攻击？

雷军曾说《三体》中的哲学对其战略布局影响深远，而我最近也在反思互联网的整个维度结构，《三体》中被互联网圈借用最出名的则是三体结尾的降维攻击，高等文明的二向箔将整个太阳系从三维降至二维进行摧毁，而在互联网中的降维攻击也有很大相似之处，但有所区别，互联网的降维攻击规则是：

> 1.A产品与B产品有着高度重合的用户。
> 2.A能实现B能做的所有事情，但B却不能反过来做A的主业务，并且A做得不错。
> 3.A将绕道式侵吞B的部分市场份额，甚至全吞。例如微信与中移动的短信业务关系。

PC时代的降维攻击

PC时代的互联网是一个极为野蛮的时代，巨头们均以摧毁对手的方式来防止自身遭遇威胁，其次巨头吃着自己碗里的也在看着别人锅里的肉，不仅不让自家产品受到威胁，还经常在对手城门前挥舞旗帜。百度也曾做过电商（有啊）与社交（百度hi），阿里巴巴也曾做过搜索（一淘）与社交（旺旺），腾讯也做过搜索（搜索）与电商（拍拍），但都是小打小闹，没有闹出很大动静。

为什么没有闹出很大动静？答案在于都只是同维攻击，所有攻击都没有展现出技术的绕道式超越，只是复制对手的手法做着与对手同样的业务，并且还做得不怎么样，当然没有效果。

当然，PC时代也还是存在降维攻击的，我们来看下案例：

一、成功的降维攻击

1. 360与搜狗做搜索

PC时代的搜索引擎一直都是百度市场份额最大，但最后却还是被360与搜狗争夺下了部分份额，原因在于360与搜狗都是做PC端的产品，他们可以从PC端控制用户使用的浏览器进而控制用户使用的搜索引擎，但是百度搜索只是网页端的产品，无法反过来控制用户的电脑，再加上360与搜狗做的搜索引擎也还可以，所以最终360和搜狗可以拿下一部分的市场份额。

2. 360与搜狗

360与搜狗都在争夺搜索市场份额，所以要打架，但360由于控制了用户底层的电脑权限，所以360可以直接控制用户的浏览器，使用户无法使用搜狗，搜狗很吃亏，最后只能通过打官司来解决。

3. 腾讯狙击社交

当年Facebook从校园转型到全美非常成功，但是“校内网”转型到“人人网”则彻底失败了，我们抛开产品本身的问题，而是从降维攻击的角度来思考。国内与国外环境不同，国外没有QQ这样拥有海量用户并且对社交高度敏感的IM工具，“校内网”是网页主导，而QQ毕竟是PC端的工具，PC端的维度高于网页，腾讯从PC端可以有持续输出的能力，只要你有的我这边都能有，并且通过更高的维度不断导入用户进入我的SNS社区“QQ空间”。所以腾讯有降维攻击在，只要做的产品不要太差，基本就能覆盖低维领域。

二、失败的降维攻击

1. 腾讯失败的搜搜与拍拍

QQ作为一个拥有庞大用户的PC产品，是降维，可以狙击一切网页产品的，但是在搜索和拍拍这两个路线上失败了，虽然在QQ中大力推广这两个产品，但是由于这两个产品做得实在不行，完全没有达到预期，最终失败告终。

2. 百度没有做成电商

百度作为搜索引擎，天然掌握用户需求，用户从搜索商品到一步到位的购买，理应实现这个需求，但是百度的有啊却没有做成，原因也在于有啊做的产品不行，大家都已经习惯淘宝，有啊没有品牌知名度。

所以后来百度聪明了，一直想入京东，但是京东不肯，最后拿下糯米，没有急着导流，而是先把糯米的品牌做起来，做扎实，所以最后李彦宏还亲自上台助阵要给糯米两百亿元，为其造势。

三、被逃过的降维攻击

阿里巴巴封锁上游渠道

阿里巴巴也十分害怕被人掌握上游渠道，被降维攻击，所以淘宝对于百度搜索是屏蔽的，害怕用户通过习惯百度关键词为其带来流量，这样如果有一天百度自己做电商就更加轻而易举。当然阿里巴巴还封锁美丽说和返利网这样的导购平台，因为用户是通过他们来淘宝的，淘宝成了用户的最后一步，也是淘宝的降维，所以最终返利网开始转型，美丽说也被逼自己做电商。

总的来说，阿里巴巴是幸运的，有降维攻击在，但都没有被袭击成功。

移动时代正在加速降维攻击

一、移动时代的BAT格局状态

如果说BAT巨头在PC时代都是把摧毁对手的未来视为自己生存的条件，那么在移动时代这种观点则会被十倍百倍万倍地放大，在PC时代能够实现降维攻击的就只是在操作系统层面，通过掌握PC用户数量开始侵吞网页端用户，实现降维攻击。但是到了移动时代，由于使用场景的千变万化，每个维度都有可能是一次降维攻击，而每次降维攻击将开始真正大量地覆盖对手的原有份额。比如百度地图在进军酒店预订、打车、订餐、团购、外卖等领域，而阿里巴巴的高德地图也在入侵这些领域并且与其生态整合，此外腾讯的微信不仅整合这些O2O领域，其顶部的搜索有与百度一决高下的可能，而其推出的微信支付又与阿里巴巴整整积累十几年的支付宝打得不可开交……

如果说PC时代是BAT的农耕时代的战争，那么在移动时代则是云中之战，BAT化身为天上的一片片乌云，以雨水所触及的地面面积来重新划分各自疆域大小。“云”有两层意思，一是快，二是不分你我，带有吞并的逻辑，你所有做的事情很可能仅仅只是为对手铺路。

一切都在加速，此时的BAT都已清醒过来，不能自己通吃一切，必须尽量抢占更高维度，排兵布阵，自己做不了的交给别人来做，并且其中每一个布局都说不定有可能在未来成为某个领域的高维度，让对手无法下手。所以才有了各种井喷式的投资并购，京东、大众点评与腾讯，高德与阿里巴巴，糯米与百度等系列。

二、微信是最高维

腾讯的微信的维度是目前BAT三家最高的，百度与阿里巴巴都没有任何一款产品能够与微信的社交进行同维对抗，但是微信则能够反向对抗这二者，微信处于绝佳的安全的维度，目前市面上也没有任何可以与微信进行同维攻击的产品。而腾讯的性格在移动端变化也极大，不再所有事情亲力亲为，开始寻找低维合作，腾讯投资了搜狗让其在搜索上辅助微信对百度进行移动搜索的低维攻击，目前微信已经开放了站外搜索、朋友圈搜索、本地搜索等，这是用来对抗百度的，功能极为强大，同时腾讯投资了京东、口袋购物来对阿里进行电商的低维攻击，并且效果还不错。

虽然微信能够进行高维攻击，但是我们不要忘了另外一件事，高维攻击的有效前提是需要有一把锋利的低维武器，目前百度和阿里巴巴在各自领域依然占据了绝对江山，用户习惯不可能轻易颠覆，再加上百度与阿里巴巴也在不断加固自己的高维，也有可能有一天会反超腾讯，微信的社交变成低维而又有另一高维武器会凌驾于其之上也未可知，再加上小米这一变数，所有一切也都更加扑朔迷离。

三、移动时代的360与小米

尽管BAT在很努力地排兵布阵，但还是和PC时代一样漏掉了一条鲶鱼——小米，小米在维度上更像是PC时代的360，掌控了整个底层的手机系统，在维度上拥有更强大的生杀大权。但雷军与周鸿祎的性格却截然不同，雷军是移动时代黑暗森林的最好代表，他的逻辑在于合作而非对抗，不是在存量里较劲，所以雷军在未来很有可能打造起整个智能行业的底层生态。

雷军从《三体》中找到了怎样的商业逻辑？这里我或许能揣测出一些端倪，雷军应该相当清楚什么是降维攻击，小米手机以及小米路由器将会是未来第一高维阵地，所以这两个关键产品永远需要亲自来做，而剩下的智能领域的低维战场则交给其他公司，如小米手环、小米插座等，小米手机这一高维将会为其不断持续输血，构建一个庞大的森林体系，对所有没有高维支撑的厂商展开杀戮，小米的估值不在于手机而在于其降维攻击能力。

曾经我们谈到中国互联网总是说BAT3，但现在则是BATM，原因在于360在移动时代没有任何高维阵地，此前360与百度与搜狗等频繁的战争依然停留在PC端，并没有跨越到移动端，而百度则已经实现了移动端搜索对PC端搜索的超越，360确实已经落后很多。

在移动端，安全问题已不是最高维阵地，因为就算杀毒软件掌控了底层系统也无法掌控用户安装的软件，这种失控也就导致了360无法再继续延续PC时代的优势，彻底失去了高维优势，其移动市场的搜索份额也自然非常低，因此老周又重新回去与酷派联合做手机，这是根本原因。

在PC时代，由于用户使用场景的固定与狭窄，互联网更符合《三体》中的黑暗森林中的世界观，不是你死就是我亡，总之大家都要在一个存量里较劲。但是在移动时代，由于场景的千变万化，很有可能出现各种毁灭式的降维攻击，这些维度有可能平行也有可能错位，关键是谁也不知道哪个维度会更高更有杀伤力，所以巨头都在加速排兵布阵，以各种技术矩阵组合来构建自己的降维护城河，并且开始寻找低维战场的朋友合纵抗敌，用高维辅佐低维战场，之前的你死我亡逻辑逐渐转变为合作共生。

用户体验在PC时代只是“争分”，但是在移动互联网时代则进化到了“夺秒”，而此后带来的降维攻击的毁灭也可能在分秒之间。

第3章 BAT布阵未来

“互联网+”时代，技术为经济带来两种变化，一种是改造，另一种则是颠覆。技术的选择对企业发展同样生死攸关。柯达直接倒下，诺基亚轰然倒塌，索尼与夏普荣耀不见，这些震撼犹在眼前。目前市场三大巨头百度、阿里巴巴、腾讯已在中国度过十几个年头，而其各自技术生态根据自身特点均已有所发展，他们如何运筹布局？

技术如何影响经济

导语：

布莱恩·阿瑟《技术的本质》这本书将技术的发展进行了深刻的解读，这种解读一方面试图脱离哲学、科学、经济学、社会学，但另一方面却又不得不受这些学科的影响，技术本身就镶嵌在这些学科之中。技术哲学探索的还是哲学，而技术本身直到目前为止也没有形成一套完整的学术体系，作者则试图做这么一件事，而我也试图尽最大的可能来解读作者的理念，当然这里更多的是我希望从这本书中寻找经验的映射。

技术的实现依赖现象

任何一个技术要想实现必须依赖现象，而任何复杂的技术拆解到最后发现也不过是对现象的利用。

什么是现象呢？所谓现象泛指自然物理现象，比如重力，我们利用我们所知道的重力知识创造了水车，我们利用所知道的关于摩擦力的物理知识创造了马车、自行车、汽车等。另外，它还包括社会行为现象，比如我们有穿衣服的行为现象，所以我们就创造了服装制造的技术，我们有阅读写作的行为现象，最后有了造纸术、印刷术等。社会行为现象依赖于人性，但要实现技术最后还是要依赖自然物理现象。

所有一切技术都建立在了对现象加以利用的基础上，比如飞机能飞，这里面利用了飞行原理、动力学原理、化学反应原理等一大堆的原理，我们把技术拆解后发现，飞机能在天上飞，只不过是对自然现象的各种组合利用而已。

所以说到底，技术得以实现是因为背后有自然法则现象，这种法则包括纯物理的，以及人类行为的。

技术自身的进化

技术自身进化也是有一定规则的，而这里主要谈技术一路进化的过程，技术与自身的关系：不变，变化与变异。

一、不变：新现象发现，新技术诞生

前面说过，任何技术都是依赖现象，也就是说科学作为技术的母体必然是走在技术的前面的，必须是先有科学的发展，再有技术的跟进。比如说当一个化学家发现了通过某几种化学反应组合，可以更好地提炼碱，于是提炼碱的新技术就诞生了，再比如狭义相对论提出后，科学家根据这个基本现象继续进展，创造了原子弹技术。

所以，任何新技术都是根据新发现的现象而产生的，这个宇宙还有无穷多的现象等待我们去发现。而新现象的发现也依赖技术，没有化学药品存储的技术，科学家就无法继续研究化学反应，没有粒子加速器的技术，科学家就无法研究更深入的原子夸克等理论。

一定是科学有发现新的现象后才会诞生新技术，而技术也在反过来推动科学的发展，为科学家们提供更好的科研技术的基础设施，让科学家们能够进行更高阶层次的研究。

二、变化与变异：新技术与老技术的关系

新技术与老技术有三种关系：

1. 变化：加入

一个新技术诞生后，可以加入原有的技术中，这种情况比如USB接口技术，原来的计算机是没有USB接口技术的，但是后来这个技术被广泛应用到了所有电脑上。再比如电脑原来没有鼠标，后来鼠标的技术被普及，并加入到全部电脑中。

在这一层意义上来说，新的技术融入了老的技术中，让整个技术更加健壮与完美，让技术的进化更优良，这是做加法。

2. 变化：部分取代

接着说部分取代，最明显的就是计算机行业，在2011年之前都呈现出摩尔定律，“当价格不变时，集成电路上可容纳的元器件的数目，约每隔18～24个月便

会增加一倍，性能也将提升一倍。”

而这些新技术，则替换原有的技术，电脑生产公司不断地将原来的芯片更换，将原来的显卡更换，将原来的内存更换，将原来的主板更换，变得更快更好用。

再比如制造行业，最大的一个特点就是自动化，原来的人力劳动不断地被自动化的机器取代，不断地将人力解放出来，所以现在的制造业工厂很多原先需要人完成的流水线工作已经被机器替换。

从这一层来说，由于新的技术能够更好地实现原有目标，加入新技术的利大于弊，所以就让新技术取代了部分的老技术，让目标更高效安全地得到实现。

3. 变异：全面取代

所谓全面取代，是具有毁灭性的。新的技术彻底取代原有技术，新技术持续发展，而老技术则逐渐丧失。

最好的例子就是马车的技术被火车取代，由于火车能够更好地满足人们的出行需求，马车就被彻底抛弃，人们转向了火车。再就是造纸术，让我们抛弃了把字刻在石头、竹简、兽皮上等的一系列技术，让写作更为高效。

这种新的颠覆性技术诞生，老技术就会被取代。

技术与经济的关系

我们经常听到这样的话：“现在的很多行业，在100年前都没出现过”，以及“现在的互联网公司的细分岗位，在互联网刚诞生的那几年都还没出现过”。而事实就是这样，为什么会有这么多新兴岗位诞生呢？原因就在于技术让经济发生了变动，两者之间的关系可以归结为：

经济发展→技术发展→经济发展。

经济发展要求新的技术，而新的技术则会带来更大的经济发展，两者互相依存。而技术能够为经济带来两种变化，一种是改造，另一种则是人们常说的颠覆。

一、温和的改造升级产业链

当一个新技术被创造后，人们会发现这个技术对于某个行业的好处，于是各行各业将各种与自身契合的新技术嵌入其中，而这种嵌入又会带来更多的就业机会，更多的产业。例如随着酒店业的发展，酒店设计是一个产业，酒店管理是一个产业，酒店的床单生产会是一个产业，酒店的床单洗涤也是一个产业，酒店预订也会是一个产业。再例如汽车制造行业，随着汽车行业技术的发展，各个环节都几乎成了一个产业，轮胎是一个产业，发动机是一个产业，车窗是一个产业……

不断会有新技术加入其中，完善原有技术。

所以技术一般都会更好地帮助一个行业更好地发展自己，我们当前火热的“互联网+”就是这么一个逻辑，将传统的行业与互联网结合，进行产业的升级，任何一个传统行业与互联网结合都可能会发生新的化学反应，比如最明显的就是B2B行业，通过将自身企业的相关信息放到网上，利用百度关键词投放，阿里巴巴平台，让顾客顺利找到自己，了解自己，最后促成见面并达成交易。这就是典型的技术对原有产业的升级工作。

所以“互联网+”很早就开始了。

二、摧毁并重建整条产业链

所谓颠覆式技术，就是说有一种技术可以取代原有技术，让人类的需求更好地被实现，这时候就会逐步取代原有的技术。比如火车取代马车就是彻底颠覆式的，因为这会摧毁整条马车行业的链条，比如养马、马饲料供应链条、专业马兽医、马车制造、马粪清扫等所有环节都会被波及甚至消失。

当然这种消失并不是一下子就消失的，比如我们想一想火车刚开始，需要投入的成本是极为高昂的，需要铺铁轨、开隧道、设计线路、造火车等，而马车的成本在一定时间内其实是比火车划算的。所以技术的革新并不是一步到位，再比如人类从蒸汽工厂到电力工厂也走了很长一段的路，因为如果将原有的蒸汽设施转变为电力设施，这其中的代价是极为高昂的也是不划算的事情，所以也是得一点点来。

而最终颠覆式技术由于其优势，所以最终一定会取代原有的老技术，而随后各种产业就会自然衍生出来，就像之前说的汽车行业，汽车行业越来越规模化后，各种分工就出现，经济就被拉动了。再比如火车技术衍生出了铁轨制造技术、火车发动技术、隧道开凿技术、铺铁轨技术、路线设计技术、火车调度技术、火车排污技术、火车电力技术、动车技术、高铁技术等，这些又变成经济发展的动力。

如果要更好地总结技术与经济的关系，那就是人类原有的需求没变，只不过新技术的出现更好更高效更快速地满足了这一需求，所以人类选择了新技术，而新技术的出现会带来很多问题，因为要实现这个新技术，需要更多的技术来支撑，才能让这个新技术变得更为高效有用，所以新技术摧毁旧有行业的同时也会带来新的就业机会。

在某种意义上来说，技术越来越像一个生物，它拥有自我进化系统，它会生，它会死，它会结合，它会变异，它会进化。而这也和凯文•凯利在《技术元素》所提出的观点一样。

技术的本质是对自然的编程，是对自然现象和社会现象的利用，而我们要警惕的是，我们是被技术奴役？还是在利用技术延展我们的意志？如果我们被技术控制，那么则意味着某种形式上的死亡。对于有修为的人来说，不会被技术所奴役，技术不过是意志的工具，借用书中的一句话来结尾："佛陀与上帝居住在数字计算机的电路里，或周期转动的齿轮中，与居住在山巅或莲心中同样舒服。"

科技与政府博弈

导语:

在巴西世界杯结束后，2014年7月17日习近平在巴西利亚同巴西总统罗塞夫共同出席了百度葡语搜索引擎发布仪式，百度葡语搜索在巴西正式上线，而这也是有史以来第一次，中国互联网公司被上升到了外交高度，并获得了最高荣誉。纵观国内互联网公司的发展，与政府关系其实是不断博弈的过程，本质上，其实是科技公司背后所代表的市场的力量在与政府职能进行博弈。

而未来，政府的形态将会越来越多地被科技公司重塑。而各种关于政府、社会、市场的这些理论都将失败，因为他们的理论中没有科技，他们没能预见到真正能够从根部重塑国家的唯有科技。

让我们来回顾下这么多年来，国内最重要的几个互联网公司都是如何影响并改变这个国家，以及如何自底向上地重塑政府职能。

百度：大数据决策支撑，用数据收缩职能范围

百度属于技术驱动型的互联网公司，其在大数据的运算与分析上有着巨大的优势，而政府也与百度开展了密切的合作，在交通和疾控预防领域开始进行合作。

一、疾控预防

百度目前的疾控预防检测，利用用户的搜索关键词以及用户的所在地，对该地进行一些预测判断。同时结合百度地图上的一些人口迁徙数据，将数据提供给疾控中心，不仅如此，疾控中心也会将之前所有医疗卫生站点的监控数据与百度共享，并让百度参与进来，帮助其建立传播模型。

二、交通

百度将其百度地图的大数据共享给交通部，为交通部的道路交通规划辅助决策，其次交通部也将自己的数据开放给百度，百度将会利用自身的大数据预测技术，图形识别技术，对交通部提供的交通监控流量数据，视频监控数据进行大规模的分析与预测，建立数据模型，以帮助交通部寻找决策的最优方案。

交通部科技司赵久冲在百度大数据引擎的发言中还提到，未来的决策将由数据提供最可靠的依据，不再是拍脑袋就可以决定的事情，而未来的政府职能将继续收缩，让市场不断介入，这之中一定会有一些反弹，但我们要做的就是继续平衡这之中的关系，重新定位政府职责范围。

微博：重塑政府话语体系

在微博诞生以前，一直都有各种网络问政形式，但最大的缺点是它们零散地分布在各个网站，而微博的出现，有了一个大一统的环境，几乎所有网民都被集中到了一块，每个人都成为一个话筒，各大事件都在微博这个平台上扩散，形成自底向上的舆论风向。这就使得政府不得不去应对，不得不去有所作为，“表哥事件”、“7·23高铁事件”、“什邡事件”等都是来自民间群体发起的最直接的问政形式。

微博还有一个特点就是让我们获得了第一手的新闻事件，而不再通过官方获得，这之中就没有了延迟。当“云南车站砍人”凌晨出现后，立即登录微博，各种图片以及文字信息在微博流传。而在以前，我们要获得这样的新闻都会有很长时间的延迟，比如当年汶川发生地震时都是隔天通过新闻才知道，但是现在我们有了第一时间知道的渠道，而这种24小时的监视，也逼迫着政府去更加迅速地应对各种突发事件以换得公众威信。

从这个角度来说微博，其实也是让我们所有人24小时监视政府行为。

阿里巴巴：商业金融冰火两重天

一、商业

阿里巴巴对中国的影响无疑可以分为两方面：第一是真正拉动消费的内需，通过打破渠道的限制，实现消费者潜在的消费需求；第二是拉动就业，帮政府解决了一部分的就业问题。

当然，除了解决这些问题以外，阿里巴巴还承担了本来应该由政府来做的监督职责，要全权负责监督各种诈骗事件，并联合公安部门一起对这些行为进行调查与立案。

从这个角度来看阿里巴巴与政府的关系，阿里巴巴实际上承担了更多的政府的责任，而政府也显然非常欢迎。

二、金融

因为在商业上阿里巴巴没有直接触动到集团利益，所以与政府关系一直很融洽。但是在金融上因为开始直接触动集团利益，所以屡遭政府管制，这期间也进行了各种博弈。从最早之前的“叫停余额宝”、“叫停二维码支付”、“叫停支付宝线下POS”等事件可以看出要做互联网金融困难有很多。

在金融这一层面，阿里巴巴与政府是注定的博弈的关系，并且还将继续下去。

腾讯：腰斩运营商

腾讯在PC时代并没有触及国企利益，而在塞班手机时代，其QQ就开始不断侵蚀运营商的短信份额，而到了智能机时代，微信几乎要把运营商在短信这块的命根连根拔起，不仅如此，微信的语音服务也本是运营商的盘中餐，现在却被微信免费了出来。运营商未来也越来越只能依靠最后的救命稻草——流量来存活。

从中移动不断接近腰斩的一些数据中，我们可以窥视到运营商的寒冬早已来临。而微信的威力或许只是刚开始。

百度连接人与服务

导语：

2015年的8月5日，纽约时代广场的大屏幕上出现了庆祝“百度上市十周年”的画面，这十年中，各个中概股不断出现各种风波，并相继退市，而百度却在这十年风雨中屹立不倒，从上市到现在给投资人带来了几十倍的回报，而复盘百度这十年一路发展，从PC时代到移动时代，百度到底完成了什么，才能够带来如此巨大的回报？

PC时代，连接人与信息

1999年年底，李彦宏看到了互联网发展的趋势，搜索引擎未来的潜力，抱着技术改变世界的梦想，他辞掉硅谷的高薪工作，于2000年1月1日在中关村创建了百度公司，早期员工不足十人。

“百度”二字源于中国宋朝词人辛弃疾的《青玉案·元夕》词句“众里寻他千百度”，象征着百度对中文信息检索技术的执着追求。

早期的百度作为中国的搜索引擎，专注在搜索技术上，通过提升搜索技术来为用户提供优质的内容信息服务，用户通过搜索引擎来完成对于信息的获取，而百度利用技术优势超过了同类产品，并顺势推出以下产品，全面覆盖以网络为请求的需求。

百度MP3：百度直接买下相关音乐方版权，为用户提供免费的音乐，每年都会有流行音乐排行榜展现每年的音乐风向标，目前已经更名为百度音乐。

百度贴吧：百度贴吧成立于2003年，是一个覆盖各个网络热门话题的超级平台，用户可以根据关键词进入各大贴吧进行交流讨论，参与到各种大众、小众话题中。最新统计，贴吧注册用户已超过15亿，发帖总数超过646亿次。

百度百科：百度百科是一个国内版的维基百科，于2006年上线，覆盖各大垂直知识领域，各行各业的专家可以对相应的词条进行编辑，分享自己的知识经验。目前统计，一共有509万用户参与，创建了938万词条，日均4亿次检索。

百度音乐、百度贴吧、百度百科可以算是百度在PC时代的代表，这些产品陪伴整整一代的中国网民的成长，用户通过PC在网上获得了娱乐及专业的信息。除此之外，百度还有很多矩阵产品，如百度文科、百度经验等重要的帮人获取信息的重要产品。

在早期的PC时代，百度将重要的精力聚焦在了人与信息的连接上。

移动时代转型，破而后立

2012年，移动互联网正式崛起，移动时代是一场洗牌式的变革。诺基亚、摩托罗拉等公司的市值瞬间蒸发，而腾讯与阿里巴巴也都意识到了移动时代的重要性，而百度也认识到了这点，所以百度以技术立本，重新建立起移动端的优势，通过变革与投资，在移动时代破而后立。

百度地图：2012年，百度地图直接从产品部升级为LBS事业部，大批部门优秀人才被分配到该部门，大举挺进LBS领域。很多人怀疑，将百度地图看得如此重要是否有必要？而截至目前，百度地图已经占领70%的市场份额，日均请求35亿次，不仅帮助用户解决出行需求，还直接覆盖了电影票预订、景点门票预订、打车、机票、酒店、团购等诸多项目，已成为移动时代用户必装的APP之一。

手机百度：百度利用自身的搜索优势，推出了手机百度，根据官方数据，目前已有6亿用户安装了该应用，用户可以通过该应用搜索相关信息，并且可以使用相关服务，与百度地图一样，这形成了百度的地图与搜索的双分发。

人工智能：百度以技术起家，搜索引擎是人工智能技术的一种，而在未来人工智能的燃料“大数据”将会井喷式爆发，通过这些数据区挖掘用户的隐性需求，创造更多的价值，是未来的大趋势，所以百度在人工智能领域也开始更大笔的投入，先后建立了“百度大脑”、“百度智能自行车”、“百度自动驾驶汽车”等项目，在2014年，谷歌首席人工智能科学家吴恩达加盟百度，开启了百度人工智能研发的新篇章。

在移动时代早期，百度破而后立，通过技术优势，来创造自身的核心产品，获取用户。

移动时代，连接人与服务

当百度的“先发优势”完成后，更多的则是要考虑用户还需要什么。由于在PC时代，用户是坐着使用电脑，所以可以产生的需求空间不大，但是在移动时代，用户已经变成“随意移动”，而手机也已经成为一台移动的电脑，所以这就爆发了更为强大的LBS需求，用户不再满足于获取信息，用户更需要百度在获取信息后一步到位地帮助其解决需求，这就是移动时代的最大趋势——O2O，所以百度做了以下比较重要的事情。

去哪儿：百度利用中间页战略辅助“去哪儿”发展，源源不断地为“去哪儿”带来用户流量，而用户也通过“去哪儿”一步到位地解决自己的需求，而“去哪儿”也借助百度在2013年成功上市，成为纳斯达克翘楚。

百度糯米：百度在2013年收购糯米，随后将糯米的团购收到旗下，将百度地图、手机百度等流量导入其中，并不断为糯米注资。2015年6月李彦宏宣布要为百度糯米再投入200亿，而这也很可能使百度糯米成为下一个“去哪儿”。在同年7月18日的糯节暑期促销上，糯米的流水突破3.5亿，这是一次首胜。

百度外卖：百度外卖已与饿了么及美团外卖形成了三足鼎立的局面，而百度外卖专注于白领市场，把钱砸在最有效的地方，而百度的人工智能技术也在外卖的配送效率上有很大帮助。目前百度外卖已经完成2.5亿的融资，未来的目标是同城配送。

UBER：在滴滴与快的两巨头合并后很多人认为该市场格局已定，而意外则来自UBER，UBER以后来者居上之势，硬生生地拿下专车市场20%的份额，比滴滴快的更为来势凶猛。百度于2014年12月投资UBER，再次表明了进军O2O的决心。

在目前，百度正在发力全新领域，从连接人与信息走向连接人与服务，这是全新的战场。

百度以技术撬动商业

百度本身就是以技术为驱动的公司，其旗下成功的产品都有一个特性：围绕技术去做。与腾讯不同的是，百度是因为有了技术优势再去补充产品，比如百度贴吧、百度百科、百度知道、百度贴吧、百度指数就是因为百度有了搜索流量后，因自身发展的需要顺势而为加入的产品，做得也十分成功。

所以百度的基因就是要先以技术优势布阵，随后再将这些技术向商业化的产品进行转化。

一、搜索引擎技术

搜索引擎技术是百度产品的核心，它为最优质的用户提供搜索结果。百度搜索引擎每天都在进行着迭代更新，搜索算法是百度的核心，百度会不惜一切代价将搜索结果提升至最优。我们可以看一下百度官方从2012年开始对搜索引擎所做的反作弊更新：

1. 2012年5月百度发布Web2.0反垃圾攻略，同月发布百度惩罚的低质新闻的网站。

2. 2012年10月百度打击超链作弊的算法升级，次月宣布继续更新算法以打击交易平台的买卖链接行为。

3. 2013年2月，百度宣布“绿萝算法1.0”正式上线，旨在继续惩罚作弊网站。

4. 2013年5月百度“起源算法”上线，加强对原创文章的识别力度。

5. 2013年5月百度“石榴算法”上线，专门用于惩罚低质弹窗网站。

6. 2013年7月百度“绿萝算法2.0”更新，加大过滤软文外链的力度。

7. 2013年12月百度宣布逐步淘汰“不具备唯一价值”的PC页，对缺少适应移动端的网站进行淘汰。

8. 2014年，据观察，网站排名从之前的一星期调整转变为一天的几次调整，变化更新速度之快前所未有。

从中我们可以看到，百度在算法更新的速度上可谓一流，它从未放弃过对搜索引擎算法的更新。而在移动时代，百度更是会将该技术一路升级为更加适应移动端生存的模式。

二、大数据产品

百度的大数据引擎技术也是跟随搜索引擎技术一起发展的，百度通过对大数据挖掘将数据转化为产品。

1. 大数据营销产品：百度司南（通过大数据挖掘媒体、舆情、人群、品牌四大维度并研究其营销需求），百度精算（广告投放策略），百度代言人（利用大数据分析寻找适合某一品牌的代言人），百度舆情（监控品牌口碑，目前还不全面）。

2. 预测产品：经济指数预测、景点预测、疾病预测、城市预测、欧洲赛事预测、世界杯预测、高考预测等。目前这些产品已经上线，网址为：http://trends.baidu.com/。

3. 应用层面产品：百度医疗大脑，将中国疾病控制中心的数据与自身数据结合后进行大数据分析决策，目前已在实践阶段。网址为：http://brain.baidu.com/medical。

其次还有大数据统计、推荐、百度指数等产品。百度在大数据引擎上的投入可谓不菲，雷军说过“如果小米在未来产生的大数据无法产生出经济价值小米就完了”，显然百度对这句话的理解更为深刻，并且已经着手布局大数据的商业化。

三、深度学习研究院

2014年5月，顶级人工智能深度学习专家吴恩达宣布加盟百度，为百度“深度学习”计划添砖加瓦。百度目前最重要的人工智能领域研究有两项。

1. 深度学习：深度学习是机器学习的一个分支，它的主要特点是通过多层次的学习而得到对于原始数据的不同抽象层度的表示，进而提高分类和预测等任务的准确性。这是百度在全面发力的技术。

2. 图像识别：百度深度学习研究院副院长余凯曾说过“如果让一个人在失明

和失聪之间做一个选择，统计为绝大多数人都愿意失聪而不愿意失明”，所以说，图像识别技术是大势所趋，而百度的图像识别则是百度即将面临的最大的挑战。声音只是一维数据而图片是二维数据，该技术是需要将二维数据降为一维数据的高难度技术。

深度学习与图像识别是百度将要面临的最大的挑战，除此之外百度还在机器人、人机交互、3D视觉、异构计算等顶尖领域有所涉猎。另外，百度为了吸引更多人工智能领域的人才，启动了“少帅计划”：只要是30岁以下在人工智能领域有突出能力的人都可以加入，那里有着丰厚的薪水和在硅谷工作以及在百度内部创业孵化的优厚待遇。

阿里巴巴扮演O2O渠道角色

导语：

海量的用户在淘宝和阿里巴巴上交易，这会产生极为庞大的数据，那么阿里巴巴自然要对这些数据进行有价值的处理。可以说，阿里巴巴对于技术的投入的驱动力在于对交易数据的挖掘，通过不断地优化挖掘的技术，能让阿里巴巴获取更大的利益，这也是阿里巴巴为技术投资的价值所在。马云说：正因为自己不懂技术，所以敬仰技术人员，放手让技术人员去干。阿里巴巴在技术上的业绩如下。

阿里云

阿里云在中国为创业者带来了极大的贡献。目前绝大多数小的创业公司都会选择阿里云作为自己的服务器，原因在于阿里云的服务器稳定，能够抵抗攻击，有着极高的性价比。

阿里云诞生于2009年，2011年开始与万网开始着手布局弹性云服务业务，一举颠覆传统IDC行业。2013年1月，阿里巴巴宣布阿里云与万网正式合并，为其独立发展奠定基础。2013年4月，雅虎邮箱宣布停止服务，阿里云邮箱宣布接管。2014年2月东软集团宣布与阿里云结盟，阿里云一举击败IBM、甲骨文等国外厂商，成为国内最大的IT解决方案与服务提供商。

目前，阿里云已经提供了极为庞大以及完善的开发者服务，主要包括弹性云服务ESC、关系型数据库RDS、开放云存储OSS这三大核心撒手锏，其余还提供了开放缓存ODS、云盾、云监控、负载均衡SLB、内容分发CDN、结构化数据服务OTS、开放数据处理服务ODPS等。

阿里云除了为开发者带来福利以外，最关键的是为阿里巴巴自身建立起了强大的云计算体系。比如2014年“双十一”当天，订单创建能力最高达到每秒8万笔，支付宝的支付峰值突破了每分钟285万笔，此时阿里云不仅需要保障每一笔交易的安全还需要保证服务器不会出现崩溃，这就需要阿里云方面有过硬的技术支持。

大数据产品

对阿里巴巴来说，其大数据与百度及腾讯都不同。百度与腾讯做大数据好比是沙中淘金，而阿里巴巴直接面对的就是一座大数据金矿，每次挖掘的结果都具备比百度和腾讯更高的商业价值，而阿里巴巴同样有着开放的心态，将自身一些数据与卖家分享让卖家做出更好的决策，这点与百度的关键词搜索指数开放是一样的。

阿里巴巴旗下的四个数据产品：

一、量子恒道帮助淘宝卖家分析自身流量。

二、数据魔方将淘宝的全行业数据有偿公开给卖家，让卖家对整个行业有更好的把握进而提升自身的实力。

三、最新上线的御膳房，利用数据为商家提供更为全面的解决方案。

四、最近上线的开放数据处理服务ODPS，帮助企业进行大数据计算，它以集群形式处理TB/PB级别的海量数据，适用于超出单台服务器或单RDS实例处理能力的数据统计和分析。

从中我们看出，阿里巴巴的大数据产品具备很强的商业价值，而这也与其数据源有关。

淘宝开放平台

马云说过，阿里巴巴不是电商而是帮助别人做电商。在这点上，阿里巴巴也确实是这么做的，淘宝开放平台就是一个非常好的案例。淘宝开放平台为开发者提供了十分强大的接口，如用户API、商品API、评价API、物流API、店铺API、交易API、旺旺API、淘宝客API等。

利用阿里巴巴的这些开放接口，开发者有两种赢利模式，其一是为卖家开发出第三方管理工具，诸如仓库管理系统，宝贝自动上架、自动减价功能，然后将自己开发的产品放到淘宝第三方平台售卖，以此获利。其二是可以利用这些接口为买家开发出一系列导购系统，为卖家带来交易量，进而为自己带来收益。当年的“美丽说”、“蘑菇家”、“返利网”等都是靠着淘宝开放平台做大的公司，而在移动时代，淘宝开放平台成就了“口袋购物”等移动互联网公司，而“口袋购物”也在最近获得腾讯3.5亿融资，淘宝开放平台在其中功不可没。

腾讯重社交增值与游戏

导语：

腾讯掌控QQ和微信上亿用户，在技术实力上自然不低，所以在即时通讯方面有着“毫无疑问”的顶尖技术，但其在对未来技术的布阵上并没有太多的亮点，这也和腾讯自身的基因有关。腾讯是一家以产品为导向的公司，几乎所有技术都是围绕产品发展，与百度不同的是，腾讯是先有产品再有技术。

即时通讯技术

即时通讯技术是腾讯的立根之本。我们回顾一下腾讯发展的历史，在吴晓波的《腾讯传》里将早期QQ的发展比喻为“一只饿死鬼投胎的小精灵”，由于用户增长太快，服务器一次次面临崩溃。以下引用《腾讯传》：

初创期的中国互联网公司与他们的美国同行相比，在服务器的使用上有很大的差别：在美国，人工很贵，服务器很便宜，所以，程序员在做架构时不太考虑服务器的优化，容量不够了，添置几台就可以了。可是在中国恰恰相反，服务器很贵，人工很便宜，为了提高系统承载量，程序员们会把很大的精力投注于服务器优化，包括算法的精巧、降低主板（CPU）的消耗、把一些运行放到更底层的数据库等。对于张志东们来说，这些技术几乎都没有可以借鉴、学习的地方，因为美国人不需要那么做，甚至国内那些财大气粗的电信服务商、金融服务商也不需要那么做。而正是在这样的磨砺中，腾讯的程序员们逐渐形成了自己的、独特的核心能力。

需要在如此苛刻的服务器条件下为海量的用户提供服务，由此可想而知，在这样严苛的环境下诞生出来的即时通讯技术必定是极为出色的。到2013年年底，又传出腾讯绕开运营商自建骨干网的消息，消息虽尚不能确定，但可以肯定的是腾讯只要真想做就会做到。

广点通

腾讯的大数据产品最为知名的只有广点通，它的作用是帮助商家对QQ用户进行精准的广告投放，开放渠道为“QQ空间”、“QQPC客户端”、“QQ音乐”、“朋友网”、“手机QQ空间”。技术含量对比于百度和阿里巴巴来说并不高，这可能和腾讯基因有关，百度和阿里巴巴的赢利方式中广告投放占了极大的比重，而腾讯的赢利方式则基本依赖游戏和增值服务，所以在大数据广告上并没有像百度和阿里巴巴那样有很巨大的投入。

腾讯云

腾讯云服务器其实早就低调上线了，现已正式成为腾讯推广的项目，而腾讯云的目的主要还是为在腾讯应用的游戏开发者提供服务器支持，让开发者与腾讯开放平台进行更好的对接，其目的也是为其生态服务，与阿里云的技术差得很远，而我们也可以看出腾讯对于没必要的技术投入不会投入太多的态度。

搜搜

腾讯有史以来最大的败笔就是搜搜。腾讯于2006年发布搜搜，并用大量的腾讯系资源来为该搜索产品导流，QQ聊天内植入搜搜，QQ空间只能用搜搜独家搜索，discuz使用搜搜作为默认引擎等，但是最后由于搜索效果的原因，搜搜被腾讯宣判死刑，随后腾讯战略投资搜狗，搜狗旗下的搜狗取代搜搜的战略位置。目前已在搜狗搜索中高度整合了微信搜索。

腾讯在搜搜上惨败20亿元，回顾腾讯的这次败局，2012年从搜搜离职的吴军反思道：一个公司的基因决定了一个公司是否适合去做搜索，而腾讯之所以失败就是因为没有搜索的基因，就像Facebook即使屏蔽谷歌搜索自己做搜索，也同样不会影响谷歌一样。

第4章 社交产品谁主沉浮

市场上的社交产品层出不穷，人人网、开心网的辉煌尚在眼前，微博、微信成为市场宠儿。随后有上百款社交APP登台，抢食着二者余下的残羹冷炙。许多社交APP狂风过后无影无踪。社交产品的本质是什么？它按照什么样的轨迹发展？市场上的赢家将会是谁？微信如日中天，其他社交产品的机会在哪里？

社交产品本质

社交底层的人性是“中心化”

社交这个东西应该直接倒回到“古人”时候看。以求知为例，无论东方还是西方，都是有一种顶层设计的规则，大家来这里都是因为对知识感兴趣，然后聚拢到最有学问的老师身边，而老师则看到一些不错的学生，将其提拔为学长，而另一些求学的人无法向老师请教的时候，就选择向这些学长求教。这个例子不是特别恰当，只是为了帮助各位对社交的本质有一个初步理解。

接着谈论坛BBS，当前的社交APP本质上就是BBS，我先总体谈一下BBS的游戏规则。首先，BBS论坛社区有一套自顶向下的游戏规则，话语权最大的是管理员，管理员可以掌控每个版块的生杀大权，接着是版主，版主可以管理每一个用户的发言，可以对好的内容进行置顶。于是，游戏规则就形成了，刚开始，管理员是各个版块的版主，他不断地发现社区里面的一级活跃用户，并不断对其优质的发言内容进行置顶，让其获得成就感，然后在更加深入了解后，选择每个版块所对应的版主，接着版主也开始重复这个路径，在板块下面看到不错的内容就进行置顶，而被置顶的人会因为内容被置顶而不断发表更多优质内容，那些被置顶多的活跃用户于是就成为这个版块的小红人，大家都认识，他的发言下面也会有很多回复，小红人也很享受，大家也很享受这个社区，这个社区也让他们找到存在感。

管理员培养版主，版主培养小红人，小红人不断发表优质内容，这些内容再把其他用户留住。

整个流程是一套中心化体系，与互联网去中心化完全不是一回事，互联网不是去中心化的过程，而是减弱非互联网时代原有的中心化格局，重新建立中心化的过程。

整个亚洲由于其农耕文化的渊源，其集体主义的文化更为显著，使得亚洲的互联网社交比美国更为中心化。新浪微博与推特最大的区别就在于中心化的强度，新浪微博通过明星、公知、段子手建立了一套比推特更为强大的中心化体系。在微博市场中，新浪微博也是中心化最强的一家，所以做成了。

所以，做社交如果不站在中心化的角度来理解，是一定会失败的。任何希望通过一个创意点，建立一个去中心化的社交都是不可能的。不理解中心化，就是不理解人性，一定做不好社交。这里有人可能要反驳，微信是去中心化的，这点我放到后面再讨论。

APP社交的变与不变

APP社交有两大特性。

变：由于手机的便携性，今天的社交APP融入了许多其他元素，如语音、图片、视频、地理位置。再加上其他各种组合，它可以变化出大量的各种社交产品。这是变。

不变：今天的一切社交APP和过去的社交BBS论坛没有任何区别，在BBS诞生之初并没有运营这个工作，而随着上网的人的增多，中心化的社群越来越多，所以运营这个工作也就诞生了，其本质上不过是对管理员和版主工作内容的系统化、标准化的建立与执行，其工作本质与BBS论坛没有任何变化，它就是为了建立中心化话语体系，让更多用户追随。

所以我再强调一遍，当前的APP依然是BBS的还原，只不过被融入了各种元素而已，如果这个系统中没有中心化的话语体系，就没有吸引人的内容呈现，就更不会有追随与停留的用户。

所以，如果一个团队要做社交项目，没有运营能力或者运营资源那一定是必死无疑的。

微信不是社交，是基础设施

为什么微信和QQ不是社交，其实也很简单，我们看所有微信和QQ之外的其他全部社交产品，全部都是从公司层面直接通过运营介入用户中的，而微信和QQ就没有。

因为微信和QQ做的是熟人关系，不是陌生人。微信和QQ更应该是底层的水、电与空气。陌生人关系一定会在其基础上自动生长出来，各种中心化的微信群被用户自发建立起来，微社区也是用户自己建立，而朋友圈表面上是去中心化的，但实际上并非如此，朋友圈依然是中心化的。在你的小圈子中注定有几个是红人，他们发什么都注定会得到比别人更多的点赞，这一切也是用户自发形成，无须腾讯通过顶层介入。所以微信和QQ是一个工具，互联网是第一层，而他们只是在这之上再加了一层。

一个可能的质疑就是，在微信和QQ诞生之初，用户在上面加的都是陌生人，微信还通过摇一摇发现陌生人，这不是说明QQ和微信还是社交吗？这也是一个误区，我们要看到，这其中没有公司层面运营的介入，没有建立中心化体系，它依然是工具。此外陌陌在爆发初期也是以一种去中心化的方式爆发，本质上也是一个工具，其如果成功，那么未来的路径与微信和QQ一样，就是熟人市场。但由于微信更出色，并且捷足先登，所以陌陌又只能折回陌生人市场，从工具转变为社交，通过强运营手段维护用户，比如在刚开始建群的时候唐岩就管得很严，需要通过控制分散的中心化，来控制好底用户使其更活跃，随后也开辟了陌陌吧这些能够加强运营的功能，培养更多红人，这次6.0改版，就是全面地将工具转向运营，这也意味着陌陌彻底放弃熟人市场，这是对自身最为彻底的一次重新定位。

另外像米聊、遇见、比邻、无密这样的产品和陌陌、微信的本质逻辑是一致的，属于工具，但是现在和陌陌一样，它们已经没有了成为底层基础设施的机会，也在反过来做社交，都在想办法运营，而这三者中无密的运营模式最为简单，但无密无法产生红人，只能靠编辑这个唯一的中心化管理者，所以更像一个新闻阅读平台。

互联网是为了让我们的连接更有效率而铺出的第一层基础设施，互联网是一个工具。那么在这一层基础上，人与人之间原本就存在的关系需要被还原，所以还需要在互联网这层工具上面再做一层工具，这就是QQ和微信了，它们应当被称为关系还原的工具。

所以微信和QQ做的不是社交，做的是原本就存在关系的还原工具，然后让用户在上面自然地拓展社交，但是一上来就做社交的公司，就不是在做关系的还原，因为这些关系是原本不存在的，这些社交产品做的是建立新关系，也就是重建中心化，所以必然需要运营的强势介入。

一针捅破天理论不适用社交

这两年有一个很火的理论，它就是一针捅破天理论。傅盛每次“出台”都要为该理论摇旗呐喊，而很多互联网人也都开始信奉这套理论，认为只要找到了这个极致的“点”，从“0”到“1”的奇迹就会出现，就能够马上进行颠覆式创新了。

但跟着我仔细分析一下这个理论，找到一个“点”来做到极致，如果要让很多人用，那么这个“点”必定是切中了所有人的需求，切中所有人需求的点一定是也只能是工具，比如清理内存、WIFI连接、拍照等工具，这是没有什么中心化的东西在里面的，这是每个人都平等的，这里面是没有运营的，有运营也是在这个工具产品的论坛里面和产品自身没关系。

所以“一针捅破天”理论一定仅仅适用于工具。

我们现在对社交产品其实有一个最大的妄想，也是我之前最大的毛病，就是希望通过这么一个工具化的“点”，只需要通过少量运营，就能够让所有用户都被自动卷入其中。所以，一大堆创业团队会围绕在文字、语音、图片、视频、地理位置这样的点上轮番找新意，做出小创意的东西，弄出各种产品来。

这么做可以，但是有两条路径。

先说第一条路径，创业团队就是通过这样的一个“点”去结交陌生人，比如通过蓝牙雷达找到附近的人，通过共同在哪个位置出现找到附近的人，通过对着麦克风吹气来发现陌生人，用这样的小创意来发现“人”。这本质上其实和陌陌、微信一样，是一个工具，但它们却早就错过了这些风口了。当然也有一些垂直领域，也希望通过这样的点，依靠不需要运营的方式来实现用户的积累，这同样也是不可能的。

第二条路径，就是通过这些小的创意点，加上强大的运营来推动，那就有机会。比如Nice就是采用一个图片加标签的形式，它有着很强的运营，让用户看到优质的内容和小红人，而小红人们也“被促进着”继续发表内容，这样就可行了。但这本质上一定还是BBS，还是运营，其本质不会有任何改变。

说几个“一针捅破天”的社交产品

唱吧：唱吧的陈华很有意思，也可能他是受“一针捅破天”理论的影响，每次演讲都说唱吧是因为把唱歌这个“点”给做好了、做透了，所以用户才留在上面。我承认，把声音变好听这个“点”相当重要，但有批判精神的人更应该反向思考，难道真的就因为把这个“点”做好了就可以对抗竞争对手了吗？当然不是，最重要的依然还是运营，还是靠编辑挑选优质内容，刺激美女红人唱歌。我们很清楚，一个唱歌APP的效果再好，但是当她唱完之后只有3个人听，并且只收到1朵鲜花，而另一个唱歌APP的效果并不是特别好，但是当她唱完之后有30个人在听，收到10朵鲜花，那么这个用户会选谁自然是不言而喻的。

所以唱吧能够超越对手的原因除了技术外，最重要的还是运营。任何创始人都可能会对自己的成功有归因谬误，也同样是因为这种中心主义的文化，我们很容易相信一个权威所说的话而缺少自己的独立思考，很多人也被“一针捅破天”的理论带到了坑里去。

美拍：美拍做得也很不错，据官方公布日活千万。之前也有人跟我说，看吧，这个就是把用户拍视频的功能做到了极致，切中了虚荣的底层需求，然后成功的。这又是“一针捅破天”逻辑在作怪了，美拍刚诞生就已经势能十足，明星是直接就入驻的，而运营编辑又不断地把明星内容前置，接着又把那些活跃草根号的内容前置，不断刺激，不断激活，这就导致了大量的用户停留与观看以及使用，甚至愿意成为红人。这和美拍切入的那个点确实有关系，但是试想如果美拍刚诞生没有这么多强势的可运营资源，单纯作为一个工具，又会有多少人用？至少现在这个日活千万级别是绝不可能的。

Nice：Nice是一个在图片上贴标签写内容，然后再发布图片的APP。很多人又说这是一个极致的点，切入得实在是太好了，Nice就是靠着这个点做起来的。当然我想说的是，试想一下，如果打开Nice，上面不是编辑通过运营挑选的优质内容，而是用户随便发的大量无聊图片，还会有多少人用？恐怕都逃之夭夭了吧。

综上：还是在谈变与不变，手机的便携性，使得文字、语音、图片、视频、地理位置能够组合出各种有创意的社交变化。但是不变的是任何社交产品离不开中心化，任何角度切入的创意点都只是起到一部分作用，这些小创意是在给某个社交社区提供一些文化调性上的支撑，起不到绝对的作用，最终一切还得看运营实力。

社交还有没有机会？

现在说到各位最关心的问题了，社交还有没有机会？那么先说不存在的机会。不存在的机会就是想通过一个“点”，建立一个基本不需要运营的社区，那就是不存在的机会。

其次，手机的特性决定了一定还会有很多有创意点子出现，但是这些创意能否成功不是关键，这些创意只是在给运营制造一种文化氛围，而要想把社交做成功就看如何运营，如何把这个社区自顶向下做好，让用户一进来就能看到优质的内容，让用户一进来就能感受到这里有活跃的红人用户，让这些进来的用户愿意为你的氛围留下，甚至愿意成为你的红人用户，这才是社交的核心本质。只要能把这种自顶向下的氛围做好，一切都不是问题。

此外，每个垂直领域都会有大量的中心化用户社群，一个平台越大，在上面的红人用户就越多，看一个平台能做多大，看其笼络红人用户的能力就知道了。所以每一个垂直领域依然都有机会，只要创始人在运营方面的资源势能充足，绝对能够做好。就像美拍的出现间接地让腾讯放弃已经坚持很久的微视一样，腾讯之前打造的微视的逻辑是通过与一些公司合作，购买内容，然后吸引用户。而美拍的逻辑则是，第一步和腾讯一样，先通过明星产出的内容先打开用户群体，接着更重要的是，美拍非常懂得去挖掘草根用户，让更多的草根用户与美拍“共舞”，通过不断培养更多红人的方式来完善平台，被培养的中心化的红人越多，这个平台也就越吸引人，这是微视所欠缺的，或者说是其没有做好的。

所以说到底，社交的本质一方面还是拼资源，一方面还是拼对人性的理解。它们需要思考的是，如何让更多普通用户成为红人用户以产生更多优质内容，并让更多用户留下来。另外再说一下，小米做的MIUI论坛确实厉害，做到了真正的参与感，其建立了一个让中心红人用户不断增多的系统，中心化的红人多了，整个系统的权威就更大，这是一个非常巨大的良性循环。

所以社交的本质还是社群，是不断建立中心化的过程，中心化的人越多，这个社群的势能就越大，这也和传销的本质一样，但传销向恶。社交产品拼的就是一个用户氛围，任何想要靠一个“点”就把社交做起来的想法都是妄念。通过一个“点”就能吸引海量用户的产品，一定是去中心化的工具产品，而这类产品不具备可运营性，如图。

社交产品本质

熟人	陌生人
1. 不可以做成运营模式。	1. 必须通过运营切入，并建立中心化体系。
2. 必须是一个标准化工具。	2. 不可以做成标准化工具。
3. 最后只有一家独大。其他同类产品最终一定会折返陌生人市场，如陌陌、比邻、无密等。	3. 任何小创意设计都只是为了辅助营造社区氛围，最终拼的还是运营资源和运营能力。
4. 还原已经存在的关系。	4. 创造出新的人际关系。

另外，这篇文章其实从顶层解释了营销和运营的规则。如果你要在一个平台上营销自己，那么就需要去与这个平台更多比你更加中心化的红人结交，最好是与管理者结交，让自己的观点不断露脸，拉动自己的中心化，比如我在发这篇文章。其次如果你是一个管理者，是在平台做运营，就需要设计一个好的规则，以拉动更多的红人出现，建立更多中心化体系。当然，这一切的前提还是基于高质量的内容，如图。

一个社交平台的营销与运营关系本质

做营销	做运营
与平台上更多的红人结交，最好能够与顶层管理员结交，让他们对平台用户展示你的观点，让更多的人关注你。然后持续输出内容，前提是内容足够好。	不断把优质的内容生产者的内容前置，培养这些关键人物的活跃度，让其成为红人，并让更多优质的红人出现，不断生产优质内容，来拉动更多的普通用户来这个平台存留。

作者微信公众号：shouxifayanzhe

我们应该尽早跳出乱象，从文化层面看到社交本质，希望那些还在社交坑里的朋友们能尽早爬出来 。

社交电商本质拆解

导语：

在我基本把社交的本质说清楚后，我又接着把社交与电商的本质继续思考，继续在变化当中寻找真正不变的东西，而我最后也终于想明白，这篇文章就是从本质来拆解社交与电商的本质关系。

一个电商产品到底能有多强就看有多少用户喜欢，就看拥有多强大的向心力，以及向心力的方向朝着哪边，这是核心。用户的向心力的方向如果是对着产品的，那这个产品就很有机会，如果用户的向心力方向是对着红人内容，对着话题讨论，那么这样的个人或组织只能用广告来实现流量的变现，和电商没有太大关系，各位轻易不要被"社群经济"这个名词玩坏了。

熟人关系与电商

熟人关系与电商谈得最多的就是微商了。微商一直被摆在了风口浪尖，很多人说得就好像阿里巴巴马上就要不行了，用户都要从淘宝转到微信里买东西了，但是截至目前，我们真的看到有任何从微信里面崛起的电商品牌了吗？而一个平台不能帮助一个品牌完成传播和塑造，那就不能被看成是电商平台。

前段时间，微信在小范围测试一个功能，屏蔽在朋友圈发广告的朋友的部分信息，微信根据大数据来帮助用户过滤掉朋友发的广告信息，让朋友圈变得更纯净，而这也是给微商泼的一盆冷水。朋友圈是熟人的封闭圈子，在这些关系链中普通商品是很难构成传播的，比如你一个朋友今天买了一双鞋发朋友圈你觉得不错你也买了，但是明天他买了一件衣服你觉得不好看就不跟着买，后天他再买一条裤子你也觉得不好看，也不跟着买了。也就是说，朋友圈的这种熟人关系能够为普通品牌带来的影响力是微乎其微的，一个新兴品牌是无法通过这样封闭的朋友圈进行海量传播的，必须是通过开放平台才可以，能够进行海量传播的电商案例都是类似集赞换物的方式，但是这种方式并不是用户处于对某品牌的忠诚，而是非理性的贪婪，不可持续。其次你如果在朋友圈发像苹果手机、小米手机这样的品牌商品是能够给周围人造成一定影响的，但是造成影响的并不是你，而是这些品牌本身，它们已经在朋友圈之外对所有人进行了轮番营销轰炸。

所以朋友圈的这种封闭形态是强关系弱影响力，只能够为电商带来长尾后端的小流量，起不到决定性作用。社交电商要想成功最终还是要回到弱关系强影响力上。而微信如果要做电商一定不会在朋友圈，很可能是借助H5的WEB端页面这样更轻的方式来建立一个开放式平台，如果在这个平台中社交依然存在的话那一定是陌生人关系，这会像微博和淘宝的结合。

当然，对于以上这么一种社交电商的设想我还是存有疑问的，作为一个理性人，如果我要买一个东西为何需要去跟人社交？这是不是在增加我的购物的成本？我要做的其实就是挑选商品，查看评论，仅此而已。通过社交的方式购物能够达到相同效果并且还能让我的决策更高效吗？

关于熟人社交电商，腾讯如果要做其实早就可以做了。当时被炒得比较火的就是QQ空间和拍拍的天作之合，现在又轮到了微信，但是腾讯最终也没将QQ空间和拍拍绑在一起，因为腾讯也看得很清楚，熟人社交电商是强关系弱影响力，社交电商要成功需要的是弱关系强影响力。

所以，没有开放式平台，仅依靠朋友圈无法构成新兴电商品牌的海量传播，能在朋友圈构成大量传播的都只是抓住人性底层的贪婪，不具备可持续性，比如传销、集赞送东西等。社交电商如若成立的话最终还是要回归到开放，并且还要让原来的购物效率变得更高效。

兴趣社交与电商

再谈谈社交APP，兴趣社交这东西我之前说过，本质上还是以前PC时代的BBS，没有任何区别。以前叫“IP”的，现在叫“日活”，以前叫“版主”的，现在叫“运营”。

那么以前的兴趣BBS是怎么赚钱的呢？广告、百度联盟、谷歌联盟、阿里妈妈联盟、线下商家等各种合作。

那么现在的社交APP怎么赚钱呢？广告，还是广告，各种合作广告。赢利方式没有什么变化。

这里有人可能会反对，社交是可以直接进入电商的，比如辣妈帮之前是做母婴社交的现在直接做了一个母婴商城，这就是社交到电商的最好案例。但事实根本不是这样，我们要看到用户聚集在这个APP里面是纯粹为了某些兴趣来交流的，并不是为了来买你的商品。换汤不换药，从根本上来讲，像辣妈帮这样的APP只不过是把原来的广告位全部给了自己而已，给平台导入流量。但是垂直电商的这个模式要想做好，还是要依靠电商本身，流量支撑只是一部分，说到底用户在你这里是要“社交”而不是来买东西，所以它本质上依然只是电商，是服务，是渠道等一系列落地的相关能力，和社交没关系，和导流有关系。

所有具有可持续性价值的工具类APP的风口机会已经全部结束，但社交领域永远不受影响也不会结束，兴趣社交要想变现依然只能依靠广告，而我最后的质疑是，是否某些社交APP的用户的价值目前被过分高估与放大?

所以，兴趣社交在变现上还是要依靠广告，和电商无关。

围绕产品的社交与电商

兴趣社交的用户只是围绕兴趣所以变现很难，但是当所有用户围绕的是某个产品，那就会爆发出极大的力量，而这样的模式才是最值得投资的。国内找来找去，这种模式其实也就小米一家独树一帜。

早期的MIUI论坛的用户都是冲着MIUI这个安卓手机ROM而来，都在不断围绕着这个产品进行各种讨论，它有着很庞大的积累，而小米随后推出手机自然也是顺水推舟。这是一种真正的参与感，用户都在真心希望这个产品越来越好，而不仅仅是跑到论坛上来向客服反馈问题。并且小米像一颗扎根互联网的大树，出现在任何地方，微博上有小米，某个手机论坛版块中有小米，QQ空间里有小米，QQ部落中有小米，百度贴吧中有小米……小米不放过任何一个平台，不放过任何一个用户参与讨论小米的地方，所以围绕产品的社交威力巨大，让用户购买自己的产品是轻而易举的。

当然这种模式也不是对所有产品都适用，手机属于比较高频的又是科技类产品，所以可以很好地迭代升级，有话题。目前在这种模式上模仿得比较好的也就是极路由了。极路由也是可升级的科技类产品，但是频率不高，所以普通用户不会像对待手机那么狂热般地对待路由器。

要满足小米的这种模式，其实还是因为产品具有高度可迭代性，可变化，有话题衍生性。但是像传统的产品，比如可口可乐、肯德基这类除偶尔推出一些新品以外就不会有太多变化，这类产品是不可能做成此类模式的，它们只能自己在微博和微信上成为一个输出内容的媒体，以寻求更多的曝光，这是营销了。

所以，小米的这种模式不是所有产品都适用，它只适合可迭代性比较强的产品，并且还需要一定的用户规模才能够把社交做起来，但是一旦做出来就一定会是下一个资本所垂涎的翘楚。

红人与电商

红人这东西说白了就是媒体，红人们必须持续输出新内容：用户是来看你输出的内容的，不是来买你产品的。而这一模式也决定了红人无法利用自身影响力来建立垂直电商，红人只可能利用自身影响力为商家做广告代言。

截至目前还没有看到过一个红人明星仅仅通过自身影响力就把自身电商品牌做起来的，罗永浩微博大概有1100万粉丝，但是锤子手机截至2014年年底也只卖出12万部。还有崔健、韩庚也做定制手机，但是也没有卖出多少，这些其实都属于明星纪念品，红人变现只能依赖广告代言，从红人到电商的这种模式不可行。

所以，电商最终还是要回归到产品质量本身，红人代言只是营销手段，是一种导流方式。依靠红人的影响力是不可能做成电商的。

从线上到线下，UGC正在如何进化

导语：

UGC（User Generated Content）用户原创内容是在WEB2.0的时候提出的概念，也就是用户生成内容的意思，用户通过互联网将自己的原创内容分享到网站上。

最近，灵泛工作室与百度展开合作，在百度直达号上开辟了“@十万喵星人计划”，用户可以直接进入该页面创作喵星人，与传统线上不同的是在798圣之空间“十万喵星人”举行了线下活动，线上用户可以观看线下用户的作品，而线下用户也可以通过大屏幕观看线上用户创作的作品，实现了线上与线下的共同参与，这种UGC的参与模式很新鲜。我将从时间以及线上线下的维度去思考UGC的进化过程。

线上、非实时UGC——从BBS到其他

国内互联网刚起步：上网的人少，UGC以论坛为主。

国内互联网刚起步时，搞个论坛是个非常时髦的事情。根据某互联网老兵回忆，当时一个论坛只能十来个人同时在线，自己发了帖子后，发现过了几天后有人回复自己，顿时觉得欣喜若狂，那是一个混沌初开的时代。

1995年的时候，马化腾搭建了FIDO的深圳站，当时设备资金就高达5万。1996年求伯君与雷军分别在珠海和北京架起了“西线”和“西点”站点。当年丁磊和马化腾也通过FIDO相识。

总之，那是一个让极客们激动的年代，极客站长们通过网站相遇相识，大家来自五湖四海，都对互联网有着无比的热情。随着互联网的一点点普及，论坛从极客们的乐园逐渐走向那些愿意尝新的大众，而论坛这一风口也在日后成就了各大BBS站点，如天涯、西祠胡同、各个本地论坛等。做Discuz论坛系统的戴志康，也在随后风生水起。

随后论坛有了各种变种，如豆瓣小组、百度贴吧等。

上网资费的下降，用户增长：论坛已无法满足UGC交流需求，SNS与微博等新秀崛起，用户回归自我展示。

随着技术的进步，互联网资费也开始下降，用户开始大量增加，而随之而来的则是需求的爆发。传统的BBS形式已经无法满足用户的全部需求，从某种意义上来说线上不过是线下的呈现，是人性的还原，网民们已经无法在论坛中获得持续的存在感，转向了能够进行更大程度自我展示的平台——SNS以及微博。

从人性底层解释就是，人都是自恋的，需要展示的，需要被人看到，被人关注。随着上网人数的增加，被更多人看到的全面自我展示成为可能，于是便迎来了SNS以及微博的风口。而这一理论也可以解释为什么微信会超越微博，因为朋友圈能够让每一个普通人获得比微博更实实在在的关注。

人因为需要被关注，所以持续产生UGC内容以期望被关注。

其他UGC产品

除此之外还有新闻评论UGC、电商评论UGC、视频UGC、知识类UGC等，总而言之，人有表达的需求，所有能够引起人们表达欲望的地方都会出现UGC。BBS的聚合形式无法通吃，也就有了其他各种垂直形式的UGC产生。

线下、非实时UGC——O2O

线下非实时UGC实际上早就有了。大众点评成立于2003年，用户在很早的时候就可以点评餐馆的商家，而各种酒店点评类的网站也在很早前就已经成立，但是在此之前都做得不温不火。

契机在2010年的团购大战，那时候国外团购网站Groupn正风生水起，国内立即效仿，资本疯狂跟进，最终形成了千团大战的泡沫结局，而在此过程中却培养起了用户的消费习惯，而各种评论返现培养了用户大量的UGC沉淀。

O2O点评具有极高的商业价值，它是商业文明的重塑过程。商家都被透明地放到互联网上被用户任意点评，这样就会形成一种非常好的过滤机制，所有不透明都被打破，用户可以看到好的商家以及坏的商家，而这也会加速商业进化的速度，不断地优胜劣汰。当然这其中也会有一些作弊现象，但相信时间会解决这些问题。

随着智能手机的普及，O2O点评开始脱离PC，使得点评成本更为廉价。用户生产的UGC开始大量地来自于手机端，点评也开始为景点、打车、洗车、中介、话剧等服务。

这个趋势是线下服务迁移到线上的过程，而其中UGC则是必然的一环，它在重塑整个商业体系。

线上、实时UGC——直播与弹幕

实时互动类产品其实也早就有了。YY、9158美女主播等都是实时性的，主持人主导，其他用户跟随发言。目前运用得比较多的就是这种直播类。随着互联网的发展，其他产品也看到了相应的机会，比如一场苹果发布会，主持人会在新闻客户端里面不断放出发布会的实时内容，用户紧随其后评论。又或者是某个电视节目在播出，而其官微在微博上与粉丝进行实时互动。

还有一种实时形式就是弹幕。用户可以在看某个电视剧时进行评论，而其与其他人的评论都会实时地出现在屏幕上，弹幕在中国的BiliBili站风生水起，随后逐渐进入主流，土豆网与爱奇艺也相继开始效仿该模式，并且百度也在其搜索首页以及动物园直播活动中试水弹幕，而在2014年12月1日淘宝官网首页也破天荒地出现弹幕，为双十二助威。

直播与弹幕都有一个共同特点——参与感。用户在同一时间聚集在一起观看同样的视频，然后发表评论互动，这会使用户在某一时间段获得极强的群体参与感，这是非实时产品无法代替的。

当然，线上实时UGC生产还有个特点，就是需要一个真正让用户感兴趣的话题才能让人参与其中。

线下、实时UGC——正在探索的领域

百度在798的“十万喵星人计划”是线下与线上的UGC融合，是一次非常有意思的探索。传统的线下活动与线上结合的方式一般都是：

商家线上造势→用户线下体验→用户 UGC评论反馈

例如某电影要宣传，他们一般就是先在豆瓣等地方打广告，等用户体验过后，让用户进行点评，并带动更多人来参与。而此次的模式则是：

线上造势并生产UGC→线下体验，线下与线上互动持续生产UGC
→结束后继续在线上生产UGC

从头到尾都是一场去中心化的狂欢。所以我关心的问题是是否该模式可以有所迁移？正如YY和9158的实时直播模式可以迁移到新闻以及电视节目领域一样。

在这个“人人都是艺术家”的去中心化的互联网狂欢时代，并没有什么不可能。此次“十万喵星人计划”留给了我们很多可以思考的空间，未来或许会有更多类似的活动出现。

再从头梳理下UGC进化史，一句话概括就是：随着技术的发展，越来越多

勾起我们表达欲的新场景出现了，而我们将会在这些场景中扮演各种不同角色，并发表我们的观点。

如何做出更多能勾起用户表达欲的场景是未来需要探索的主题，而线上与线下结合的实时表达场景属于尚未开发的空白地带，未来类似“十万喵星人计划”这样的狂欢也许会越来越多，这给我们留下了想象的空间。

揭秘社交产品之用户众生相

导语：

最近，一组以一句话故事为设计主体的海报在优酷、微博以及地铁和分众广告位上铺天盖地出现，其内容是跳伞、海钓、改装车等不同兴趣爱好的用户故事，而这些不同领域的达人，都来自社交应用陌陌举办的达人征集活动。纵观各路社交产品的宣传手段，很少有产品将落脚点放在用户的多样性上，这让我们隐约看到一个从移动端起家的产品有着区别于PC端起家产品的风格，而这种产品的生态氛围也决定了用户会有的样子。本文也借此对比分析一下移动产品用户与那些从PC端起步的社交产品用户的具体区别。

陌陌用户

陌陌用户特征：多元化，弱关系主导+强关系并存，弱关系被不断拓展并沉淀，小组兴趣社交活跃，具备真实性。

真实

陌陌与PC端所有社交产品最大的不同就源于其更加完善和丰富的用户信息。PC端的社交大多停留在线上，并不需要太多的用户信息，所以更多的只是一种纯粹的兴趣群落结网聚合，大家都躲在电脑后面与他人交流，而这种信息的不透明性直接导致了用户间的不信任。陌陌用户与其他平台的用户相比较，则更加真实。通讯录、微博账号等内容的关联，让用户信息更加完善，同时也增强了用户间的信任，加上其天然的LBS的优势，陌陌能够有效地引导用户从线上到线下的转化，形成了PC端社交产品无法比拟的巨大优势。

兴趣

陌陌的第二个优势就是兴趣聚合的线下社交。陌陌的附近群组非常活跃，附近所有有共同兴趣（爱好、老乡等属性）的朋友都会进入自己所感兴趣的小组，然后聚集到一起吃喝玩乐，天南地北地聊天。而兴趣+本地的社交构成了陌陌成功的关键。

目前腾讯也已看到这种本地兴趣小组的巨大价值，已经上线微群组，但是由于其无法融入微信中，只能做成一个单独APP，这就割裂了用户使用场景的连续性，体验无法做到最好。微信的不及依然是陌陌们的机会。

陌陌用户的多样性

有“真实”与“兴趣”这两点就促成了陌陌用户的多样性，要想在人群中获得关注，就必须在某个兴趣领域展现出自己的特点，而陌陌很好地满足了这个点，它让人群中有特点的人能够获得更多的关注，而这也会促使更多的用户加入进来。

百度贴吧用户

百度贴吧用户特征：低龄，高活跃，亚文化，明星崇拜，缺少真实性。

高活跃

百度贴吧的热门贴吧都极其活跃，用户永远有各种有趣的内容发布，就拿最热的“李毅”吧来说，只要想刷就可以刷个一天都不会感觉累，永远有各种搞笑奇葩的帖子。

亚文化、低龄、明星崇拜

在百度贴吧中，低龄用户是主力。黎万强一直在说自己关注亚文化，并且他还很认真地研究弹幕网站，但实际上真正能够很好研究亚文化的地方，真正年轻人活跃的地方，就是百度贴吧。百度贴吧才是各种亚文化的主力场所。同时，百度贴吧的各个明星贴吧也是极其活跃，尤其是日韩明星吧，而诸如鹿晗和邓紫棋的贴吧活跃度更是超乎想象，而崇拜明星也是年轻人的典型特征。但我在这里需要做一个提醒，贴吧有个特征就是难以留存非年轻用户，当年轻人开始真正面临生活压力走上工作岗位后很少还会在贴吧发言，他们会越来越明白，贴吧只是他们曾经荷尔蒙在胡乱释放的地方。

真正能够成为主流的亚文化是否能从贴吧中走出，是个非常巨大的问号。亚文化要想成为主流，必定要在商业化上有巨大成就，而贴吧用户的低龄与变现能力低是百度贴吧所面临的问题。但如果贴吧从偶像崇拜这块切入去变现，则具备一定优势。

百度贴吧的未来是O2O，如果想要在移动端转型则面临着如何留存更多大龄用户的问题。

豆瓣用户

豆瓣用户特征：小清新主导下的多元化，缺少真实性。

豆瓣的用户形态很简单，就是以豆瓣小清新的格调聚合。首先小清新是主体，接着再与各个兴趣细分领域结合，衍生出搞笑、文化、娱乐、生活等形态，建立了各个小组，在移动互联网大潮打来之前，曾经有着极高的活跃度。

接着来谈谈豆瓣小组面临的问题，首先是豆瓣在移动端面临微博、微信以及陌陌的冲击。近年来，各个的小组的活跃度都有所下降，曾经很热门的小组现在管理员也不在，并且小组帖子中广告横行。其次是最根本的问题，小组组长与豆瓣并非利益共同体，各大热门小组介绍中被小组长加入了各种淘宝广告、微博链接、微信公众号等。小组长们似乎都有一种对豆瓣本能的不信任，都有一种想要把豆瓣用户带走的想法。而这种尴尬状态的成因在于：

一、豆瓣本身在移动端的不断没落，导致整体的活跃用户的下降。

二、豆瓣的用户形态决定了豆瓣小组瓶颈的存在，组长想做得更大必须另谋生路。这或许也是依靠豆瓣小组起家但是转战其他平台或者自建生态的“冷笑话精选”，以及“壹心理”等品牌被逼出来的选择。

三、豆瓣没有给小组长带来实际的利益，豆瓣在小组模块上挂上自己的广告，但是小组长辛苦运营这个小组却分文未得，这也是豆瓣不懂得分享的表现。

豆瓣转型移动端需要一种破而后立的精神，然后重生。目前依然很不被大家看好。

微博用户

微博用户特征：基本都在阅读，不在微博社交，同时普通用户缺少真实性。

微博的用户形态很简单，分两种，一种是有影响力的用户，他们之间确实存在一定社交，但是第二种则是绝大多数没有影响力的用户，他们都是来看新闻的，根本就没有什么社交。

社交产品首先是要让任何用户都能够获得存在感，而微博则无法做到这点，它只是一款阅读产品。这是因为新浪微博是按照新浪新闻和新浪博客的套路在做微博。利用有影响力的事件和人物来吸引住用户，刚开始很新鲜，但是这股风过了之后，必然要沉淀下来。预计新浪微博的用户会越来越多地以阅读为导向，并且将要面临微信的猛烈冲击。

QQ空间用户

QQ空间用户特征：关注小生活，强关系主导，互动频率高，具备真实性。

QQ空间的产品经理也承认，QQ空间无法吸引到“精英”用户，更多的都是那些“非精英”用户。抛开“精英”这个可能会让人反感的词，我更愿意从“关注小生活”这个层面去描述。QQ空间的高频用户们对自身周边极其依赖，他们就是喜欢活在这样的一个小圈子当中，他们更愿意向自己圈子的朋友分享生活，并且只关注圈子里的朋友生活，这就是他们全部的生活，他们有这些就足够了，所以他们也很少用也甚至不用微信。而腾讯PM死死抓住了这个点，把QQ空间发挥到了极致。

关于QQ空间用户的未来正与百度贴吧相反，因为有熟人社交的强关系在，所以QQ空间只要能够留住年轻人就能留住未来。QQ空间面临过两次生死之战，一次是51空间，一次是校内。它们对QQ空间曾经有着严重的冲击，为什么说这两次都会是生死战？很简单，如果这些SNS网站一旦沉淀出强关系，再反向做出IM，那么将把腾讯的强关系根基直接连根拔起。相比之下，3Q大战的威胁远不如这两次。

QQ空间最后转危为安，但这只是一时的，以后一定还会再出现更大的挑战。

微信朋友圈

微信用户特征：用户关注信息范围大于QQ空间，强关系主导+弱关系并存，弱关系被不断拓展，互动频率高，具备真实性。

其实，微信是另一个QQ空间，但是其与QQ空间的用户区别在于，微信的高频用户不满足于在自己的小圈子里社交，他们有着与更多圈子的人社交的欲望。张小龙非常精妙地切中了这点，让微信没有互加的人无法互动，从而避开了QQ空间这种只能把自己局限在一个小圈子的氛围。

让人既可以和自己的某个圈子的熟人圈社交，又可以和另一个圈子的熟人圈社交，而与垂直社交陌生人社交不同的是，你在朋友圈展示的是全部的自己，这达到了让别人更好地全面了解你的目的。

关于微信的未来，我目前没有想到从何种社交角度切入就可以颠覆它的可能性，只不过我有个怀疑，是否当微信这个超级入口越做越重，到最后就成为了一个工具？以至于当更酷的产品出来后，我们会放弃在微信上社交而转战到另一个平台？

此外，有一个变数是肯定的，也是微信必须在未来面对的：我们的下一代是不愿意与我们这群老家伙用一个朋友圈的，他们只会天然地说“你们用的东西好土好LOW啊”。只是我们都还无法想象这句话会来得有多快而已。

社交产品之用户众生相对比网格图

最后做个用户对比。陌陌的用户是多元化的，所以本地的兴趣小组更活跃。而微信和QQ空间的活跃则是体现在QQ空间评论以及朋友圈中。百度贴吧是亚文化和明星崇拜低龄用户的聚集地，豆瓣用户是小清新的整体风格，微博用户都是新闻阅读者和评论者。

从移动端起家的产品在基因上就完全超越了PC端的产品，移动端颠覆PC端的社交产品，就像是三维打二维的战争。此外，PC社交产品向移动端转型的，目前还没有看到一个成功案例。

	用户特征	是否具备真实性
陌陌	多元化，本地化，弱关系主导 + 强关系并存，兴趣聚集	是
贴吧	低龄，高活跃，亚文化，明显崇拜，兴趣聚集	否
豆瓣	小清新，兴趣聚集	否
微博	围观评论	否
QQ空间	关注自身小生活，关注熟人圈，强关系主导	是
微信	用户与多个圈子的社交平行空间，强关系主导 + 弱关系并存	是

从产品层看微信会怎样取代原生APP

导语：

最近，H5技术被推到“高峰”，很多人认为借助H5就能利用微信公众号取代APP原生应用了，而事实是什么？这里我从产品层做一个客观分析。

原生APP总体趋势

要谈APP是否会被微信取代，那么必须回过头去看整个APP的增长势头。早在2014年百度就发布移动分发市场报告，安卓市场大盘的增速放缓，红利正在消失。

而客观地说，工具型APP的发展正出现瓶颈，工具类APP该做的都已经做完。剩下的APP都是围绕着内容生产的社交以及新闻类APP，而这需要考验运营势能。

现在做APP开发，要想再做成一个纯工具不与智能硬件或者线下结合的APP

的机会不存在，其次内容型APP需要强运营能力。所以在这种情况下，我们下面要讨论两个问题。第一是工具类APP能否迁移到微信服务号中；第二是这类运营的内容型产品能否迁移到微信服务号中。

原生APP四象限与微信关系

现在从用户数和打开频率来讨论下原生APP的四象限，这四象限代表着已经存在的需求，这里的用户多少以BAT的矩阵产品为基准线，我们从这四个象限出发来看下微信服务号与之对应的关系。

原生APP是否能做到微信中

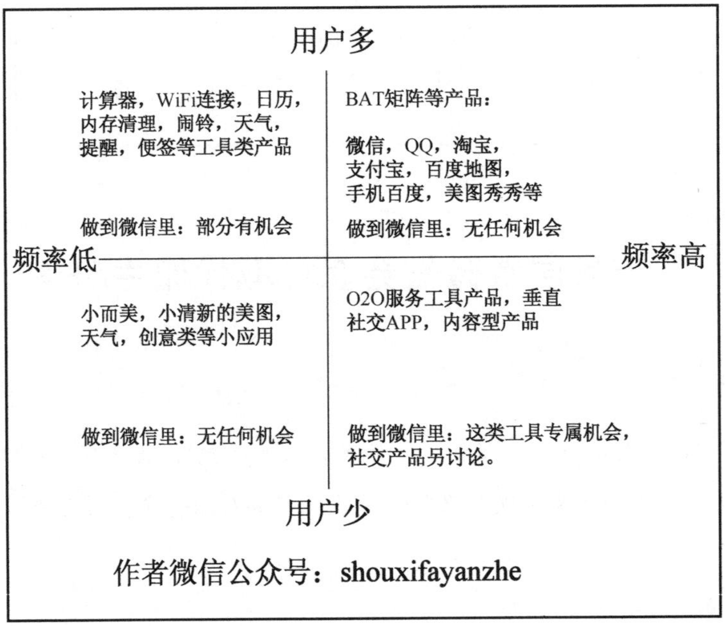

用户多，频率高：这类APP是BAT矩阵产品，要在微信服务号里面做是不可能的，BAT也不会考虑，而下一个BAT级别的公司一定不会在微信服务号中诞生，必须另辟山头。所以没有任何机会。

用户少，频率低：这类APP就是我们常见的在应用商城中那些小而美的产品，一些小创意产品，这类APP产品本身就没太大机会，所以放到服务号中更没机会。因为需求已经被验证过了。

用户少，频率高：这类APP类似滴滴打车、上门洗衣、上门按摩等。这里把打车APP也归为用户少的原因是因为相比于微信和QQ这些BAT矩阵产品，安装打车软件的人数还是少的，而其他任何垂直服务类APP相比于BAT矩阵产品也是少的。但是这类APP有一个机会：利用微信的服务号把自己放到里面，为用户提供服务，这样既省去了高昂的开发成本，又减少了高昂的用户获取成本。试想，现在让用户去为了获取某个服务而要下载APP有多困难，并且现在地推也主要是让用户扫描微信服务号二维码，但如果说要在线下让用户扫描二维码下载APP，这种场景是非常不合理的，因为绝大多数场景都没有WIFI。目前微信服务号里面已经出现了大量的O2O服务，酒店预订、洗车、上门服务等，但是微信自己也在做。在微信钱包中就把滴滴打车，以及预订火车票和飞机票等，所以与微信竞争的O2O产品存在一定风险，不过目前大可不必操心，必须先做大了才有资格谈以后。

再说垂直社交类产品。这类APP是否适合在微信公众号内做？答案是微社区本身就是垂直社交APP，垂直社交本质上是论坛，而微信内部已经介入微社区，很多公众号也在利用微社区做垂直论坛。但一切的前提是这个公众号自身有极为强大的影响力，否则一切都是空谈。而当这些微社区的用户体积到一定规模后，就可以立即“鸟枪换炮”，比如公众号“人鱼线VS马甲线”，首先在公众号里面有一个粉丝庞大的微社区，而随后又独立研发APP，脱离微信。微社区毕竟只是BBS，可以延展的功能不够，并且用户没有掌握在自己手中，这也是投资人不想看到的。所以微社区可以作为跳板存在，当然更多的也得看团队是否有跳出去的实力。

用户多，频率低： 这类型的APP基本都是工具类APP，比如任何手机出厂都会自带计算器APP、日历APP、便签APP、闹钟APP等，这些APP在用户规模上是与BAT矩阵产品差不多甚至还要多的。但是这些APP在使用频率上就不高了，比如普通人一般会多久用一次日历？但他们每天都会打开微信和QQ。

所以我要讨论的是这些有一定用户基数但是不高频的APP迁移到微信是否可行。那么先讨论一个可行的“备忘提醒”类APP，当你有什么事情需要备忘时，有个服务号能够直接满足你的这个需求，你只需要进入服务号，然后设置备忘提醒就可以了。不过微信团队也是非常聪明的，他们也早就发现了这个需求，于是做了一个“语音提醒”进行了狙击，该服务号可以直接通过语音设置备忘提醒，比任何输入操作都方便。这类可以做到服务号的APP毕竟只是少数，并不是所有APP都有机会，下面讨论如果原生APP迁移到服务号，那么什么样的APP会符合微信的设计？

原生工具类APP迁移到微信服务号的条件

下面从用户体验上来谈谈，原生工具类APP迁移到微信服务号需要具备哪些条件。

条件一

从产品层面来说，它一定要在更方便、更有效率的基础上去实现，比如“记账软件”这种主动操作的产品，就不适合，因为用户使用微信反而增加了操作成本，而一旦一个产品的操作成本增加，那就必死无疑。

原生打开：找到手机界面的APP固定位置→直接打开APP→对应操作。

原生切换：系统层切换→对应操作。

微信服务号打开：微信顶部搜索或逐行找到服务号→进入服务号→点击底部菜单或推送消息链接进入H5页面→对应操作。

微信服务号切换：退出服务号→用户有可能需要退出微信，所以还可能需要切换至微信→微信顶部搜索或逐行找到服务号→进入服务号→点击底部菜单或推送消息链接进入H5页面→对应操作。

条件二

根据条件一推出，很多原生工具APP用户的主动操作在微信服务号的操作是增加了成本的，所以把这类原生工具类APP迁移到微信是行不通的，原生工具APP迁移到微信更多的是需要满足用户的被动需求，也就是“推送大于主动”，只有这类APP才有一定机会。

条件三

根据微信自身的限制推出。这类APP必须满足微信开放接口条件，推送可以做到，但类似WIFI助手、清理内存的服务就无法做到，因为微信没有提供对应接口，但是提醒类就可以。微信服务号提供每日50万次指定用户推送的客服回复接口（可以当APP云推送用），以及用户唯一openid获取接口。完全可以做。

所以，增加用户操作成本的这类型原生APP绝对不适合进入微信服务号。原生工具类APP迁移到服务号必须满足两个条件：首先是以推送为主导，其次需要满足微信接口的条件。

所以某些服务号值得尝试，不一定能成功但有一定机会。语音提醒（微信已做），邮件提醒和回复（腾讯企业邮箱已做），朋友生日提醒，重大日程倒计时提醒，PM2.5警报提醒，星座运程提醒，团队协作推送提醒，锻炼提醒，喝水提醒，吃药提醒等，但要相信腾讯方面不是傻子，一定也在考虑这方面的服务号产品。在你做之前要想清楚你的资源积累是否足够？其次，如果微信屏蔽你的朋友圈分享链接怎么办？这是现实问题。

最后总结，借力微信服务号和H5技术可以做三类原生工具APP。第一类是低频O2O服务类，第二类是以某个公众号为核心的垂直社交，第三类是以“推送”为逻辑的原生工具APP，而这类APP腾讯方面已经在着手布局。由于成本不高，这三类都有人在开发。

所以，对一件事要下判断除了要看大势外，还要回到具体的场景。虽然H5崛起，但一项新技术要想颠覆一切，还需要看是否在真正落实的场景中能够给用户带来更高的效率。

微信原创保护

导语:

希望微信能够真的做到“再小的个体，也有自己的品牌”，不要重蹈过去WEB时代文章没有版权的覆辙。

先说一个之前比较大的事件，罗辑思维的官方公众号里面在没有获得授权的情况下引用了凤凰主笔王路的一篇文章，结果引发了王路的讨伐，而该事件的影响也很大，也最终让罗辑思维道歉。由于王路的影响力，所以还能够讨个说法。而我认识的一个朋友就很不幸了，其文章也被罗辑思维引用过，并且没有经过其授权，但是却没有得到任何道歉。

从这件事情中，其实反映了这么一件事：那些拥有流量积累的公众号随意转发他人的文章，不用经过任何人同意，而对于作者来说，虽然其文章被传播出去了，但是读者却不知道作者是谁，作者并没有得到真正的好处。所以微信推出了文章加“原创”功能来保护原创文章，先对认证媒体开放，接着再陆续向一部分自媒体开放，正在一点点尝试。这里谈一些我的看法。

侵权处理，对比微信和微博

在微博中，其对于原创的态度是比较微妙的，微博大号发布他人内容时，尊重原创版权的就会在发布中提醒对方，而作者看到后一般也都默许这个微博大号，并且由于微博的开放性，如果任何大号有侵权行为，作者就可以直接在微博上维权，在其底部留言等，这是能所有人都能实实在在看到的。

但是微信则不同，微信是一座封闭的孤岛，一个作者的文章被人侵权了，但是却不能让其他人知道，作者唯一的途径只有通过向微信官方举报而已，而这也就导致了其背后运作机制的不明确性。像王路这样的作者因为自身已经具备了一定影响力，所以才能够把罗辑思维侵权这件事让很多人知道，但是对于那些小作者来说，唯一的公正性则压在了微信身上。

微信原创保护还有哪些问题

目前比较重要的一个问题就是腾讯如何处理文章侵权，比如已经有一个大号把文章提前作为原创发表了，而作者作为后发者就会标记出文章归属于另外一个大号，一个作者投诉某个盗用自己文章的大号，在微信的说明里是需要提交申请单的，需要证据，然后邮寄……

为了一篇文章被侵权，作者也是需要蛮拼的。

还有就是腾讯的处理机制，这么多的文章都在被侵权，如何识别？如何真正找到文章源头？这是比较复杂的人工任务，如何标准化？

还有就是那些小的原创公众号，腾讯并没有对其开放，而腾讯方面也没有明确表示获得原创邀请码的标准是什么？这点也没有任何官方的说明。

最后，有些作者的文章被媒体机构发表了，但是在自己发表文章的时候页面底部被指向了机构的公众号，这点也是让作者比较郁闷的。

微信原创的未来猜想

再来说说几个网上流传的猜想。

一、收费授权

如果某篇文章被标记原创了，那么作者就可以授权被转载，所有需要转载的公众号必须向作者支付指定的报酬。

这件事操作起来非常复杂，如何通知发布者这篇文章需要付费转载？这是非常复杂的事情。

二、禁止转载

当某篇文章被设置为禁止转载后，其他想要发布该文章的公众号，无法发布该文章，这就保证了唯一性。

这件事操作起来也很复杂，怎么就能保证这篇文章无法发布？指纹识别的精准要高到什么程度？如果发布者只篡改一部分内容呢？

说来说去这些猜想都不怎么靠谱，最需要的还是微信加强对原创邀请码的开放度，其次是对侵权公众号的打击力度，从顶层来控制好对原创文章的保护力度。

原创这件事总体来说还是好的，只不过刚开始还不是那么尽善尽美。自媒体诞生于微信，希望微信能够真的做到“再小的个体，也有自己的品牌”。既然微信这么说了，那就请务必做好，不要重蹈过去WEB时代文章没有版权的覆辙。

微信的短板，构成陌陌们的机会

导语:

2014年3月17日，陌陌加入了新功能“阅后即焚”，可以向个人或群组发送阅后即焚图片，同时加入了发送视频以及在个人资料中添加电影、音乐、书籍等功能。陌陌的这次改版引发了我的思考，为什么微信没有陌陌这么多的功能？两者的差异在何处？这种差异又给其他社交APP留下了何种生存空间？以下是思考。

社交构建差异

程苓峰有篇文章讲过微信的危机，《从Facebook的out看微信的弱点》。FB的老去，是因为原本私密的社交圈变得不那么私密，进而导致用户流向其他应用。而目前微信正在变得越来越重，大量非熟人介入朋友圈，导致原有的私密空间变得越来越不私密，而这也很可能是微信在未来的危机之一。以下是微信的社交模型。

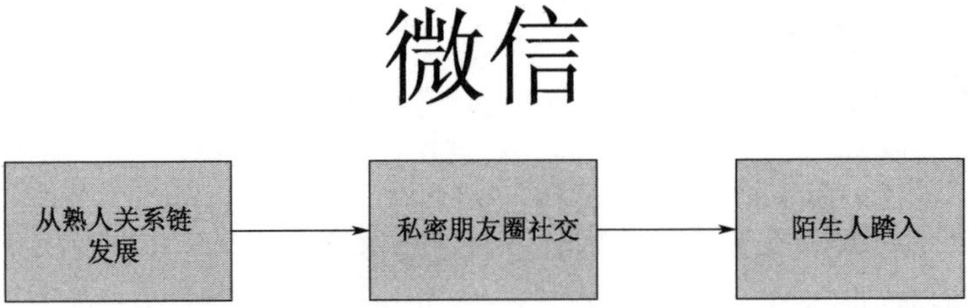

和陌生人社交是人性使然，是用户想要，不是微信所能控制的，未来的朋友圈一定越来越重，充满越来越多的陌生人。所以陌陌的机会就在于此，陌陌从一开始就从陌生人社交切入，是一个正好与微信逆向的过程。以下是陌陌的社交模型。

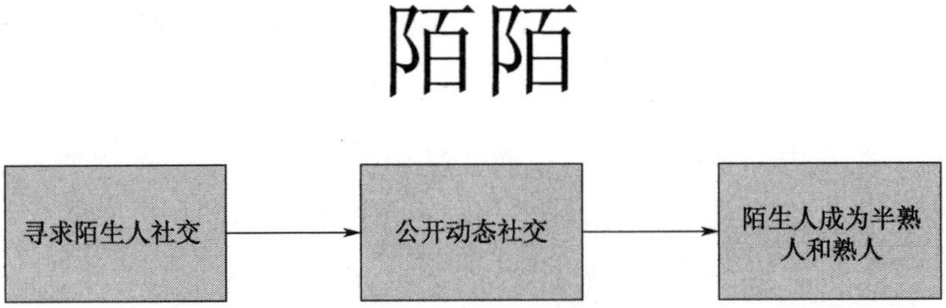

寻求陌生人社交的驱动力是永恒的。人一生下来，周围全都是陌生人，并且现在的熟人也不是一开始就是熟人，都是从陌生人发展而来的。陌陌的这一模型符合人的渴望。也正是微信无法做到的，而这也成就了陌陌。

现在我们看到一个趋势，微信中将必然出现越来越多的陌生人和半熟人。半熟人，这些人来自同行，来自某个聚会活动，等等。而陌陌的关系链中，我们会越来越多地看到半熟人和熟人，这些半熟人和熟人关系一方面是从通讯录导入，另一方面则是由LBS的社交转变而来。不过，微信依然是由熟人占据，而陌陌依然是由陌生人主导。

正是这样的一种社交模型构建差异，也导致了产品设计层面的差异。以下谈下不确定性的艺术，来试探讨微信与陌陌在产品设计层面的差异。

不确定性的艺术，产品驱动力

张小龙在谈及产品核心时将有趣排在了第一位，有趣 > 功能 > 交互 > UI。

而微信在早期占领用户的时候也确实做到了将有趣放到了第一位，最典型的就是“摇一摇”这个核心功能，它大大开辟了微信的用户占有率。“摇一摇”可以说是将不确定性发挥到极致的功能，人性中隐藏的好奇、对于未知的渴望、性幻想，都通过这么一个动作和这个小窗口得到释放。

早期的微信推广上，“摇一摇”这个功能可谓功不可没，但或许又是命中注定的，当微信得到腾讯QQ关系链全力支持后，羽翼丰满，用户关系链逐渐成熟，而“摇一摇”这个功能不再成为微信的主打功能。微信在功能的开辟上开始变得更小心翼翼。

微信如果要开辟“阅后即焚”的功能，则会进行慎重的考虑，原因在于微信主要是服务于熟人关系链，其基础功能必须首先符合熟人社交场景而非陌生人社交场景，微信需要考虑的是在熟人场景使用中是否需要这样的一种能够覆盖主流用户的普遍功能？而这也成为了陌陌等陌生人社交APP的大好机会。

微信在如何快速推出更有趣的功能上永远要基于熟人关系这一限制，而目前也只有看到微信红包这一成功案例。但陌陌这样基于陌生人社交的产品则无须顾忌这么多，其所能为用户创造的未知、不确定性远远大于微信。陌陌逐渐增加的附近群组、留言板、附近活动、陌陌吧、地点漫游，再到最近加入的“阅后即焚”、短视频，个人资料里的电影、读书、音乐，都是十分有趣的功能，也是微信无法轻易加入的。

以本次“阅后即焚”为例，可以发给陌生人阅后即焚的图片，并且可以发送到群里，非常有趣。对于陌陌来说，加入这个功能只会为其增加社交黏性，给用户增加更多不确定性，增加更多探索的欲望。

目前微信已经失去了可以犯错的机会，它的每一步都会触动腾讯以及公众的神经。在所有人目光的聚焦下，微信只能如履薄冰，而基于陌生人社交的陌陌虽然在用户量上无法与微信抗衡，但陌陌永远有不停试错的机会，这将让陌陌的产品变得更有趣、更好玩。

互联网自诞生之日起就是由陌生人撑起来的，论坛、聊天室、博客、IM，其诞生的最初目的就是为了让陌生人进行社交，利用互联网打开对于未知的探索，在已确定的现实世界中去发掘虚拟世界的不确定性，满足人们探索的欲望。

在不确定的设计上，微信必须在熟人关系的社交场景中如履薄冰，才能做出更出色的功能，而陌陌从一开始就面向了不确定性。人的多面性永远挖掘不完，同时这种对于不确定性的探索，也是其他陌生人社交产品依然可以生存的原因所在。

产品生死启示

最后我想谈一下我是怎么看社交产品的。

马化腾曾经说过“打败微信的肯定不会是微信，而是另外更好玩的”，这并非危言耸听。用户从MSN迁移到QQ，从QQ空间迁移到微博迁移到微信，回想起来充满了各种不可能，但确实发生了。我们站在当前的角度绞尽脑汁都无法想到微信会怎么被颠覆，但或许有一天真的出现了一个更好玩的东西，给大家带来更多未知的探索，于是用户齐刷刷地都从微信跑了过去。

回头看看现在的人人网、开心网、天涯，以及曾经要和QQ决战的51HOME等，曾经驻留的那么多用户就这么说走就走。用户是最靠不住的。

目前来看，腾讯因为比阿里巴巴掌握了更年轻的人群所以更有可能掌控未来，但是数年后，当智能手机全面普及到初高中生，他们不再是只能依赖PC上网而被迫选择QQ，当他们圈子里开始流行某个可以与QQ、微信与我们这些老家伙们分开的更酷的社交产品时，腾讯也将迎来变数。

另外也请大家都不要忘了，QQ最初也是一款面向陌生人社交的产品！QQ曾经的起点和所有社交软件都一样，都是从陌生人社交开始！这种来自边缘力量的颠覆绝非不可能，只是我们这群互联网“老人”必须依赖微信，但未来的年轻人可不一定，他们不一定想和我们这群老家伙混在一起，混在同一个朋友圈。

所以最后再反过来看陌陌，以及还有那些尚不成气候的社交APP，它们正变得越来越有趣，越来越受年轻人欢迎。这也正是巨头们都在恐惧的变数吧。

陌陌6.0重大改版，顶层逻辑何在

导语:

陌陌6.0是陌陌有史以来的最大一次改版，而这次改版也让我思考了很多，为什么会这样改版？我在网上也看了很多文章，但这些文章都在描述一个到处乱打一枪的陌陌，没有一个自顶向下的顶层逻辑的背后支撑，而唐岩作为一个对人性有如此深刻洞察的人，身上背负着几十亿美金的上市公司，这种重大的改版不可能没有一个自顶向下的顶层设计。所有一切都应该可以由点到面地串联到一起找到最核心的那个点，所有一切都是为了这个点去进行的改版。我经过好几天的思考后，通过各种象限图，终于发现了这些改版的所有功能可以串联到一起，统统指向一个点——加强运营，也就是加强对用户的控制。

陌陌6.0改版，顶层逻辑

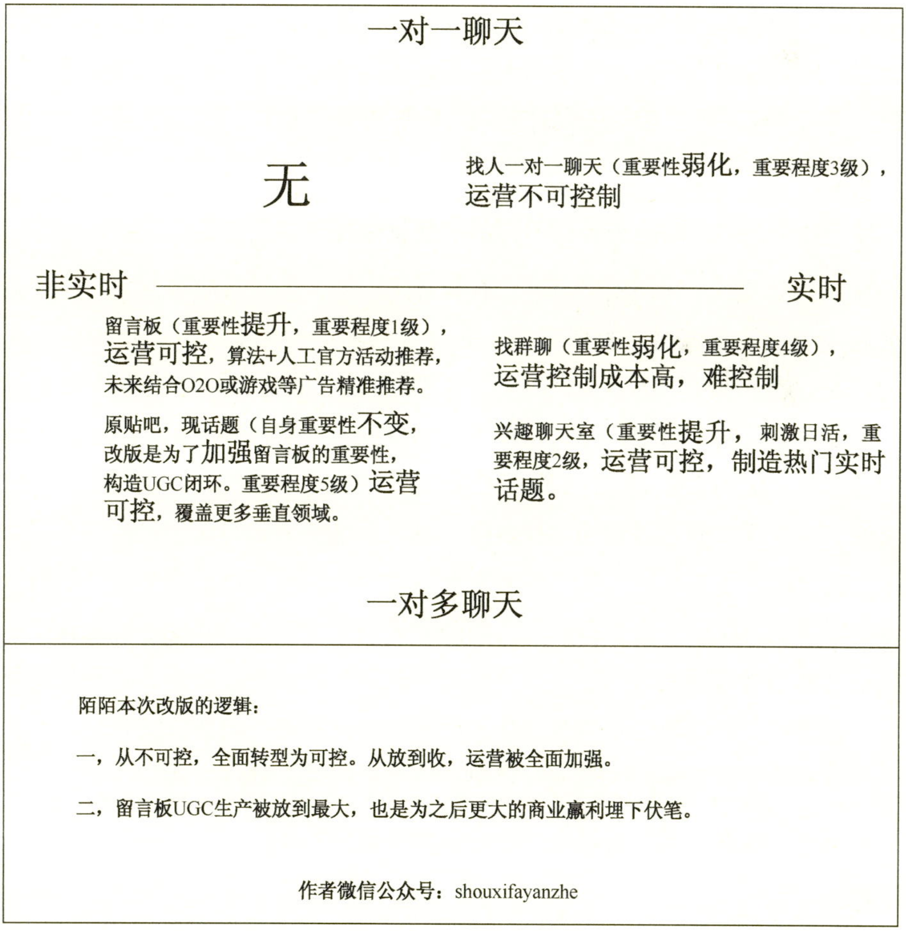

陌陌为什么越来越倾向于运营？

我曾经和朋友探讨过：社交产品其实也就是两种模式，一种是不需要运营的，还有一种就是需要运营的。而不需要运营的产品一定是大成的。但是全中国扳着手指头数过去，不需要运营的除了QQ空间和微信朋友圈这两家腾讯的产品以外，其他产品统统需要运营，因为QQ空间和微信是熟人关系，所以不需要运营，但是陌生人产品，尤其在中国这样偏集体主义的国情之中，就更需要中心化的东西。新浪微博区别于推特的最大地方就在于中心化更强，新浪微博有着更强的中心化属性，明星、公知、段子手这些中心化的大号是新浪微博留住用户的最核心原因，并且新浪微博有着更强大的运营。那么反过来看唐岩的经历，之前是网易的主编，它创造了网易新闻跟帖的模式，并让跟帖这件事有了极强的中心化设计和运营。唐岩是相当明白这其中的人性的，不能放必须收，所以在陌陌有了一定用户并开始创建群组之后，唐岩对运营这块抓得也非常紧，这需要站在一个更高的文化层面去理解。

按照这个逻辑，陌陌为什么不在第一版就做成运营型产品？

对于一个产品，在初始阶段是没有海量用户的，如果做成运营型产品那就必然会做成小众的垂直的内容型产品，那就必然无法做大。所以要想做成一个大成的产品，就必须在本质上是一个工具，并且该工具能够抵达绝大多数人的需求，比如“大姨妈”这类产品就是切中了14岁到50岁女性的市场，按中国人口来估算就有几个亿的人群。同样的，陌陌如果要做大则必然先是一个切中大多数人需求的工具，而我们可以看到“找陌生人聊天”这个需求是切切实实存在的。在陌陌之前早就有了在线聊天室、同城交友活动等，用户通过某个平台去拓展自己的社交需求的市场是一直就有的，而陌陌要做的事情其实和其他一切工具产品一样，依托移动互联网的风口，把产品磨成一把剑，让用户的需求能够更加简单便捷地得到满足。而陌陌也是当时在众多产品中唯一将这点做到极致的。

所以陌陌第一版表面上是社交，但本质上依然是工具。

陌陌为什么在满足工具属性之后必须加强运营？

作为一个工具型产品，它从本质上来说是通过一种去中心化的方式、一种标准化的设计来满足用户需求。这样一种去中心化、标准化的设计（脸+LBS+一对一聊天）也意味着难以通过运营手段介入其中，就像微信的朋友圈。微信是无法通过任何手段控制用户内容来拉动活跃的，但是对于微信来说它也根本无须拉动朋友圈的活跃，因为微信是熟人关系网，它已经通过去中心化、标准化的方式控制了绝大多数国内用户，它不需要再制造任何活跃。但是陌陌则不一样，陌陌还远远没有到达微信的用户基数以及日活。对于陌陌来说，可能已经满足了陌生人交友市场的需求，可能已经快到达了这个市场的尽头。现阶段对于陌陌来说，最重要的就是通过更多运营的手段来拉升日活，建立分散的中心化体系，以满足更多用户的多元化的社交需求，然后让更多用户加入。

运营除了能让陌陌保持用户量和日活的增长以外，最大的好处就是：一切都掌握在陌陌的自己手上。陌陌从群聊到陌陌吧，都有运营的不断介入，说明唐岩一直在往这方面走。

本次6.0改版的细节逻辑

一个APP的功能的重要性其实从设计中就能读出，我解读下当前这些功能的重要性层级，1级为最重要，之后层层递减。

一、找人一对一聊天，重要性弱化，重要程度降为3级

对于陌陌来说，其最初的核心功能就是点对点地找人聊天，这一功能原来是放在陌陌首页的，它曾经的重要层级为1，但是随着陌陌的运营加强，不可运营的功能必然就被弱化，而找附近的人+聊天，就属于完全不可运营的功能，陌陌不可能通过运营的方式在这个模块创造中心化的内容，并且用户的聊天内容陌陌也是不可控的，陌陌做得最多的就是控制骚扰，警告用户不要随便骚扰他人，加上举报功能，加上星级功能来限制聊天。

并且“附近的人”给陌陌的商业化制造了很大障碍，因为在这个模块看到的都是人，而陌陌之前在这之中插播相关的游戏以及O2O的广告就显得很突兀，广告是内容，夹在一群人中间显得十分奇怪，这也给用户带来了很多不适。

所以附近的人这个核心功能被折叠，弱化到了3级。弱化到3级也是有原因的，因为前面两级的功能都是可运营型功能，所以其被降到了3级。

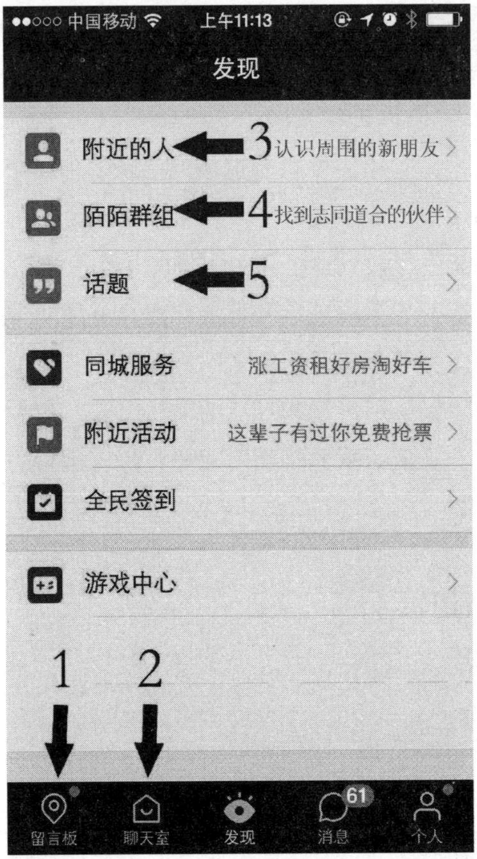

二、找群聊天，重要性弱化，重要程度降为4级

群聊天这个模块的弱化就很好理解了，是跟随一对一聊天一起弱化的功能。对于一对一聊天，群聊还是有很多可以运营的成分。唐岩从一开始就对群聊控制得很严格，他不让用户轻易建群，并且在用户寻找群的时候做了很多引导性的运营，对于优质的群也会寄予关键词搜索更高权重并做官方推荐。而他在群运营的这个模块也费了不少心血，因为群是基于地理位置产生的，要运营好这块的成本非常高。而也就是由于对群聊的控制，也让陌陌中的绝大多数群有着很高的质量，因为群主能够获得很好的存在感，所以也会很努力地帮陌陌运营好自己的群。

但是，群聊总体来说依然没有控制在陌陌手上，所以必须跟随主功能弱化。

三、主题，重要性不变，重要程度保持5级

陌陌吧，其重要程度是5级，在5.0版本时陌陌吧的层级排名为“附近的人”，“附近群组”，“附近活动”，“活动留言板”，“陌陌吧”。而此次改版后，陌陌吧的重要性依然排在第五位，而“附近活动”被放置到了陌陌吧后面，陌陌吧的重要性没有按原有的次序进行置后，而是越过了“附近活动”，这其实也说明陌陌吧的重要性在某种意义上被抬高，已经高于“附近活动”这一模块了。

那么为什么会高于“附近活动”这一模块呢？又为什么会改版成标签模式呢？

原因在于为配合加强留言板的1级重要性，形成UGC功能闭环，与留言板模块相辅相成，这点放到留言板模块来分析。

四、兴趣聊天室，重要性提升，重要程度2级

聊天室在6.0之前是完全不存在的功能，而在6.0版本中直接被放到了2级的重要位置，这就说明了陌陌对聊天室的高度重视。

聊天室不就是群聊嘛？陌陌的聊天室与群聊有什么区别呢？以至于如此重视？

最大的区别在于实时性。当前的群聊已经不能算是群聊了，我们都已经习惯异步查看消息并且回复，不需要实时在线就能聊天，群聊的实时性在目前来说已经被弱化太多。但是陌陌的聊天室有一个最大区别在于陌陌的聊天室是需要你保持实时在线的，如果有三分钟不在线就会自动退出该聊天室，而且用户一次只能进入一个聊天室，这就对用户有了最大强度的控制，也就保证了用户必须真的都同时在线聊一个话题，并且都是实时互动，这就不存在群聊那样的异步互动。

也就是说，这种真正的实时在线也就有可能拉动陌陌的日活量，让用户更加有了留在陌陌的理由，并且再加上陌陌官方的运营，通过对实时热点话题的追踪讨论，陌陌也有更多拉动活跃的机会。当运作成熟以后，也会有机会和各大厂家进行广告活动合作，这些活动都可以通过聊天室进行，用户可以与广告商进行有效的实时互动，当然这要看以后的运作成熟度以及用户数。

聊天室的意义在于拉动日活以及可以运营。

五、留言板，重要性提升，重要程度1级

可以说，陌陌敢把留言板放在最为重要的首页位置，这只能说明陌陌有破釜沉舟的勇气，成败在此一举。

首先，对于陌生人发的信息普通用户会感兴趣吗？当然是不感兴趣的，但是如果说陌生人是和我相近的人，是同行、校友、老乡等，接着我又看到了一些他们发的不错的内容，那么我自然而然地就会对他们感兴趣。

从用户层面上来说，用户依然是“看脸的”，但是传统的交互方式让用户很难有一个好的切入点去聊天，但是通过这样一种方式则可以让看脸的用户有了更好的聊天的切入方式，所以陌陌增加了自身属性的匹配算法，通过算法来控制留言板上呈现的内容，让用户聊天时有更好的切入，这是陌陌可以控制的层面，而这也在倒逼着陌陌的主流用户更好地去完善自己的资料。

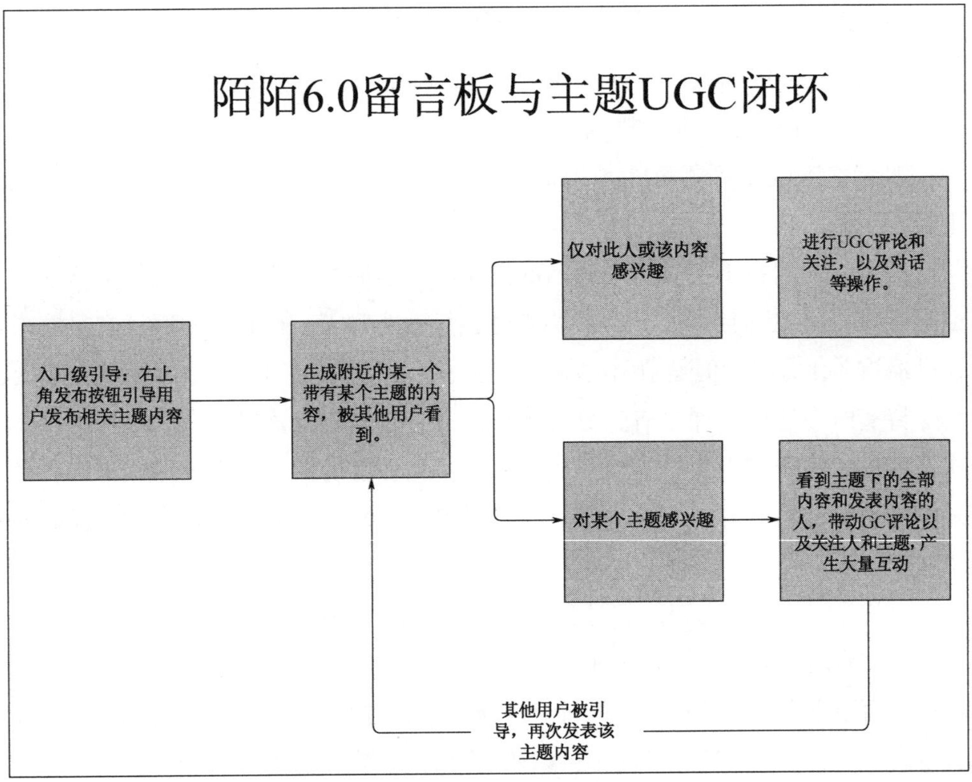

其次，重要的是UGC内容的刺激层面。留言板和主题的“配合战”，陌陌通过右上角的发布留言内容来引导用户发送相关主题内容，这些内容将会出现在留

言板这一模块中并且附带主题引导链接，这又会反过来引导对该主题感兴趣的其他用户去查看这个主题下的全部内容，而其他用户看到这些内容后则也可能去评论以及发布内容，这些内容发布后又再次出现在附近的人当中，形成一个正向循环的UGC闭环。也就是说，留言板这一模式把曾经孤立的陌陌吧这一模式彻底给打通了，之前的陌陌吧一直都是独立的模块。以上是这两者构成的UGC闭环逻辑。

所以，陌陌的留言板要想做好，考验的一定是陌陌自身的运营能力，对话题的把控能力。其次，内容型主题最大的一个好处就是能够更好地与广告契合，甚至是将广告做成内容。

与百度贴吧以及QQ兴趣部落的区别？

百度贴吧类产品属于固定形态，每个贴吧都必须定点维护自己的贴吧，而陌陌这种主题形态是一种更轻的形态，它可以被随意控制，而陌陌可以更自由地去引导用户喜欢的某个话题。这也是陌陌改版的一个原因。

与微博的区别？

诚然，陌陌的这次改版模仿的是微博，但是微博主要的主题还是以新闻为主，而陌陌则是一个更大的大闭环。

在附近的留言板信息中，只要你在设定身份的选项中勾选了兴趣话题，以及再关注了某些话题，那么该话题中只要有新的内容发表，陌陌就会通过算法放出一部分内容给你。也就是说，你只要关注了相关主题，就会不停地看见该主题的相关信息，而微博是不存在该功能的。微博的信息流来自于关注的人，而陌陌的信息流还来自这些话题内容。

也就是说，陌陌的信息流最终可以分为两块，一块是用户所关注的话题下的内容，另一块则是附近的人所产生的内容，这两者都是通过一定算法来实现的。

简单地说，陌陌目前正在做一个巨大的尝试，通过算法加上运营的策略，将有共同属性的人真正地聚合起来，并不断刺激UGC的生产，拉动活跃并带动增长。

陌陌此次改版是一次从放到收的过程，让之前一切不可控的模式变得可以被控制，在运营层面也一定会有更大比重的投入。

陌陌这次的改版属于破釜沉舟型，是用户到达一定基数和瓶颈之后的破而后立，是放弃存量寻找变量的过程，要实现这种变化也是需要拿出巨大勇气的，在互联网世界里想要生存，不变会比变化带来更大的危险，变化可能意味着风险和挑战甚至死亡，但是不变化则意味着必死无疑。虽然局外人都明白这点，但因为与己无关可以高高挂起，可要是身在其中真去变革就非常困难了，而庆幸的是陌陌出乎我们所有人的意料，最终还是迈出了这一步。

最后，祝陌陌好运。

度秘与微信谁更O2O

导语：

2015年的百度世界大会上，百度基于人工智能发布了一款新产品“度秘”，用户可以通过与百度机器人对话直接实现外卖、电影票的预订功能。“度秘”将被接入百度地图、手机百度等系列产品中，并大举进入O2O。而目前在O2O落地方面百度系与微信都是非常强的，那么来看看它们各自的优劣。

用户体验

度秘方面是通过一个页面整合了全部功能，而微信用户要想从微信中获得公众号的服务是需要手动寻找的，找到后还需要进行各种跳转操作。从这点上来说度秘的效率更高，一个APP可以同样实现很多其他APP有的O2O功能，那么就不需要其他O2O的APP，而一张页面就可以实现全部的O2O功能，那么就更加不需要再去打开其他APP。每次跳转到各个页面都是在增加用户操作成本，这是常识，大量的iPhone用户关闭了支付宝和微信的密码支付，选择指纹支付，原因就在于输入密码时的那点点操作成本。

其次再谈一下交互，从电脑到手机，最大的解放是双手。用户的人机体验从双手变为手指，但目前的人机交互依然不是最高效的，人机交互的下一步一定是逐渐脱离手指，过渡到语音识别，这种高效才是技术的绕道式超车。百度与微信都意识到了这点所以都有语音操作，但是百度的度秘出现后，语音将直接抵达服务需求，而微信的语音搜索则是抵达公众号，所以在抵达路径上度秘更短。

用户一旦对“度秘”形成依赖，其可以延生的可能性则是无穷的，它将会从O2O的需求横向扩展到诸如语音提醒、备忘录、打电话，查找附近厕所等。

所以在用户体验上无疑度秘更为高效。

商户资源整合上

对于用户来讲，最为重要的是服务被满足，但在用户数量上则是微信领先，根据艾瑞公布的数据，截至2015年5月微信有400万的服务号入驻。很多本地O2O服务也都是让用户关注其微信，而微信方面也在大力推进智慧城市建设，加入水电费、违章查询等功能。此外腾讯系投资的滴滴打车、大众点评、同程网等本地O2O服务都被植入其中，所以目前微信的服务面是最为广泛的。

再看百度方面，百度方面的资源整合则属于精准式，早期以做精为主，比如旗下的百度外卖就放弃了校园市场而主打白领，这样就可以定位到“精高”价值人群，并且避免了学生寒假和暑假期间带来的资源浪费。其次百度在打车出行上有UBER，酒店、门票等旅游市场有去哪儿，团购有糯米等系列重拳产品，而互相之间的业务重叠度低，百度在非常精准地推进各个O2O项目，而这样也保证了度秘服务的高效，也为后来更多的第三方接入积累了一定的经验。

所以当前在商户资源整合层面，微信更大而全，而百度更精准更为可控。

大数据利用

腾讯的用户数据都是社交数据，其能收集的用户支付行为数据集中在其旗下自营的产品中，并且由于微信的特性，在朋友圈中的广告要想达到精准推送目前尚十分困难，在朋友圈广告刚刚推出之时投放广告的行为就遭遇过大量用户的阻抗。

而百度方面则是以大数据广告起家，其有着很深的广告联盟的大数据经验积累，并且旗下用户的关键词都是需求的呈现，相比于社交内容，百度的数据能够比腾讯更好地得到利用，以挖掘其中的隐性关联，使得用户的商业价值被挖掘。

所以在大数据的利用上，百度更胜一筹。

总体对比

回看两家产品，百度属于需求型产品，用户使用百度就是为了满足寻找信息的需求，而百度提供的是一步到位的服务，是一级功能，而微信所提供的O2O服务则是衍生性的二级功能，它给用户增加了路径。

所以微信的长处也是其弱点所在，所以这给了百度机会。当然，微信的实力依然不容小觑，没有微信的强大也不会有百度的进击，而正是两者间的互攻互守在让整个O2O行业更加迅速地发展。

第5章

O2O产品竞争白热化

O2O化是互联网电子商务服务在本地化、互动化方面的大趋势。面对蕴含着巨大商机的O2O市场，先驱者在不断改进并寻求更好机会，后来者在不断开疆拓土，把越来越多的传统行业纳入互联网。O2O先驱者的成功经验值得后来者借鉴。

从外卖模式再谈O2O资本市场逻辑

导语:

最近，易观发布新报《中国互联网餐饮外卖市场专题研究报告2015》称2014年中国的外卖市场已经高达150亿，订单规模高达3.7亿，其中饿了么（腾讯系）、美团（阿里巴巴系）、淘点点（阿里巴巴系）、百度外卖（百度系）占高达80%的份额，饿了么以30.8%的市场份额领先。站在这个大风口上，我想通过外卖这个模式，以小观大，谈一下O2O的整个资本投资的逻辑。

O2O的市场格局

如果需要用两个维度来梳理出O2O市场的本质逻辑，那么最关键的两个维度就是频率与单价，根据这两个维度，我画出以下象限。

O2O资本市场逻辑

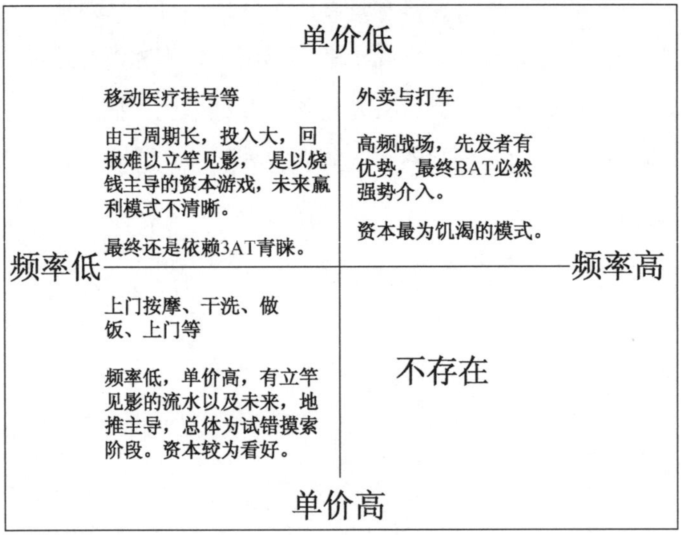

对于这张图的解释：

好多朋友跟我说，这张图是不是分错了，某些精准人群比如经常坐飞机的人群，是不是应该属于高频。那么我再解释下，这里的频率是要把某个垂直市场的全部频率和打车的全部频率整体横轴对比起来，它从更大的角度去看清问题，不是以人群大小来分，从人群大小维度不能从宏观说明问题，最终还是要回归流水，也就是说只有单价和频次才能展现市场格局。

另外，为什么看病挂号的整体频率是高的，为什么被归为低频了呢？因为这里O2O指的是用智能手机上的APP和公众号挂号的人，通过这些技术挂号的频率是非常低的，市场是很大，但做好这块市场就需要猛砸钱。

高频低价

目前O2O中只有两个可以算是高频低价，第一是打车，第二就是外卖，两者是风口中的风口。对比打车和外卖，其他都属于低频领域。原因是这两个需求本身就存在，而且规模不小。互联网的方式会让连接更便捷，平台要做的就是将原有的产业进行升级，将线下服务标准化，让用户利用互联网享受到一步到位的服务。

高频高价

不存在该模式，之前不存在，今后也不会存在。

低频低价

以移动医疗为案例，因为用户的生病频次不高所以使用对应频次不会高，所以培养用户习惯需要足够长的时间。对于小公司来说，做这么一块市场的未来不会特别明朗，因为投入不能立竿见影。所以，该领域需要不惜血本地烧钱，看谁烧到最后而已。但是无论怎么样，最终还是会回到BAT手中。为什么？因为只有BAT掌握着用户最终的支付体系，因为BAT掌握着中国的移动互联网用户，脱离支付的场景不可能存在。

低频高价

虽然频次低，但是单价高，依然能够有大量的流水。上门干洗、上门按摩、上门做饭等O2O已经验证了该模式的可行性，并按照标准化流程化的方式迅速扩张，一线城市迅速打开后再往二三线城市进军，这和加盟店打法没有本质区别。

最后再说下，O2O领域其实重点在线下，线上开发成本相比于地推成本并不高。我和一位O2O创业者曾聊过，不无夸张地说，O2O的10%是线上的事情，90%是线下的事情。而该领域从本质来看依然是一个传统生意，线下组建强大的服务团队，找到需要服务的区域，挨家挨户以及站在大街上的精准散发传单宣传。本质上，O2O是将原来用户需要抵达某地享受的服务，升级为在家、在公司就能享受的服务，所以，O2O对创业者的线下执行力要求极高。这就是地推最强的两家——饿了么和美团外卖恰好也是外卖O2O的前两名的原因。

以外卖为例，O2O与BAT的关系与未来

在这个时代，某个O2O垂直市场想要独自占山为王是不可能的。这个时代是互联网的时代，所以不会像传统行业那样只需要做好服务就行了。互联网的本质就是连接，对于O2O服务来说，他们全都不可能脱离BAT。因为BAT掌握着支付系统，掌握着平台资源，掌握着中国的移动互联网用户。只有与其合作，才能有很好的发展。而从用户端来说，他们也已经习惯于使用BAT的APP，他们想要获得服务，也习惯从高频需求应用中找到自己的低频需求。

这就带出了O2O另外一个重要逻辑——共享。这是一个跨界共舞的时代，BAT中谁掌握越多的大数据，谁就越能掌握未来。

以外卖O2O为例，其中的大数据有着巨大价值，以下是最明显的两点：

第一，随着配送次数的增多，外卖平台将分析积累的数据来设计配送路线以提升配送效率。等这些物流有了标准化的成熟方案，就有机会扩展到其他领域，比如生鲜领域、同城送达等涉及同城物流的领域。

第二，通过对用户消费数据的收集，平台可以为用户推荐餐厅；餐厅也能根据平台共享的数据分析用户的喜好，优化经营策略；对平台而言，这是个流量变现的切入点。发挥大数据价值，能让用户、商户和平台三赢。

所以除了解决用户吃饭问题以外，通过大数据挖掘，外卖平台还有更长的产业链可以去覆盖。相比于打车、外卖行业蕴含的潜力更大。BAT的目标是将所有行业都整合到大数据中，实现高效的商业帝国运转，所以外卖O2O是其绝不会放过的领域。

O2O，互联网进化的从虚到实

2000年时，人们对互联网的期待过高，导致了最终的泡沫。最近，纳斯达克收盘创新高，超当年互联网泡沫的纪录，泡沫论又再次被掀起。但我对此依然比较乐观，从前的互联网因为都是虚拟经济，与实体经济没有强关系，所以所有期待注定落空。但如今的互联网已经深入到实体经济之中，如果有泡沫，那么也只是那些飘在半空中的虚拟经济会出现危险，但是已经与传统行业深度结合的互联网公司不会受到太大影响。所有已经成熟的传统行业都代表了已经成熟的用户刚需，而那些率先与传统行业进行融合的互联网公司不可能被随意撼动与取代。

再回到外卖这件事情，餐饮就属于最为高频的刚需。占据外卖市场80%市场的是BAT系列，这也说明了BAT的格局与远见。说到BAT的入局，再谈一下饿了么，美团、淘点点和百度外卖原来都已有海量的资源与经验进行地推，饿了么作为一家在早期没有任何巨头背景的公司，能够一路杀出来，最后拿到腾讯的投资，并始终保持市场领先地位，是一个相当接地气的O2O公司，而也正是饿了么，才让腾讯有了入局的机会并最终在外卖O2O领域再次形成三巨头三足鼎立的格局。

毫无疑问，就当前而言，外卖O2O的市场版图仍将继续扩张，期待他们各自之后的表现。

BAT团购布局怎么样了？

导语:

距离2010年的团购大战已经过去6年风雨，而团购市场也从资本泡沫回归到冷静，最终BAT也插手其中，那么现在BAT各自在团购布局怎么样了？

百度，糯米找到好干爹

对于百度来说，在早期的团购大战中并没有参加，属于旁观，而在2012年李彦宏正式确定将百度全面转型为移动互联网公司后，整个资本动作都开始加速，首先是成立了百度LBS事业部，剑指O2O。2013年百度向糯米投资1.6亿美元，而在此后2014年1月百度全资收购糯米，完成了新一轮的资本布局。

对于百度来说，其与团购的关系并非是简单的战略投资，而是紧密的合作关系，百度将旗下的最为重要的两大产品——百度地图和手机百度与其进行了结合，当用户在百度地图与手机百度中搜索相关服务时，百度就将用户与线下服务通过百度糯米连接到了一起。百度在实现真正的连接“人与服务”的环节，而糯米对其来说是关键一环，所以百度糯米在内部也获得了很大支持。百度地图的市场份额占据了65.2%的绝对位置，日请求高达100亿次，而百度搜索占据移动市场份额的78%，日导出WEB流量达10亿量级，这就为糯米提供了很好的流量供血。

而百度入股星美集团，这也就说明了百度在线下O2O布局会有更进一步的动作，也将对糯米形成更巨大的支持。

糯米网之前在人人网旗下，人人网虽然有流量但是没有强势的资源整合能力，并且人人网这几年也在走下坡路，无法对糯米团购进行很好地输血，而当糯米网被整合到百度旗下后则起死回生，近日糯米也正好刚满五周年，相比于窝窝网和拉手网的业绩乏力与上市之困，糯米网则是迎来了移动端的新生。

所以选择干爹很重要。

阿里巴巴，与美团关系未卜

干爹很重要，但是也要看干爹怎么样。美团网与阿里巴巴的关系就是比较微妙，阿里巴巴在团购上的策略似乎是兵分两路，美团这个干儿子任由其发展，而美团发展得也不错，但是即使美团已经占领了团购市场的第一份额，阿里巴巴方面对美团在整合方面没有明显的帮助，而自己却在不停地整合旗下的聚划算、淘点点这些O2O服务，而在聚划算倚天会上，阿里新任CEO“逍遥子”说淘宝、天猫、聚划算是非常重要的三个基石，是战略方向，并没有提到美团。

美团这几年发展迅猛，目前是行业第一。2015年1月18日，美团已经完成7亿美元融资，对美团的估值达到70亿美元，而在2014年12月底其全年交易额突破460亿元，目前居于团购市场份额第一的地位。

再说阿里巴巴的聚划算，在2012年的时候被曝出内部贪污事件，查处违规员工28人，而由于其商品的质量参差不齐，还在这之后还培养了同样模式的对手唯品会的上市。再看线下O2O领域，聚划算并不是很成功。

所以从这个角度来说，阿里巴巴方面将聚划算当成是未来主导方向，而其与美团的关系属于竞争关系，但意外的是美团出乎意料的强势——全行业第一，而聚划算则并没有表现出特别强势的市场地位。

而这一切的根源就是因为阿里巴巴系的资源太大太重，难以脱离原有资源的支撑，天猫上千万家店铺都是淘宝系的资源，淘宝不可能做到真正的断舍离，所以聚划算只能是为其整个淘宝系资源服务，而又由于其在元流量方面有种坐享其成的优势，躺着也赚钱，所以在线下O2O的推进上显得极为乏力，但是反观美团这个没有背靠优势的公司，反而异军突起。

腾讯，屡败屡战

腾讯对于团购之前进行过多次布局，之前自营过QQ团购，以QQ弹窗推广该项目，虽然腾讯拥有海量的用户资源，但最终依然以失败落幕。而在这之后腾讯选择入股高朋网，高朋网就是国外的团购先驱Groupon公司的入华策略，腾讯与Groupon各占50%的股份，而在这之后依然经营不善，先后被曝出抽奖造假、水壶造假、手表造假、车票造假等大量负面事件，而最终腾讯也放弃了线下市场，最后高朋网与QQ团购合并，做了一个线上团购网站，不温不火。

所以腾讯在团购上的最后支撑来自大众点评网，2014年2月腾讯宣布入手大众点评20%的股份，双方共同打造O2O生态圈。而大众点评团购虽然与美团还有很大差距但借力微信的生态圈则有可能出现逆转，而微信已经接入了大众点评，并且用户可以直接利用微信支付进行团购。而在2015年1月，微信在搜索中上线了餐厅搜索，直接将用户导流到商家，大众点评也获得了更大的流量支持，借力微信与美团赛跑。

从这种意义上来说，微信对大众点评的支撑也是全方位的，也直接意味着腾讯真正放弃了自己去做团购，将团购交到了第三方手中，这种模式属于比较开放的。

回看三家最终在团购上的落子，百度与糯米网结合的速度最快也最紧密，在2014年全资收购后就开始紧锣密鼓的流量分发布局，并且在糯米内部进行了高层换血，使得糯米彻底转变为百度生态的一员，糯米网借此起死回生。阿里巴巴方面由于自身在资源上的“放不下”所以与美团属于微妙的竞争关系，美团也只能依靠自身野蛮生长，王兴确实很能干。腾讯方面在团购方面屡败屡战，最终看清楚局势放弃自己去做，将团购业务交给了大众点评，为大众点评进行流量输血，并任其发展，在BAT中最为开放。

糯米最为幸运，百度与其结合得最紧密使其没有沦为窝窝团、拉手网的下场。而大众点评次之，在移动时代跳上了微信这艘大船。而美团最为辛苦，虽然有阿里巴巴的投资但是没有阿里巴巴系的资源支持，但也正是这点也带来了其能够无所顾忌野蛮生长的幸运。

百度糯米718流水破3.5亿，为什么

导语:

2015年6月30日，李彦宏宣布要为糯米拿出200亿，砸向O2O市场，而仅仅过了18天，百度糯米在举办的“718暑期狂欢趴”拿下日流水突破3.5亿的首胜。冰冻三尺非一日之寒，这背后的因比果更为重要，此次的3.5亿背后更多的是沉淀后的结果。

糯米团购品牌的最终落地

百度早就想做电商了。从早期的百度有啊到后来的乐天，都是希望能够通过百度的搜索流量做成电商，而最终均未成功，但这为百度积累的则是从搜索到电商的经验，此后也终于被成功地运用到了糯米上。

复盘百度为何在初战以及“二战”上失败，其根本原因在于没有强势的品牌优势，用户通过搜索关键词进入某个电商主页后，如果一旦进入某个不是很知名的电商主页就很容易跳走，流失率非常严重，因为用户都已经非常习惯进入类似淘宝和京东这样的知名电商网站，所以百度亏就亏在缺少知名品牌垂直电商的落地。

因此在2013年，百度入股了有一定团购知名度的糯米团购，而入股之后百度又做了一件正确的事情：没有急于将这个品牌用于变现，而是一点点发展品牌影响力，在2014年全资收购糯米后，百度糯米开始在品牌知名度上持续发力。

“糯米3.7女生节”，发力在线电影票预订，当天出票量占15%一举超过猫眼。“5.1看电影”联合大地院线、星美和17.5院线推出联名会员卡，10万张迅速售罄。此次“718暑期狂欢趴”，则又一次创造了品牌知名度。

2015年在6月30日，李彦宏亲自为糯米站台，宣布3年内为糯米投资200亿，说明了百度打造品牌的决心，如此一次次的造势也为百度的流量分发提供了很好的支撑。

流量与品牌的整合

有了品牌后，百度方面导入的流量才会有效，而如此也会为品牌带来更多的知名度。目前百度方面已经在“百度手机APP”和“百度地图APP”中全面整合了百度糯米。

根据第一象限发布的报告，百度在2014年就已经拿下79.8%的移动搜索份额，日导出WEB流量达10亿量级，电影票搜索需求增长达194%，而那些搜索相关电影以及电影院的用户都会被百度引流到百度糯米，并且实现一体化的线上预订电影票服务。其次根据CNIT的《2014年中国手机地图市场研究年度报告》，百度地图的市场份额占据了65.2%的绝对位置，日请求高达100亿次，而其中所有搜索电影院相关的用户都会被引导至直接百度糯米的预订页面，进行一体化的服务。

而此次百度也通过线上的流量为糯米带来了海量用户。同样利用百度流量的成功案例是去哪儿网，去哪儿网借力百度流量，于2013年成功在纳斯达克上市，而糯米也在开启同样的路线。

构建“会员+”和技术防线

在攻的同时，百度糯米其实也在守，而守分为两方面。百度战略副总裁金宇认为：“百度所认为的O2O本质不是无止境地烧钱谋求市场占有率上的垄断，而是找到平台和平台所载的商家之间流量和营收良性互动、双向促进的机制和方法，实现生态各方，用户、商户和平台的多方共赢。”相比于美团的烧钱圈地，百度更重视关系。

目前百度糯米正在构建“会员+”战略，优质商家可以通过该方案获得更好的流量支撑，而用户利用该方案则可以获得更为优质的用户体验，近期百度联合天安财险等4.5亿港元入股星美则正是为了构建“会员+”战略，以电影票方面举例，仅在7月18日，百度与星美、大地、中影、17.5、比高、保利等优质影院推出的3万张联名会员卡瞬间售罄。

其次是在大数据方面，众所周知，百度的优势在于人工智能的大数据挖掘技术，智能排单、地图定位、语音搜索等正在发挥着越来越关键的作用，而这也是美团所没有的。目前的O2O服务只是处于初级阶段，以地推为主导，因此大数据挖掘这块还没有显示出其重要性，但是当未来的O2O发展成熟，大数据挖掘将展现出非凡的作用，这和淘宝的系统一样，早期最重要的是满足交易需求，但是到了现在关键的则是大数据挖掘，为此阿里巴巴也成立了IDST部门，专注于大数据的未来。

此次百度糯米的“718”首战告捷，是日积月累后的稳步增长，并非是因为有了200亿注资，而美团、大众点评与百度糯米的竞争将不仅仅只是资金，而是包括资金、品牌、流量、前沿技术在内的四面围攻。

美团会不会成为下一个凡客?

导语:

近日美团开始计划10亿美元融资，在O2O之路上继续一路狂奔，但是在这个高速增长的过程中美团正变得越来越像凡客，是否会成为下一个凡客暂且不论，但美团这一路的成长过程中有着与凡客太多相似的地方。

缺少用户忠诚度

凡客的“凡客体”可谓风靡一时，当年一直都是作为营销案例被学习，但最后发现这一切“然并卵”，用户只是冲着凡客的性价比而来，凡客的性价比虽然被打造出来，但与此同时也被打上了“屌丝”的印记，随后用户也逐渐远离凡客。团购这个东西也是一样，最初就是依靠便宜这个点来获取用户，而团购也同样给人比较“Low”的印象，大众点评CEO张涛也说：“如果请刚认识还不熟的朋友吃饭，用团购券，会感觉很没面子，比较Low。”

所以团购的用户更看重的是优惠，这块市场依靠的不是品牌忠诚度而是优惠，也就是说如果同样的一顿饭，用户用美团可以省15元，但是在糯米或者大众点评上可以省下20元，那么用户肯定是一窝蜂地都会跑过去。凡客当年也一样，用户发现更好的性价比的衬衫在天猫淘宝等都能买到，所以也都跑了过去，没有任何的品牌忠诚度在里面。

缺少用户忠诚度是团购的致命弱点，任何团购产品本身都只会是一个工具而不是品牌，就像当年滴滴打车和快的打车烧钱一样，谁能补贴得，更多用户就用谁。

无后援，依赖融资速度

当年垂直B2C商城风起云涌，大家都想脱离淘宝自立门户，而凡客也是其中一员，这就导致了其无法依赖淘宝所带来的流量，而需要更为庞大的资金支撑。但是最终所有想做垂直B2C商城的没有几家做成，最终还是要依赖天猫的流量，而凡客最终还是入驻了天猫。

美团和凡客在这点上也一样，美团做团购的背后也没有任何流量支撑，大众点评有腾讯，糯米有百度，所以这两者不缺流量，但是作为美团的投资方，阿里巴巴则自己给自己留了一手，最近支付宝升级到了9.0，产品大变，最重要的“商家”一栏居然并未留给美团，而是让蚂蚁金服与淘点点等相关公司及部门联手运营，欲打造另一个“美团”，实在令人唏嘘。

凡客虽然有雷军投资，雷军有一个小米帝国，但是和凡客没有任何关系。美团虽然有阿里巴巴的投资，但是同样和美团也没有任何关系。美团要想继续做大，直面BAT的三面围剿，唯有融资。而近期支付宝的重大改版，大众点评再次又获得了新一轮融资，以及百度方面宣布要给百度糯米砸下200亿，如此一来，没有靠山的美团也必定急需下一轮资本输血。

凡客于2009年到2011年完成了疯狂的六轮融资，估值高达10亿美元，而此后估值开始逐渐缩水，直到三年后的2014年才又一次获得了雷军领投其他机构跟进的1亿美金的“亲情”融资，此后凡客再无消息，长期身陷囹圄。当前正如日中天的美团会重蹈凡客的覆辙吗？

越做越多，无法做精

凡客犯得比较严重的错误之一就是没有做精，想要做成一个大而全的服饰平台，而量产就影响了品控，这是必然，所以陈年在近期也在学习雷军的“小米”试图打造爆款，但大势已去。

美团在逐渐扩建帝国版图时也同样面临这样的问题，美团不仅做团购还做电影票预订的“猫眼”以及“美团外卖”，甚至扩展到了“酒店预订”和“景点门票”的旅游行业，而每条路都不好走，在电影票预订方面虽然已经第一，但在外面有“饿了么”和“百度外卖”以及“淘点点”的凶猛竞争，在旅游业也有“携程”和“去哪儿”的这两座山头。并且BAT都在发力所有的O2O领域，全都在重兵进军这些行业，而美团也已经不再是之前的做“精”的路线，开始和巨头一样兵分几路进军，但美团毕竟不是巨头，没有巨头这么大的流量与资金，而每一个行业都是需要烧钱，烧的钱必须要和巨头一样多。2010年千团大战时BAT没有大举进入，所以充其量只能算是一个群雄割据的小格局，而自从2013年巨头介入，当滴滴和快的掀起疯狂的补贴大战后，其他打车软件“摇摇招车”等打车软件全部迅速死去，整个O2O格局上升到高维打低维的时代。

所以在某种意义上来说，美团的每一条分支的对手都不再是团购时代的那些小公司，统统都是BAT，而当前O2O对BAT的重要性已经被放到了史无前例的位置，BAT这几年的疯狂投资布局都说明了O2O的战略重要性。虽说以小击大往往能够取胜，但是美团的做法并非以小击大，而是采取和BAT一样的分支路线，在没有强大后盾的支撑下，美团的胜算又会是多少？但反过来说，美团如果不去进军这些O2O分支行业，也就很难获得资本上的支持。

最后，无意中在雪球上看到投资人大号“富兰克凌”的消息：“据悉，美团5月份亏损接近7亿，大约6.7亿，其中电影约2.1亿，外卖约2.8亿。预测美团今年亏损不低于10亿美金，美团上一轮融到的钱应该也就能烧3～6个月。融资迫切，预计最后会大幅降低估值预期，相比上一轮的7bn不会有明显上升，最后可能被迫接受8～10bn估值。即使王兴能融到10亿美金，王兴及团队的股权稀释会较大，导致下一轮融资成本和挑战进一步增大。而且，新一轮的融资，即使按10亿美金计算，按目前亏损率，最多也就能烧6～9个月。如果届时资本市场不认可美团的巨亏模式，美团有可能是下一个凡客或拉手，倒在上市的门口。O2O真是比电商更烧钱的生意。”

美团，正在越来越步履维艰。

美团和大众点评的O2O之困

导语：

目前O2O已经进入白热化阶段，而美团和大众点评也在资本的二次推动下暂时成为行业所关注的翘楚，但是从另一个角度来说从团购到O2O的跨越并不是一步到位，甚至有可能出现意外颠覆者，美团和大众点评在O2O时代正在面临以下挑战。

团购概念已过时，O2O向垂直领域发展

团购一词目前已经很少再在媒体上提及，现在提的最多的是O2O，是本地生活，团购已经成了一个越来越落后的概念，而各大团购网站也在逐渐淡化“团购”一词的slogan。就在今年5月，大众点评CEO张涛也说团购的概念非常Low，他说道：“如果请刚认识还不熟的朋友吃饭，用团购券，会感觉很没面子，比较Low。团购是贪便宜的定位，长期下去造成品牌伤害。”所以大众点评也打造新概念推出了“闪惠”，从这种意义上来说团购已经是过去式，大家需要开始玩O2O概念。

那么接着谈O2O。O2O正在呈现出一个垂直化的趋势，随着智能手机的普及，用户开始利用LBS技术请求大量的定向服务，这其中呈现出一个垂直化的垂直，在打车领域有滴滴快的、UBER、神州、易道等，而在外卖领域也有饿了么的意外进攻，而在上门按摩、上门洗车、上门洗衣等各种领域都有各个山为王的

公司。这种垂直化的趋势说明，团购无法完成更多的本地垂直需求，需要更多的垂直领域布局，而除了各个小公司崛起以外，58同城与赶集的合并加速了这一竞争的白热化。

每一个领域都是烧钱的领域，美团在外卖方面和饿了么打得很凶，在电影预订方面，百度又在重金投入，而未来更多的领域依然需要靠资本推进，这种推进一方面凶猛，但是一方面让人眼花缭乱，到底美团最后会去向何方？团购概念已然不是未来方向，而O2O的方向又如此众多，如果太快就会有泡沫的危险，而太慢又会有被对手赶超的危险，所以O2O的整个未来迷雾重重。

各自干爹不够亲

美团投资方是阿里巴巴，但是阿里巴巴并没有给予其充分帮助，旗下聚划算被用来扶植淘宝自身商家的线上电商平台，与其是竞争对手关系。在线下方面，淘宝旗下淘点点又是饿了么的竞争对手，淘宝同样发力地推，来保证自己的市场份额。所以美团与阿里巴巴的关系非常微妙，一方面阿里巴巴投资美团，另一方面阿里巴巴又抱着自给自足的心态，对美团并不是很上心。

再说大众点评方面，虽然获得了腾讯20%的入股，与腾讯签订了O2O生活协议，但是腾讯的心思也没有完全放在其中，也有自己的小九九，腾讯另一方面也投资了58同城来布局O2O，入股股份同样是接近20%的19.9%，并且在QQ中也接入58同城，如同微信与QQ的战争，腾讯喜欢让左右手互博，而大众点评在未来会有很多与58同城交集的O2O服务，一个从餐饮点评转向O2O服务，另一个从信息发布转向O2O服务，未来在同城服务的垂直O2O服务领域必有一战，让最后的胜者为王，这是腾讯在移动时代内部赛马战略。

O2O的未来变数

颠覆诺基亚的不会是另一个诺基亚，而是苹果；颠覆汽车电台的不是另一个电台，而是打车软件。这是一个弯道超车的年代，是一个不知道下一个颠覆者从哪里出来的年代，所以马云才会如此惧怕微信，因为这是高维打低维。

从历史发展来看，从团购发展到O2O是量变，是顺势而为，而不是突破。真正的突破很有可能来自行业外，谁也无法预测，不过目前来说有两个不容忽视的高维阵地，很有可能绕道超车。

第一个可能的高维攻击是微信。微信的服务号是O2O的福音，微信已经开放了强大的服务号JS开发接口、客服开发接口、微信支付接口，商家已经可以一步到位地完成从咨询到预定到售后的一体化流程，而海量的O2O商家在推广自己时，都在开始让用户直接扫描二维码关注公众号，而用户也已经习惯这样的行为，所以未来商家在哪儿用户也在哪儿。腾讯虽然投资了58和大众点评，但如果微信能够在O2O垂直领域一家独大，完成整套闭环，最后也自然不会再需要这两个玩家，所以腾讯确实是在做战略布局。

第二个可能的高维攻击是百度。百度搜索和地图这几年的动作十分“进击”，整合能力极强。以百度地图为例，2012年成立LBS事业部，一直到2015年保持市场绝对份额，随着百度对糯米的收购和入股UBER，百度也逐渐完成了O2O的落地整合。在百度地图上，用户可以打车，预订景点门票、酒店、电影票、外卖等一步到位的服务。而移动搜索这个需求也是刚需，用户的需求直接在当下暴露，百度可以一步到位地去实现，目前也在逐步完善。这是百度的两个天然优势。

当然微信和百度的这两个高维阵地，一定会对O2O市场造成很大冲击，但在我看来不会一家独大，只是至少会影响到美团和大众点评的未来。再加上最近几年智能硬件的发展，小米利用自身手机用户数的优势也在尝试布局O2O，而未来甚至还有可能会出现一匹杀出来的O2O黑马，从更高的阵地向现在全部的O2O生态发动袭击，都是不定数。

总之，美团和大众点评未来困局重重，我们唯有静观其变。

电影票市场，百度糯米的后来居上

导语:

百度认购了星美控股约两亿港元新股，星美集团以影视剧制作和线下院线为主营业务，而此举也是继阿里巴巴、腾讯布局电影行业之后，百度的正式入局，而此前百度在百度糯米影院业务这块也发力不小，BAT为何如此看重电影行业?

而百度作为电影票领域的后发者，自身有何优势以及未来？

BAT为何如此重视电影行业？

根据普华永道2015年6月9日发布的《2015—2019年全球娱乐及媒体行业展望》，2015年中国的电影票房收入预计将首次超过50亿美元，增速为15.5%，预计2019年将高达88.6亿美元的市场。而再据艺恩统计数据，2014年全国观影人次达8.3亿，通过线上O2O出票比率已经高达53%，而在2013年仅为8%，就2014年一年已经翻了4倍。也就是说，整个在线电影行业会有两个大趋势，第一是整个电影院市场会继续高速增长。第二是整个电影院在线预订的O2O市场也将更高速地增长，所以基于这两点理由，BAT也必须介入任何高频次的O2O战争之中，掌握现在的用户就等于掌握未来。

百度对比腾讯、阿里巴巴的优势在哪里？

对于腾讯方面来说，电影预定旗下最重要的一个流量入口就是微信，微信有着约6亿用户，电影预订被置入其中，根据易观智库在2014年的报告，微信电影票约占有4.99%的市场份额。而阿里巴巴方面最大的优势则是旗下投资的美团，美团的猫眼曾暂时领先，有16.87%的份额，而2015年则迎来了百度糯米的反超。

第一是百度自身的流量优势，根据第一象限发布的报告，百度在2014年8月就已经拿下79.8%的移动搜索份额，日导出WEB流量达10亿量级，电影票搜索需求增长达194%，而那些搜索相关电影以及电影院的用户都会被百度引流到百度糯米，并且实现一体化的线上预订电影票服务。其次根据CNIT的《2014年中国手机地图市场研究年度报告》，百度地图的市场份额占据了65.2%的绝对位置，日请求高达100亿次，而其中所有搜索电影院相关的用户都会被引导至直接百度糯米的预订页面，进行一体化的服务。百度通过“搜索+地图”的双入口，进行需求分发，实现“人与服务”的连接。

第二是百度糯米电影自身的差异化发力，光有线上的流量优势还不够，百度的流量和技术优势作为助推器，真正的起跑和冲刺则要看百度糯米电影自身的自我提升。在竞争日趋激烈的电影市场，作为一名后来者，“创新”恐怕是对百度糯米电影今年以来一系列投入的最佳脚注。

首先是模式创新。在互联网时代，影院对于在线售票平台的态度可谓是“又爱又恨”——爱它们的互联网流量和入口，却恨它们对于自身利益的绑架以及对影院会员体系赤裸裸的抢夺。一名某知名影院经理的表态颇具代表性：“流量和入口确实有了，但代价却是日益被互联网公司拼命打压的出票价，影院多年经营的会员竟被对方的促销信息洗得一干二净。互联网既是入口，也是掠夺者。”作为“非暴力不合作”式的反击，影院除相对较低的出票价外，拒绝向在线售票平台提供任何额外的附加价值和增值服务。

而百度糯米电影于今年五一期间与星美、大地、17.5院线联合推出的糯米联名会员卡，似乎是影院与在线售票平台之间的一次联姻。影院与糯米电影之间共享会员信息后台，影院原有的会员体系不仅没有遭到掠夺，反而得以继续扩充和完善，互联网不再是“爱砍价的掠夺者”而是利益共赢的伙伴；作为回报，影院给糯米联名会员卡会员提供完全会员价，并允许用户在会员价基础上继续享有糯米电影的优惠力度。不强行压价、不抢会员，价格却能比其他平台更具竞争力，联名会员卡的模式优势也由此逐步体现：五一期间，糯米电影推出的10万联名会员卡迅速售罄，在此拉动下，5月1日百度糯米横店院线票房，达到猫眼电影的票房两倍之多。同时，在全国总出票量同比增长仅71%的大盘环境下，百度糯米五一期间的出票量同比去年增长6倍，增长率为大盘的8倍。

其次是市场落地创新：不错过任何“造节”的机会，不错过任何重点影片的影院地推活动。首先在2015年重拳包装“3.7女生节”，力图对冲淘宝3月8日妇女节促销活动。数据统计显示，百度糯米电影出票量同比去年翻了6倍，百度糯米在线选座出票量占全国总出票量超过15%，一举超越美团猫眼的出票量跃居第一。在《复仇者联盟2》上映后的首个周末，糯米电影与万达院线合作，在全国百家万达影院进行现场创意地推。此外。百度糯米电影还成为《哆啦A梦伴我同行》点映式上唯一一家在线票务平台，在推广上也不遗余力。

从流量上来看，百度有着“搜索+地图”的用户双需求优势，可以为百度糯米的电影预订进行有效导流，其次百度糯米方面也已经很好地整合了线下院线，并且在地面推广上也十分不遗余力，已开始初步展现出逼近美团猫眼市场的逆势。

群雄争霸，百度电影的未来会怎么样?

电影行业作为被巨头盯上的“蛋糕”，除了BAT三家的跑马圈地，猫眼电影等垂直玩家也动作频频，行业已呈现争相布局、群雄逐鹿之势。BAT在电影行业的目标各有侧重。

腾讯的最大目的在于IP变现，它于去年成立影视事业部，依托自身的IP优势，将旗下的《QQ飞车》、《天天酷跑》等都制作成电影。其次腾讯与阿里巴巴一起入股华谊兄弟，逐步渗入发行领域。

而阿里巴巴除入股了光线传媒，开启了娱乐宝和淘宝电影项目外，还涉足投资影片投资领域，但从目前的动作来看，其主要目的目前看来更像是为金融产品做更多铺路。

百度入股星美控股，被视作巨头在影院端的首次投资。百度的意图也更为明显，剑指O2O，而这也在完善百度“连接人与服务”的具体场景。

作为一家技术见长的公司，百度以技术优势来实现“人与服务的连接”，所以未来一定是用人工智能整合这些用户观影数据，实现更大的盈利。

在未来，所有科技公司都会成为大数据公司。马云说未来是DT时代，而雷军也说如果不能做好大数据挖掘，小米以后就会“亏大了”。而百度则在大数据的人工智能挖掘方面进行了率先布局，百度糯米未来一定是与大数据紧密相关的，百度糯米的用户不仅会有主动需求，还会有大量的被数据挖掘出来的隐性需求，挖掘这些隐性需求则是未来更大的商机。

如果说技术是底层支撑，资本运作则是电影行业不可或缺的上层构建。作为BAT三巨头之一的百度，在影院端实现布局后，想必会加速渗入电影产业上游，以百度文学和旗下的爱奇艺原创资源作为IP获取的先头兵，与腾讯狭路相逢；而百度已投资了作为发行方的华策影视，接下来，如在影片制作上有所涉足，百度则有望率先完成从IP→制片→发行→院线/影院的行业上下游全布局。

百度糯米正在线下渠道和线上流量上发力，在电影票预订这块从2015年开始初显后来者居上之势，不容小觑。而百度自身也极为需要补足“连接人与服务”的具体场景，让这句话落到实处，所以后期一定会加大百度糯米的推广力度，而百度糯米的未来将会进行越来越深入的大数据挖掘和推荐。

西少爷肉夹馍，都做了什么?

导语:

2014年4月8日，西少爷肉夹馍这个名字带着浓浓的理想主义色彩，在五道口的一个十几平方米的小店里正式开张。当时三个有互联网背景的创始人辞去大公司的丰厚待遇，选择了这样一份传统的事业，前途叵测。创始人做得最多的就是切肉、收钱、打扫，而仅在一年后西少爷肉夹馍已经在北京五大黄金地段都开起了分店，是一个拥有160多人的大公司，而创始人也从简单的底层操作工蜕变为一个管理者和领导者。这也是我好奇的，到底在这短短的一年的迅速扩张中，他们都做了什么？成长了什么？希望能够从他们做事的方式中找到值得我们都能学习的地方，让我们共勉。

产品体验的控制

我去年曾经写过一篇采访《一个肉夹馍的研发不亚于一个搜索引擎》。在一年前的采访中，让我感触最深的是他们的产品理念，他们通过标准化的公式计算每一个馍肉、面粉、调料的配比，烘培时间不断优化，然后不断找用户升级测试，最后做出了标准化配比的肉夹馍。而这种模式也是互联网公司出来的人同样会做的事情，那么当他们把店面扩大到这么多家的时候，又是如何通过同样的方式进行人员管理，以及保证每一家店的肉夹馍质量过关呢？要知道绝大多数卖小吃的线下实体店都是开到一两家就很难控制好质量了，他们又是如何做到的?

我从孟兵那里得到了三个答案：

第一，设备的研发

传统的肉夹馍都是采用炭火的工艺，加多少炭需要人工控制，温度要多少需要自己去感觉，这就是传统工作坊的缺陷了，这就导致了无法进行标准化的工作，只有那些非常有工作经验的“老师傅”，才能把这个工作做好，新人很难马上上手。

但是西少爷这边则是自己独立研发工艺设备，让机器能够定时，自动控制时间，自动控制温度，不同的产品由不同的设备来保障。这和肯德基麦当劳等大型连锁餐饮店是一个路子，通过标准化的控制，减少人为不可控因素。通过研发出产品，再研发出对应的标准化机器，用机器的自动化取代人工，尽力保证食品的质量。将传统小吃进行标准化的生产，在国内确实还做得不够多，而肉夹馍这个小吃目前也就西少爷在这么做。在这点上西少爷还是很接地气的，而这也和互联网思维没关系。

第二，产品的全套生产流程

机器烤馍这件事，只能算是一个环节，在目前来说机器还不是万能，肉夹馍这个东西虽然小，但是要从零制作出来，这背后也是有很多环节在的，每个环节都需要标准化的控制，才能保证最后从机器里出来的是一个高质量的肉夹馍。

那么这些环节中，购买原材料如何控制？没有好的原材料一切都是零。原材料如何被加工？就说这个肉怎么切，切多碎多细？调料要放多少？还有最后的成品如何把关？不好的肉夹馍是需要被报废的，而一旦发现有质量不合格的肉夹馍就会需要再次回过头去检查整个流程。

所以整个流程都是需要被控制的、标准化的。这也是他们一直在努力优化的。而这本质上也是肯德基、麦当劳的路子。

第三，人员管理

虽然说西少爷和其他连锁餐饮一样在极尽可能地对全部环节进行标准化设计，减少人为的因素，但是餐饮行业毕竟还是需要人来操作的，像麦当劳、肯德基这样的连锁餐饮行业老大已经将能够标准化的事情穷尽，但是依然无法做到全部用机器取代人工，而西少爷这边也更加需要在早期对人员进行合理的管理，才能保证最后的成品。

而他们的做法也是学习那些连锁餐饮行业的管理体系来执行，让底下的入职的员工通过学习操作要求、操作规范，去执行标准化的流程，来保证环节的全面可控。

通过和他们的聊天，我感受到，他们其实做得更多的是传统企业在做的事情，通过自动化、标准化的流程控制，来实现对产品的控制。这与外界传得沸沸扬扬的是通过互联网思维开店的猜想完全不一样。

BAT+肯德基、麦当劳团队

那么这么说，是不是西少爷和互联网没有关系了呢？当然不是，只是和O2O一样，90%是线下的事情，10%才是线上的事情。在招聘这件事情上，西少爷方面还是对互联网人才十分看重。

比较重要的人才分为两拨，一拨是从BAT等互联网公司来的人，这波人负责产品的包装、营销、研发控制等。另一拨是传统行业，比如有师傅，与来自互联网的人配合专门来研发其他肉夹馍产品，还有招聘得最多的就是来自肯德基、麦当劳的人，这些来自连锁餐饮企业的人员从底层到中层统统都有。

在互联网人才和传统人才结合上，主要是这么分配的。互联网的人才主要负责营销推广、产品包装、运营、新产品的研发等，主要负责线上的活动，而传统行业的人主要负责以前就已经非常熟悉的业务，将之前已经就有的经验直接搬入到门店的经营当中。对于来自互联网的人，他们可以学到来自传统行业的那种接地气的做事的方式，而对于来自传统行业的人也可以学到互联网人对互联网的理解。

此外，孟兵跟我说，来自传统行业的很多人都有一个特点，就是对于互联网的焦虑感。在他们看来肯德基和麦当劳也都急于寻找一种互联网的方式与用户建立更深度连接，但是结合得还是不够深入、不够彻底，他们来到西少爷也是希望能够找到一个与互联网结合得更深的企业，让自己能够获得更多的成长，这是他们最大的诉求，而西少爷这边也是一个能够很好满足他们的平台。

那么我接着谈下关于互联网所带来的变与不变的问题。

不变：要让用户喜欢你，最终还是要回到产品，产品做得不好，不被人喜欢，产品不可能因为互联网思维而大卖，就算大卖也只是一时的过眼云烟而已，这也是最近黄太吉遭遇瓶颈的原因。

变：互联网不是万能的，但是它深刻地改变了人与人的连接方式，这是一个更加融合的时代。互联网不可能让肯德基、麦当劳消失，但是会让每个企业对于社会的连接加深，更加深入到人群之中，而传统行业的人更多需要理解的是如何通过互联网更好地与用户形成连接，让这种连接产生出更多的溢价，用互联网式的营销更加迅速地打开市场，这是最为重要的。

6个月的试错

孟兵说，最大的试错就是想开工厂。因为他们所参考的传统企业，都是诸如肯德基、麦当劳、海底捞这些企业，他们统统全都有自己的标准化生产工厂，对原材料有着非常好的控制，有着统一的标准化配送环节，这也就能一步到位地解决了原材料、原材料加工、配送等各个环节，这也是他们最为渴望的标准化的生产方式，并且充满了期待和热情。

但是他们后来通过各种开会、调研、考察发现，这件事情实在太大了，像海底捞这种级别企业的开一个工厂就需要两亿，而他们要把这个工厂开起来至少也需要五千万，而他们后来也发现，开工厂的事情其实非常大，大到已经自身就是一个非常庞大的产业链，需要进行原材料管理、工人管理、配送管理等一切极为复杂的需要考虑的事情，这种事情也只有已经成型的拥有极大资源的连锁餐饮巨头才能干，对于他们来说还是资源不够。所以在最后，他们放弃了这个曾经让他们一直睡不着的想法，而这一想法也让他们花掉了6个月的时间。

不过在我看来，这是一种锻炼与成长，认清自己位置，不断回归初心的过程。

最后再谈下对他们对外卖的看法，几个创始人对外卖这件事一致不看好，不打算做外卖。是否要为用户提供外卖也是他们所探讨的一个重要部分，因为大多数巨头连锁餐饮，像肯德基、麦当劳都是可以外送到家的，而他们在这方面并没有立即效仿。原因也很简单，不仅是物流成本的问题，最为重要的原因是刚出炉的面皮的酥脆口感很难长久保存，如果用户拿到手的产品无法保证品质，那么他们对产品的印象一定会大打折扣，也就不会有更好的口碑传播，这也是肉夹馍这个产品自身的困境。

当然，孟兵也说，可能后期他们的想法也会发生改变，这都是说不定的。作为一个懒人，我个人是非常希望西少爷肉夹馍能有外卖的，当然我同时也希望不要把馍的口感变差。

所以从他们一步步的试错过程中可以看出，他们在很多决策上，还是小心谨慎的，依然保持着快速试错，小步快跑的风格，在错误中不断探索学习。

虽然已经从一间十几平方米的小屋子做到了五家分店，但是在交谈过程中孟兵此次依然保持着谦逊和学习的态度，在他的办公桌上摆满了各种管理学的书籍，并且也积极参加各种企业CEO的培训课程。当前160人的西少爷仍然在扩张，三个创始人都已经跨过了产品研发的阶段，进入了全新的成长阶段，他们需要迅速学习在扩张中如何控制上游渠道商，分店管理控制，以及带人、用人的各种能力，这都是全新的挑战，他们从互联网到传统餐饮行业的真正跨界其实也才刚刚开始，希望一年后能看到他们更多的成长。

小猪巴士，互联网大巴车的未来

导语：

关于“互联网+”，目前我们看到的最多的是“互联网+上门”模式，这类服务的模式简单清晰，而“互联网+巴士”这个行业是怎样的？我采访过小猪巴士的创始人王和，了解到了互联网巴士这个行业的一些情况。

“互联网+巴士”，正在切入上下班的现象级场景

互联网巴士根据白领聚集区，公司大厦的所在区定制精准路线，其人群也较为固定，在时间效率上可以更高。其次由于互联网巴士属于“一人一座”的私人定制，也比公交车和地铁来得更为舒适。有着“更快”与“舒适”的特点。

2015年4月，51用车获得百度的投资，同月百度再次领投天天用车，一石二鸟，来势汹汹。同月，滴滴宣布涉足拼车业务，当即宣布开启高额补贴，补贴大战再次开始。7月15日，继快车、顺风车之后滴滴正式宣布上线“滴滴巴士”，进军互联网巴士行业。

打车是高频，而白领的上下班出行也是高频。2014年做定制大巴上下班的公司以小猪巴士为代表的还只有不到3家，2015年却已经涌现出七八家企业，目前易道巴士、PP大巴、接我、嘀嗒巴士、滴滴巴士都已相继杀入，对这个市场垂涎三尺。

目前暂无其他家的数据，根据小猪巴士方面提供的数据，北上广深出租车行业的日营收额大概在9300万到1亿之间，而公交系统的营业额大概是2.8亿到3亿之间，所以相比于出租车行业，这个行业的成长空间更大。目前小猪巴士在深圳、广州、上海、南京、成都、杭州、太原、武汉等17个城市已经开辟了上下班

路线，目前总共开辟出了4000多条线路，并且每天以10%左右的速度增长，用户的需求量也十分巨大。

从商业模式上来说，互联网巴士比打车以及专车有更好的变现模式，因为它所面临的是用户上下班时的固定场景，而打车属于非固定场景，所以这一路的需求可以包括早餐、WIFI、空气净化器等，还有广告投放，在未来也具有很大的想象力。

在王和看来，目前这个行业正处在初级阶段，和2012年的滴滴打车有点像，未来会有更多的白领将上线班出行的选择转移到互联巴士上来。

解决上班族的什么痛点？

王和说，上下班人群有两种出行选择，第一种是坐公交车与地铁，第二种是打车与自己开车。

先说第一种，北上广深的每周一到周五早上的大概8点到10点，以及晚上的5点到6点是上下班人群高峰时段，这一时间段很多人都挤在地铁与公交车上。而每天在人挤人的环境中待上一两个小时其实是极为不舒服的，并且由于站点较多，会有很多时间花费在等待上。

再说第二种，第二种属于自己开车或者打车去上班的人群，虽然这些人可以坐在舒适的座位上，时间也比坐公交车短，但是成本极高，一个月平均产生一两千元的成本，并且自己坐车本来就是为了快速到达，但往往会堵在路上，这就更让人堵心了。

所以，“互联网+巴士”走的是中间路线，试图解决两种痛点。对于挤公交的人群来说，是解决拥挤和速度慢的痛点，让他们可以花同样的出行价格享受到更高质量的出行服务。而对于打车和自己开车的人来说，是解决高价格出行的痛点，让他们以更为低廉的价格享受到同样高质量的出行服务。

“互联网+巴士”服务如何做？

一、对资源整合能力的要求远超打车

王和说，“互联网+巴士”这个行业远比打车要复杂。打车行业的起步比较简单，

因为有出租车公司帮你管理出租车司机，帮你管理车辆，你只需要控制司机端，教会师傅使用软件，接着往里面猛砸钱就行。但是巴士则完全不是这种玩法。

首先他们必须与运输公司合作，但是运输公司的资源不像打车司机，不是谁都能轻易拿到优质资源，并且拿到之后还需要更深入的合作。传统运输公司非常强势，如何让传统公司能够按照互联网公司的要求来做？整套玩法就完全不一样，不是光靠砸钱就能做起来这么简单，这里面有更多复杂的关系要做，更多的是需要沉淀的资源。而王和有着整整15年的车联网方面经验，曾经成功创立过相关公司，从事过北斗卫星定位系统、运输车辆配套设施服务，所以对交通出行行业相当精通。并且还与相关运输公司以及政府部门都有很好的合作关系，所以才能够比较顺利地整合各方面资源。

当然除此之外，还有许多问题，诸如：如何判定上班族居住区设置接车点？公司聚集区在哪几个位置？具体在哪个点可以停车？如何正确设计出公交线路，让乘坐时间更短，效率更高？这里面所需要的相关技术也是打车行业所没有的。

二、服务，服务，还是服务

很多用户逐渐从乘坐出租车转向乘坐专车，其中很大的一部分原因在于专车有着比出租车更好的服务质量与态度，互联网把这些更优质的服务给挖掘了出来。同样的，互联网巴士，相比于传统的公交车系统以及传统巴士租赁有着更高的服务质量。

王和举了一个例子，有一次用户从小猪巴士包了一辆巴士，小猪巴士的合作方提供了一辆新车，但是用户上车之后则闻到了一股甲醛味，对小猪巴士反馈后，小猪巴士方面马上在5分钟之内立即联系相关方调来了另一辆车，这也让用户十分感动。而这在传统时代几乎是不可能的，因为传统的运输公司比较强势，在他们看来只要能够给你提供车就已经结束任务，你不能坐是你太娇气，他们的服务已经到位了。传统的运输公司没有品牌，经常做一锤子买卖，但对于互联网公司来说，口碑以及信任是极为重要的，一旦有用户在网上骂你，那就马上要危机公关了，所以既然是互联网公司，就必须为用户提供超越传统的服务质量。

其实任何行业都是如此，在以前，强势方往往总是商家、零售业、房地产中介、快递行业、出租车行业、汽车租赁业等，而互联网这个工具正在全面驯服这些传统行业，让这些行业开始越来越重视用户体验。

王和表达了自己对未来智能巴士的期许，我脑补了一下这个画面大概会是这样，现在的用户打开打车APP可以打车，今后的用户打开智能公交车APP，输入自己要去的地方，付款完毕后，正在运行的智能公交车就可以随时智能调整路线，尽量来到你附近，又便宜又舒服。

当然这个场景还十分遥远，使用习惯还得花时间和钱来培养。至于小猪巴士现在拿了多少融资，他们并未透露，只说近几个月会公布。目前先把眼前的事情做好，先培养出白领们上下班乘坐互联网巴士的习惯才是最重要的，这必然需要大量资本去驱动。我留意到小猪巴士的公司名字是“小猪巴适”，“巴适”在四川方言里是“舒适”的意思，也希望未来就像这个名字的寓意一样，“互联网+巴士”这个行业能够让我们的出行变得更加舒适。

如何看待滴滴快的动态加价?

导语:

2015年8月7日傍晚，一场突如其来的暴雨夜袭北京，打车需求激增，滴滴快的紧急上线仍处于测试阶段的“动态调价”智能调度系统，虽然让乘客打到了车，当天帮助北京用户出行70万次，但是加价的行为也引起了用户的不满。

我们究竟该如何看待滴滴的“动态加价”？是坐地起价，还是市场调节?

动态加价只是一种选择

滴滴快的由于长期给用户补贴打车费用，所以在用户心目中逐渐树立起了这是一家“公益公司”的形象，我们使用打车软件的目的就是为了降低打车费用，而用这家公司的APP就是为了省钱，哪有让我加钱的道理?

但我们都忽略了一点，动态加价仅仅只是一个选择，并没有强迫用户一定要选择，用户如果不想加价的话依然可以选择不加费，可以选择等待，继续发送原价请求。这不意味着一定不成交，只是在概率上低一些。

加价背后是不可忽视的原因，出租车、专车等绝对供给，是无法满足出行高峰时间段的需求。而物理角度的不满足，是无法通过技术上的完善来解决的。通过加价，可以让更多司机在高峰时间段出来接活儿，增加高峰时段的供给。

用户可以选择用加价来为自己的快速出行增加一个保障，也可以选择稍待片刻。当然，也可以选择公共交通方式出行。不管从费用还是环保角度，公共交通都是绿色选项。

客观地说，滴滴的动态加价是市场经济规律的必然，任何想要出行的用户都会根据自己的经济实力做理性判断，也正因为这样，才会有人选择坐火车，有人选择坐飞机，而这样参差不齐的需求能带来经济的繁荣。

有一定经济条件的人会选择坐飞机而不会选择坐火车，我们不能强迫他们去坐火车，所以航空公司可以赚他们的钱，而经济条件有限的人他们只会选择坐火车而不是飞机，我们也不能强迫他们去坐飞机，所以铁道部可以赚他们的钱。

打车这件事也一样，打车本身就有一定的经济门槛，是坐出租车还是快车或者专车，高峰时间是加价还是不加价，都会在这个市场中自然显现出来，正如亚当•斯密所说，那个看不见的手会左右市场，用户与司机双方都会在衡量后各取所需，滴滴方面要做的事情只是满足本来的市场规律而已，所以动态加价的出现也是必然。

另外，在高峰期间，UBER叫车是必须强制加价的，所以在这点上，滴滴相对来说还是更人性化的，并没有强制加价，留给了用户选择权。

如何加价才是合理的？

加不加价的问题，其实已经不用再争论。而如何加钱更公平，才是接下来要面对的问题。

根据滴滴方面的资料，其加价算法技术如下。

第一步，监控成交率： 滴滴时刻监控某个地区范围内的成交率，如果一旦发现成交率过低，那就是说明需求大于供给，当成交率低于某个限值之后“动态加价”就会启动，以提高订单的成交率。

第二步，计算加价费用： 加价费用是通过历史大数据挖掘后再经过一定算法得出，说两个最为重要的参考大数据。第一，该区域曾经的高峰历史加价数据，其中一个比较重要的历史数据就是滴滴积累的出租车加小费的数据。第二，目的地价值参考数据，比如当用户要从三里屯到机场，因为司机可以接到回程订单，所以要加的价格就不会太高。但是如果用户是要从三里屯去昌平区的某个村，司机接到回程的概率就小，所以加价也会相应提高。

第三步，机器循环学习：事实上进化的算法才是“动态加价”的核心，滴滴通过不断监控成交率以及大数据相关性，不断调整算法来实现调价的合理化及最大化，让机器通过一次次的学习，来提高订单成功率。

公众对技术不够了解，但却用实际行动表示质疑。甚至有人专门做了测试，三个人从同样的出发点，去同样的位置居然有不同的加价，差价高达24元。

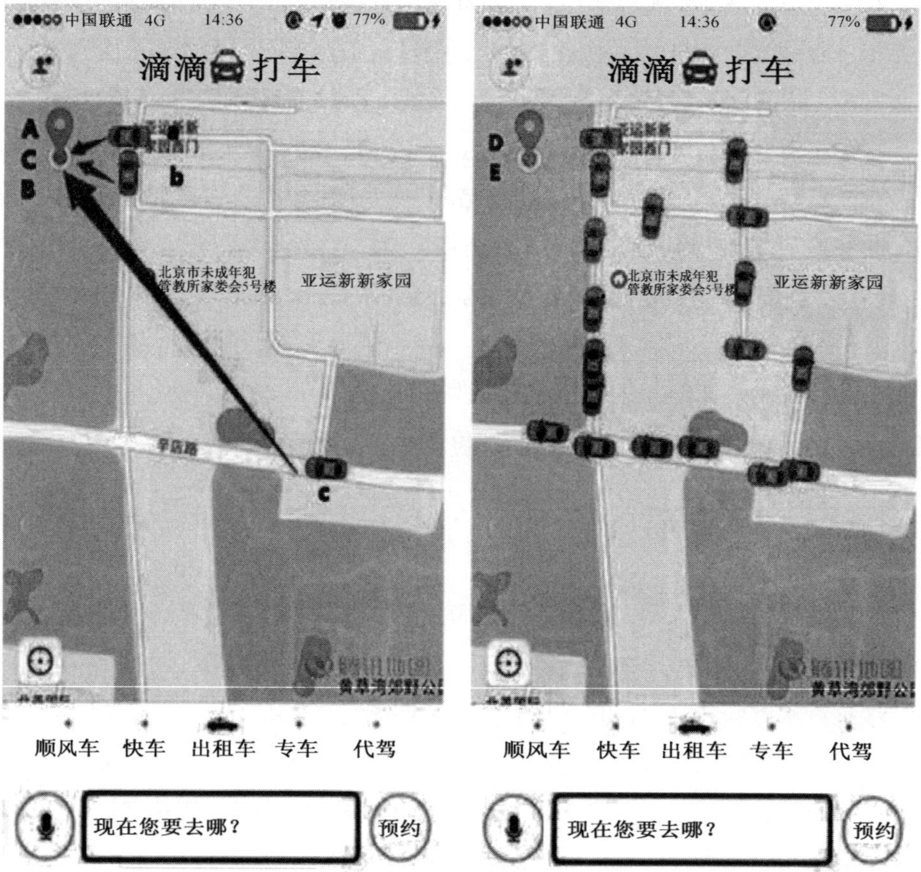

这到底是怎么回事呢？其实供给是随时发生变化的，第一个叫车的人可能附近有车，直接匹配，第二个稍远点有车，第三个附近没车，所以会加价。因为供需是随时在变化的。

理想的交易价格是，需求价格和供给价格无限接近，换成大白话是，司机不用一路吐槽给钱太少，用户也不用一路肉疼钱花得太冤枉，如何如何。滴滴正在试图磨平这个鸿沟，但这并不容易。

出租车之所以固定价格，就是因为，如果敢浮动定价，那司机和乘客的所有沟通可能都用在讨价还价上，这会天下大乱。

算法决定未来

作为一个技术信仰者，我深信科技会创造更加美好的生活，而未来科技的核心之一则是算法，因为未来的人类会产生无穷的大数据，而如何从大数据中找到隐性的关联，让原本世界运行的效率不断提高，这就要依靠算法。搜索引擎需要算法，在线广告推荐需要算法，大数据医疗需要算法，城市公交调度需要算法……算法已经大量融入到我们的生活，并且在未来会发挥更大的作用。在《算法帝国》这本书中，作者说到“未来属于算法和它们的创造者”。

所以我们不要小看这个“动态调价”算法，UBER能够在全球立足，算法功不可没。那么我们反过来再看这件事，如果滴滴在“动态调价”的算法设计上高度成熟甚至超越UBER，那么就达成了与在UBER全球抗衡的必要条件之一。

事实上，在中国数据沉淀和技术积累方面，滴滴确实做得远超过UBER。而UBER在欧美则更强。很简单，要有数据，才能用到算法，数据需要采集，更需要时间沉淀。而算法需要基于本地生活习惯和需求而生，门槛是时间、应用以及持续迭代和优化。

不管我们愿不愿意，打车、专车的补贴终有一天会撤走，最后沉淀下来真实的需求和交易。能够活下来的一定是通过算法让出行交易更为合理的那家，这是互联网的精粹。不出意外的话，在国内出行领域，滴滴肯定是赢家。

我们回到变与不变的角度来看问题，滴滴快的的补贴只是变化的表象，滴滴快的诞生之初就不是为了补贴钱给用户和司机，滴滴快的最终要做的是建立一个高效的出行平台，让用户能够花合理的钱叫到车，让司机获得合理收入，让市场中各个层次的用户与司机都能各取所需。

因此，滴滴此次的“动态加价”功能虽小，但其关键作用有点像阿基米德的支点，一端是算法，另一端则是未来。

第6章 大数据民生应用渐入佳境

中国工程院院士邬贺铨指出："互联网的快速发展产生大数据。大数据反过来驱动互联网各类应用的加速演进。在可以预见的未来，通过对大数据的充分挖掘将产生更多新的应用，将催生更多的新业态出现，将会为我们带来更多的便利和惊喜。"大数据在交通、医疗方面已有应用示范，更多的应用让我们拭目以待。

民生未来，我们需要什么样的大数据？

导语：

近期，百度与央视再次达成合作，推出“数说肿瘤”新闻专题，用大数据解读医疗健康，这也是继“百度迁徙”之后的又一次合作。科技公司的大数据正在逐渐进入民生领域，那么他们的这些数据是否可靠？我们又需要什么样的民生大数据来支撑未来？

为什么需要民生大数据？

随着技术的发展，政府也开始利用技术在执政效率上进行加速，所以自身需要进行大量的信息化改造，但是由于各方利益盘根错节，使得自顶向下的推动常常受挫，进展缓慢。相反的是，科技公司自底向上的商业化力量却覆盖了大量人群，并且里面有着很多在民生建设上很有价值的信息，而政府方面则十分需要这些数据的支撑来进行可靠决策。我们来看下BAT的各自大数据。

腾讯，社交数据。腾讯的大数据主要以社交关系链为主，但是这对于获得民生数据来说，意义并不是很大。

阿里巴巴，电商数据。阿里巴巴的数据属于电商数据，有着全面的行业数据优势，可以从中窥见出国民的收入以及消费能力，以及电商零售行业的大体行业发展状况。

百度，全面的民生数据。百度数据分为两块，第一块是搜索数据，用户通过百度搜索的数据皆为需求数据，如国民看病、结婚、签证等各种杂七杂八的全部需求数据，而这是直接反映民生的，而政府也正是需要通过观察民生需求而去执行自己的职能。第二块是国民出行数据，百度地图掌握着用户的迁徙数据，这对于我国的城市交通规划以及疾病控制都有着重要意义，政府可以通过这些数据做出有意义的决策，不再拍脑袋决定。

政府最为需要的是民生需求，所以对比BAT，腾讯的民生数据价值最弱，阿里巴巴次之，而百度的数据最为全面。对于政府来说，最为需要掌握的不是国民关系，也不仅仅是国民收入消费水平，政府最需要掌握的是全面的民生数据，通过查看暴露出的民生需求，进行决策，而百度是目前的最优选择。

民生大数据要靠谱需要哪些保证？

数据谁都可以提供，但是只有可靠的数据才会为决策提供保证，以百度为例，来谈谈保证数据的可靠需要的四个方面要求。

第一，数据的广度。做一个极端的假设，如果百度服务的用户都是坐飞机的用户，那么在百度上最后就会呈现出国民都想坐飞机，最后政府开始大量造飞机开辟航线，显然这是不对的。所以要想保证数据可靠的第一个条件就是搜索的用户要广，这个广囊括了年龄、地域、职业、性别等的平均分布，只有这些比例正确，用户规模庞大，最后才能得出坐飞机的需求到底在我国是有多大。根据第一象限发布的《2014年5月搜索市场研究报告》中百度移动搜索以79.3%的市场份额占据绝对优势，而根据易观方面的数据截至2014年年底中国移动互联网用户数7.3亿，所以百度在广度上能满足条件。

第二，数据的准确度。很多人想当然地认为为每一个用户搜索请求做记录不会有技术问题，准确度根本无须怀疑，但事实上并非如此。百度如果光做记录确实十分简单，但背后并不简单，因为有大量的搜索引擎作弊，国内很多黑帽都进行过大量的搜索排名作弊，其中包括制造假的关键词搜索请求来提高网站的关键词排名，而百度也在长期与其博弈，不断更新着反作弊系统来保证数据的准确度。百度自2012年起进行过上百次反作弊更新，上线过“绿萝算法1.0”、“绿萝算法2.0”、“石榴算法”、“起源算法”等反作弊系统来制裁作弊网站，搜索质量是根本，所以在反作弊上也不惜一切代价投入。这就保证了大数据结果的准确度。

第三，数据的多维度。光有数据还不够，如果没有数据的维度，数据同样没有任何价值。比如百度预测国民有买芒果的需求，那么这对决策者来说就毫无意义，因为决策者不知道是谁要买芒果？是哪个地区的人要买？还是哪些地区的人要买？时间是什么时候？这些人的消费水平又是如何？等等，如果缺失了这些数据，则数据依然毫无价值。但庆幸的是百度能够提供多维度的结果，能够为某个需求的人群贴上大量的标签，进而帮助政府做出最为精确的决策。

第四，数据的处理能力。有了数据之后，如果无法找到数据的关联性那么这些数据依然就是一堆没用的数据而已。大数据处理就是为了发掘这背后的关联性，比如最近某个地区的蔬果价格上涨，那么与其相关的数据又是什么？通过数据挖掘就可以发现，可能是天气原因也可能是运输费用的提升等，通过这一切背后的关联性，我们就能综合得出最为接近正确的结论。而百度在关联性的处理上已经做得十分出色，现在的智能程度已经达到可以匹配明星之间的关系，能通过大数据的处理得出韩寒的女儿是小野，谢贤是谢霆锋父亲等，而这结果没有经过任何人工输入，统统都是智能结果。

广度、准确度、多维度，处理能力，这四者是大数据决策的保障。政府数据的维度通常都比较单一，所有相关性的呈现都不是很准，所以其数据只有与第三方科技公司做交叉对比才会更加可靠。

大公司的大数据与大责任

前段时间阿里巴巴向政府开放大数据，官员可自助查询当地电商数据，这是一个非常不错的苗头，而百度方面也一直在用自己的技术以及数据在为政府提供决策帮助，从去年开始已经和交通部以及疾病预防中心有了深入的合作，而其在与央视合作的“百度迁移”、“天眼”、“肿瘤大数据”系列展示了其民生大数据的实力。

这个时代的科技大公司有着不一样的视野，从前的大公司从未如此深入地抵达国家民生建设层面，李彦宏和马斯克谈到的“技术治国”正在全世界各个国家发生，未来的大公司都将会是大数据公司，他们的能力越大，责任也将越大，而遇上这个时代的我们是庆幸的。

解读中国未来大数据交通

导语：

众所周知，北京的交通一向很糟糕，那么大数据会把这样的大城市交通带向何方？我希望能够从交通大数据的获得，以及对数据的处理上来对其解读，希望国民们都能从一个更宏观层面知道科技与政策的交融的结果，大数据并非玄虚，其实已在我们身边。在百度大数据战略会议上，交通运输部科技司司长赵冲久讲解了中国未来的大数据交通战略。

交通大数据如何获得？

正像赵冲久司长所说的，今后的政策都不再会是拍脑袋决定，而是要根据实实在在的数据来说话。那么，交通上的大数据将从以下途径获得。

第一：用户出行的一卡通。以北京为例，交通局有一个终端系统，可以详细统计出每天进出地铁的人数，每个人在地铁上的行踪都能一清二楚地获得，并且用户使用一卡通乘坐公交车的也是能够统计出来的，但是公交车有个缺点就是有用户可能是不用公交卡出行的，但交通部依然可以根据使用一卡通的人数按一定比例计算出大概的人数。

当然，这里还有一个没有爆发的点——NFC的近场支付，如果中国未来可以像日本那样达成全民的NFC支付，那么交通部获得的市民出行的数据将更加完善。

第二：运输车辆进行全面监控。《道路运输车辆动态监督管理办法》将于2015年7月1日起执行，其中最大亮点就是运输车辆的车联网系统，将所有运输车辆都与GPS卫星连接，国家可以实时监控这些运输车辆的路线，这对交通规划是非常好的事情。

第三：车联网。由于车联网的逐渐普及，交通部也能更好地掌握车辆出行的数据，再根据比例进行模拟得出大概数据。

第四：路网监控。国家在道路监控上的投入可谓不菲，重庆高速公路视频监控数据每天就达到50T；我们获得了船舶位置数据，航速数据每天就达5500万条；在广州，综合处理服务平台，每日新增城市交通运营数据记录超过12亿，每天数据量达到150GB到300GB。通过视频监控，交通部能够弥补上其他信息的不足。

第五：与百度的战略合作。这也是百度请交通部来做演讲的原因，百度将自己的地图生态开放给交通部，为其增加数据的渠道来源。百度地图的日请求次数有70亿次（包括手机APP地图、导航等），拥有大量的用户出行数据，进而诞生了百度迁徙图，而交通部可以根据百度提供的数据来提高数据的可靠性，成为可靠的参考样本，进而做好决策。

此外，还有诸如物流公司的物流信息平台，以及船联网等可以获取的方式，但不在本次讨论范围。

交通大数据的应用如何？

其实交通部在使用大数据上已经做了很多事情，但是由于数据量的不断增大，自身的分析技术的不足，所以这次与百度共同合作，利用百度对数据的深度分析技术，为政策制定提供更可靠的参考。

当然能够帮助交通决策的情况还有很多，这里指出最重要的四个部分。

第一：智能公交。这是交通部早已实现的事情，也是交通部最早利用大数据决策的成功案例之一。交通部利用GPS定位技术、3G通讯技术、GIS地理信息系统技术等技术对车辆进行监控，实现了公交车智能调度策略，提高了公交车的利用率，同时也在不断减轻城市道路的拥堵负担。

目前，智能公交的调度技术已经在绝大多数城市铺展开来，中国各个城市都在陆续展开该项目。

第二：用大数据辅助交通规划。就公交网络而言，传统的方式需要投入大量人力进行OD调查和数据收集。而目前的一卡通，则让数据更为全面地展现在决策人员面前，流量数据全部可以精确掌握，同时再利用车辆拥堵时间、拥堵路段的大数据分析后，公交车的线路调整，增加与减少换乘站的决策就会更加有依据。

第三：对驾驶员评估。交通部与百度技术结合后将通过驾驶员的出行习惯，从路线到行为，为该驾驶员提供一套评估，而此人的评估会被送往交通管理部门以及运输企业等地方，让用人单位可参考的数据更多。并且这些评估也可以为个人提供安全参考意见。

第四：预测群体出行行为。目前，百度地图已经做到了可以提前两周预测某个城市的人数大概规模，而将这一成熟的预测算法用于交通后，结合交通部的其他大数据，便可以预测出群体出行的态势，对其可能出行的时间、出行路线、出行方式等进行预测，从而为城市车辆调度提供决策帮助。

并且再反过来看，这些预测的群体出行行为数据也将为个人出行提供更加精确的服务，帮助个人决策，让个人出行尽量以最短的时间、最短的路线抵达目的地。

大数据疾控预防

导语：

在百度大数据开放大会上，中国疾病预防控制中心的高福院士在开讲时就向听众抛出了一个问题："如果2003年百度的搜索引擎和现在一样发达，能够提前告知我们广州、香港已经开始出现SARS病毒感染了，那么其他地区的受灾情况是否会变得好一些？"

而这一问题也暴露了传统疾病预防控制的方式的不足，最大的不足在于实时性上，疾病的控制抢的就是时间，与死神赛跑。而此次疾病预防控制中心与百度的合作也正是意在改变现状，开始利用大数据对疾病传播进行更先进的监控与控制。

谷歌已在疾病预测防控上有经验了，那么我们先来看下谷歌的谷歌流感趋势（Google Flu Trends，GFT）的工作成果，再对比百度，从中窥视中国疾病预防控制的大数据未来。

谷歌在疾控上的成就

2008年，谷歌上线"谷歌流感趋势"项目，该项目开始预测流感传播。

2009年在美国的H1N1爆发几周前，谷歌成功预测了H1N1在全美的传播范围，具体到了州还有特定地区，判断非常及时，令美国公共卫生机构以及全美大为震惊，疾控中心通常只能在流感爆发一两周之后才可以做到，而谷歌的及时性让全美侧目。

这是真正第一次利用搜索引擎大数据对疾病控制的预测尝试，谷歌因此也获得巨大殊荣。

中国疾控中心的大数据方向

疾控中心与百度深入合作，不仅利用百度的数据技术来对疾病的传播进行有效的控制，还将拿出官方的监测数据与百度进行深入分析并建立模型。以下是在大数据下，疾病控制可以做到的几点。

第一，提前确定一定规模的未知疾病，为疫情控制争取时间。无论传统检测还是大数据都是无法监测到任何没有临床症状的病例的，这些经验在医院的临床经验中都为零，但大数据却可以做到一件事，通过医院的共享信息以及百度监控指定地区的用户的频繁搜索关键词，可以检测到某个地区已经出现了诸如不明原因的肺炎，某地餐馆让多少人出现呕吐、腹泻等异常状况……

然后再通过疾病控制中心的病毒库中的病毒分析，寻找对应的病毒，进行比对分析然后将其找出，为判断疾病赢取时间。换句话说，有了大数据后，疾病预防可以真正在第一时间内判断出疫情的病毒源，进而为控制争取时间。

另外要说明一点的是，在当前的科技下，疫情的发生是谁也无法控制的，我们目前唯一能够控制的就是及时制止其传播的范围，而大数据则是目前唯一的也是最佳的途径。

第二，判断人员流向，控制疫情。在疫情发生后，虽然国家可以第一时间控制住当地疫情，但是人员流动则是无法控制的。现在利用百度的技术可以做到，比如A地突然爆发了传染病，而此时根据百度大数据的监控就能监测到传染源区人员的主要流向地是B地与C地，于是疾控中心就拿出对应的医疗技术和对应的治疗药品以及疫苗来防治，第一时间赶到B地与C地，将一切药物准备就绪并为当地人接种疫苗，这样一来就减少了盲目的广撒网式的全面布局情况。百度提供的人员流动数据，能让“控制疫情”在效率上有大幅度提升。

第三，治疗药物和疫苗的迅速研发。疫情发生后最重要的事情就是研发对应药物，传统的做法是先在小范围内研发，然后用传统的交流方式，但是有了大数据就同了。在病人的治疗中，所有药物的使用情况以及用户的病情数据都将全部联网，当机器检测发现某种药物（通过读取录入的药物数据）对病人的病情（通过读取录入病人健康的关键指数后的数据）有部分效果后，将会迅速纳入研发的范围，为研发部门提供有用的参考，为研发对抗疫情的药物以及预防疫情的疫苗，提供全网的大数据的支持。

第四，传播动力学模型建立。疫情的传播模型在学术上有很多研究成果，但是这些学术研究都很难落地，就像《反脆弱》里说的这种涉及社会问题的理论要想建立，从学术到实践是一种大众错觉，真正建立起理论的永远是实践再到学术然后再不断微调。而现在拥有了大数据的全面监控后，疾控中心也就有了更多的实践支持，就可以从实践中建立有关疫情的复杂动态网络的传播动力学。

目前，疾控中心将拿出监控点的数据——从乡镇到医院的数据，与百度已有的大数据结合，再加上百度更强大的分析能力，绘制出了传播的模型，来为今后的疫情控制工作做更多的参考。

第五，建立全民预警机制。高院士有个愿景，希望未来的大数据疾病预防控制的预警不仅仅只是他们这些坐在办公室的决策者能够收到，更希望能够让全民享有这样的福利，以保障更多人的安全。比如当你去出差时，百度会在你的手机上提前通知你，你将要去的地区有食品安全问题，再比如第一时间通知你，你所在的地区有流感地区的人群大量流入，让你及时做好预防工作并接种疫苗等。

关于这一点，我认为并不遥远，相信在近期就能够做到。

谷歌的前车之鉴

谷歌虽然在2009年的预测上做出了漂亮的成绩，但是2013年的2月谷歌流感趋势却被媒体大量批评，原因就在于其数据总是偏高于真实的流感数据。

谷歌出错的原因有很多，比如谷歌的搜索算法调整会间接影响到用户习惯，再比如谷歌的推荐搜索以及相关性推荐也会影响用户的搜索结果，此外搜索某个关键词的用户也不一定是患病用户，再加上运营商的地理位置判断等问题，使得谷歌出现算法过度拟合的情况，将噪声当成了信号，导致其结果的不准确性。

而谷歌的反复试错，也让百度在该项目上更加警惕，所以直到最近才开展该项目，想必是已经做好了充足的准备有了充足的自信，才敢开始该项目，并接受大众的检验。

百度布局大数据医疗到底有没有优势

导语：

2015年的大数据时代健康论坛在北京召开，百度大数据部医疗健康方向负责人张浩在会场阐述百度在移动医疗方面的布局，而百度为何要如此坚定地进行移动医疗布局？这背后是什么优势在支撑？而百度布局大数据医疗究竟有没有优势？本文将从这几个角度重新审视。

搜索流量

对于腾讯的微信和阿里巴巴的支付宝而言，如果用户想要享用医疗挂号服务，需要通过其二级功能才能进入，而百度的优势在于搜索流量，这些搜索是需求性的，是一级需求，用户想要挂号预约、问诊等需求一目了然，而百度可以根据用户需求提供对应的服务。

所以根据这些一级需求，百度出台了对应的挂号预约服务，用户通过搜索“某某医院挂号”，直接帮助用户解决问题，这也是李彦宏在两会上提出来的“帮助更多用户解决挂号难题”，目前百度正在推进挂号项目。

其次，用户除了很明确的有目的性的挂号需求外，更多的有问诊需求，诸如“感冒了怎么办”、“咳嗽很厉害怎么办”等类似问题，而百度可以根据这些用户的提问来提供对应帮助。百度也顺势推出了百度健康平台，将所有疾病相关问题更精准地汇聚到这个信息平台，并将相关用户导流到相关优质医院，而这些医院有着非常可靠的资质。与此同时，百度也顺势推出了“拇指医生”，用户可以直接在线咨询医生，这更好地满足了用户个性化的咨询需求。

搜索流量是百度的第一优势，去哪儿借势百度搜索流量，已经成功上市，所以在医疗方面，百度的流量优势依然不容小觑。

大数据的人工智能挖掘

百度第二个优势就是“人工智能挖掘”，只有人工智能才能挖掘出数据中的真正价值，让数据为人所用。

第一个案例就是疾控预测。目前百度已经与国家疾控预防中心达成战略合作，百度利用各个区域的搜索关键词来预测并监控流感，另外，百度利用这些搜索数据，结合气温变化、环境指数、人口流动等因素建立预测模型，实时提供几种流行病的发病指数。

第二个案例是百度医疗大脑。这是一个结合人工智能、大数据、图像识别的综合性医疗相关项目，百度通过自身搜索数据以及医院机构提供的数据再加上卫生部门提供的各种数据，为政府部门进行疾控预测等相关医疗参考服务，其次百度医疗大脑目前已经能根据皮肤患处图片自动识别出对应的皮肤病，这是当前医疗领域比较高的人工智能水平。

也就是说，百度在人工智能大数据挖掘方面已经具备了足够优势。

智能硬件资源整合

所以，百度可以通过搜索流量来获得用户疾病数据，而百度的人工智能可以有效地挖掘相关数据，百度目前需要的就是一个更大的医疗整合系统，所以百度目前也在更深层次地切入大数据医疗。

首先，dulife百度通过布局Boom band手环、MUMU血压仪、Lifesense智能体重秤、Lifesense血压仪等众多智能硬件来监控用户健康数据，为用户提供更好的健康决策。

其次，百度通过与北京政府合作推出“北京健康云”工程，建立体验中心，配备智能手环、血压计、心电仪、体重秤、体脂仪等相关设备，帮助市民进行更科学的健康管理，实现“大病化小”、“小病化了”、“无病预防”的目标。

百度目前在大数据医疗方面有搜索流量和人工智能挖掘的优势，百度通过用户的搜索流量为其提供对应的O2O挂号预约和问诊等落地服务，再通过人工智能对这些数据进行挖掘，找到有价值的数据。其次，政府相关部门以及医院机构也在将自己的疾病数据与百度共享，百度的人工智能技术也在加速大数据医疗的落地。另外，百度也在智能硬件方面积极进行整合，通过个人产生的大数据，来更好地辅助个人实现健康。相信随着时间的推移，百度在大数据医疗方面的优势积累会越来越突出。

平安进军医疗领域，BAT同意了吗？

导语：

有人撰文评论说平安好医生（或简称为“平安”）估值能达到50亿美元，甚至可能更多，我觉得这绝对是太想当然了。

春雨医生有十几亿甚至二十亿的估值确实并非妄言，平安比春雨有更强大的背景也是事实。但即使如此，当下能给出平安好医生几十亿美金的估值也是隐含了巨大的市场预期，所以这个估值有个前提：平安能拿下医疗市场。

要拿下医疗市场，如果是普通的创业公司，平安可以用强横的实力和资金碾压。但医疗市场蛋糕之大已经让BAT纷纷投入重兵，平安此次将更多地面对BAT的重兵防守。医疗市场现在远远没有定局，又怎么会给出50亿美金以上的高估值？我们可以分别讨论下平安好医生与BAT在医疗领域的规划及其优劣势，就能明白平安好医生将在未来将面对多大的竞争压力。

平安好医生：好模式的“土豪”推动

将平安好医生与春雨医生（或简称春雨）对比，虽然两者都是将问诊放在核心位置，但它们的模式还是有很大的区别。而它们最大的区别就是问诊医生的归属。

平安好医生从三甲医院挖来相当多的医生资源，主要目标是三甲医院主治以及副主任级别医生。现有的医生团队已经有500人，而且宣称在今年年末将达到1000人。平安好医生的股权激励措施，对处于医患矛盾当口的医生还是相当具有吸引力的，当然费用也是惊人的。建立这么庞大的一支专业级别团队，这样的投入并非一般创业公司可以承担。

春雨则是典型的轻资产互联网模式。春雨和外部的医生合作，让外部的医生提供在线问诊的服务，并由此完成导医的步骤。按理说应该可以更快地复制，不过春雨做得比较早，当时还没踩到风口上，医护又是个脱网比较严重的群体，所以现在也没有太大的优势。

由此，两者产生的重心和营收模式差异非常显著。

春雨与医生合作收取疾病相关的咨询服务费，以此获得营收，并进而完成导医。虽然有免费的咨询，但数量有限。所以春雨的核心是在线问诊，因为这正是春雨的主要营收来源。

而平安好医生也是由问诊切入，但却是免费问诊。因为好医生注重健康管理，其营收来源是多元化的，可以视情况进行导医和购药，再加上背后有保险等延展的业务模式，可以为持续的免费模式提供可能性。

而问诊免费正是促使平安好医生崛起的一大优势。从外部数据来看，平安好医生（或简称平安）从上线至今不足一年就获得了千万级用户，而且日均咨询5万人次，增速极快。这其中主要有两个原因，一是平安集团相关业务对好医生的支持，二是模式上的创新。

平安建立了一个医疗闭环：问诊→医院就诊→医药电商→个人健康大数据管理→医疗保险。这个链条确实具备极大的想象空间，平安好医生的增长也让集团内外感到惊讶。但是因此就认为好医生可以支撑天价的估值则有些过于天真，互联网毕竟是BAT的天下，BAT在医疗领域也都是下了重注的。

百度：流量优势依旧

百度投资了好大夫在线的B轮；2015年1月份上线了“百度医生”，可直接预约医院医生；百度的“拇指医生”提供了类似“春雨掌上医生”的咨询问答平台；4月百度发布了针对医药电商的“药直达”，一齐补足了问诊、预约、医药电商的短板；除此之外，百度也在紧盯智能硬件，旗下dulife也是未来大数据医疗布局的一环。

对于百度来说，搜索是现阶段绝对的优势，百度拥有接近70%的移动搜索市场份额，而搜索疾病关键词，疾病症状等相关关键词的用户均是医疗的相关用户，百度有着这些用户的流量优势，所以利用这些流量优势进行布局。

拥有流量优势的百度，所需要做的就是将这些流量更好地利用起来，所以百度建立了“百度健康”，将所有与疾病相关的回答聚合起来，并且将各个医院挂号服务打通，最大程度上让用户所搜即所得。

2015年莆田系与百度闹出很大纠纷，原因在于这些民营医院投放的竞价关键词单价过高，而百度方面态度强硬，牺牲了广告相关利益并且开始重新整顿市场秩序。从某种意义上来说，百度正在平衡医疗广告和自身医疗布局的关系，布局未来的医疗。

其次，百度大数据技术众所周知，目前百度已经与国家疾控中心建立合作，利用大数据资源帮助国家疾控中心做好疾控预防工作。并且百度也成立了“百度医疗大脑”项目，也与相关部门进行了更深入的大数据合作。

只要有搜索入口的流量，百度则仍然握着导医的最前端部分优势。百度完成整合后就可以在自己的框架体系内提供完整的服务，而只有APP的平安能否打破流量定律？

阿里巴巴：医药电商领先，大数据断后

阿里巴巴早在2011年就投资了“寻医问药”网，可谓布局甚早。

同年，阿里巴巴启动了天猫商城医药馆，但是由于政策原因使其在2012年2月份才开始正式上路。在这之后，阿里巴巴方面也与海王星辰、新兴药房、怀仁大药房进行紧密合作，强化医药电商优势。

2014年，阿里巴巴正式上线“阿里健康”（原中信21世纪），主打药品电商，用户可以直接在线付款后去附近药店取药或者由第三方直接配送，并且剑指未来的医药监管，在医药电商方面阿里巴巴可谓一马当先。

阿里巴巴把整个医疗方面的计划称作“未来医院”，入驻各大医院的支付宝服务窗只是第一步。

毫无疑问，阿里巴巴的优势在于医药电商。2014年双11，排名前10的药店单日的销售额就达到10亿。加上现在支付宝的联动，由此实现基于用户个人资料的整体服务，并通过投资“寻医问药”网来补足自身问诊短板。

虽然阿里巴巴方面的整个投资布局看似比较分散，但阿里健康作为与中信联手的医药项目，已经不止将目光局限在销售上，整体的药品数据志在必得，

而且更容易对用户形成长期的习惯影响。虽然现阶段阿里健康的发展不是非常顺利，但只要阿里健康摸索出了正确的方向，那阿里巴巴对于医药全局的把控能力未必就弱于平安。

腾讯：完整的布局，只差发力

腾讯在2014年8月发布了微信智慧生活，而“微信智慧医院”也在其中。腾讯方面希望通过医院入驻微信公众号，来实现患者的挂号、结果查询、通知等服务。同时，腾讯也在马不停蹄地与政府签下“城市服务”的“战略”，其中上海、重庆、盐城、长沙、无锡、大连、常州等十几个城市的主要医院已经可以实现微信公众号挂号、取号等服务。

腾讯的智慧城市是一个比较泛的概念，所以腾讯需要那些更为专注的伙伴。在挂号方面腾讯以1亿美元投资挂号网并实现微信的相关对接；在问诊方面，腾讯以7000万美元投资丁香园，同样实现了微信相关对接，而在智能硬件方面腾讯则以2100万美元投资PICOOC缤刻普锐公司，而该公司可提供健康监测管理硬件。

现阶段，腾讯本身虽然还没有在医疗领域有发力的倾向，但其整体布局的完善度比阿里巴巴和百度更高。也就是说，虽然整合需要一定的时间，实际上腾讯已经处在一个随时可以切入市场的状态中了，到那时腾讯的实力就不可估量了。

显然，腾讯的最大优势在于微信的生态整合能力，腾讯会打造一个围绕微信的矩阵。微信有着6亿的海量用户，而且其本身就是信息沟通通道，再接入寻医问诊服务并不是很困难。

BAT都是在利用自身优势在发力，有攻有防。虽然平安好医生背靠平安集团，但BAT和它们阵营的兄弟们，都不会任由平安在医药领域胡来。医疗这么大的蛋糕，即使以平安之力想要吃独食也是有一定的困难，而这必将是一个超级的资本游戏，所以平安才有可能与外部资本合作。以平安的综合实力，在融资方面必不会太弱势，但超过50亿的估值显然是“拿现金付未来估值”。但面对BAT的挤压，平安好医生又有太多的不确定性因素。无论具有何等强大的背景，平安好医生的估值都不会超过50亿美金。

第7章 人工智能提升互联网服务效率

有大数据的地方，必然会有人工智能。人工智能是连接人与服务的关键一环。实现人工智能的关键技术有哪些？超级人工智能是否是大数据的未来？百度是技术驱动型的公司，对技术的投入可谓不惜一切代价。我们以百度来例，来深入了解人工智能的发展。

哪些地方会需要人工智能？

导语：

李彦宏之前曾在IT领袖峰会上指出“风口论”是种很“严重”的投机思维，太多人都想找捷径，非常浮躁。换个角度来说，对于BAT这些巨头来说，看到的未来一定是更为广阔的未来，根本不屑于在蝇头小利上浪费时间。对于百度来说，真正的未来属于人工智能，而此次李彦宏在证监会的演讲则传达出了其所看到的未来是人工智能。那么照李彦宏的说法，未来在哪些地方会大量需要人工智能？

布局即将爆发的大数据

此次李彦宏再次谈到了沃尔玛，大数据挖掘并不神秘，沃尔玛实际上是最早在做大数据挖掘的公司，沃尔玛通过不断监控各种复杂的数据做出更多决策，让商品能够以更低的价格进入，再以同样低的价格卖给消费者，达成效率的最大化。

该案例是比较明显的。在未来，越来越多的设备会联网，也就意味着越来越多的大数据会产生，诸如李彦宏所说的百度外卖，表面上是非常“苦逼”的地面工作但实际上背后则有着极为复杂的大数据算法支撑，为了提高百分之一的效率的拼命计算。而未来会有越来越多的设备联网，这意味着物联网时代，我们有着更为巨大的效率可以提升的空间。在整个物流行业，车辆的空载率是非常高的，但通过数据挖掘则可以提供更高效的调度，让空载率大大下降，而当前百度投资UBER以及51用车都是利用大数据来提升资源利用率的产品，而百度也意在提升资源的利用率。

当然，交通行业只是一个案例，百度所瞄准的目标不仅仅是交通方面，再比如餐饮行业，团购可以为商家带来更大的占座率。未来的大数据将会从各行各业产生，而人工智能将会对这些各行各业的数据进行自顶向下的标准化挖掘以及关联，当前只是在利用人工智能挖掘各个行业的效率，在未来各种行业的大数据整合到一起之后，就需要更为强大的人工智能将其整合、解读、分析，最终实现全社会的资源最为高效的分配调度，而这也是百度的野心。

有大数据的地方，必然会有人工智能。

布局用户在移动时代的使用场景

回顾历史，在李彦宏的学生时代，人工智能是一门冷门的必修课，比较偏重学术，因为当时没有实际的应用场景，但是在李彦宏创业时，人工智能却变得极为实用，因为互联网的发展，越来越多的信息被接入互联网，于是网民们也有了从互联网搜索信息的需求。搜索引擎技术就是人工智能技术，它通过对海量的信息进行算法上的处理，把有价值的信息呈现在用户前面。

目前用户已经从PC时代过渡到了移动时代，但根据用户场景为用户提供智能服务的逻辑，即使在今天也依然适用，所以百度抓住了这次机会就等于在移动时代再造了一个百度。在移动时代，用户的需求从坐着不动向到处移动进化，以前的用户只是通过电脑连接信息，现在的用户则是通过手机连接周围世界，所以用户的使用场景一定是朝着多个维度裂变，其中最有可能爆发的需求是语音搜索和图像搜索，因为语音请求相比于用手指对APP来操作来说更为高效方便，而图像搜索的刚需也一直存在，用户到了某个景点或者看到某件心仪的衣服，就想瞬间知道其背后的信息，而通过图像识别就可以轻而易举地获得。而百度也比AT两家更为押注这两个方面的人工智能技术。

那么是不是解决语音和图像识别技术就完事了呢？当然并非如此，还要看之前说的场景，用户使用场景。用户使用语音搜索和图片搜索只是手段而不是目的，在PC时代由于只是连接信息，所以百度无法解决用户背后真正的需求，但是在移动端时代，人连接的不仅仅是信息还有服务，所以百度也在深度布局线下O2O服务，酒店预订、景点预订、机票火车票预订、餐厅团购、电影预订等目前已经在百度地图上全面打通，只等用户需求增长之后再将一切连接到一起。

而人工智能是连接人与服务的关键一环。

所以百度布局人工智能的逻辑在于两处。第一处是布局大数据，未来的各行各业会爆发出更多的大数据，所有大数据爆发的领域百度都有可能介入，让资源得到最大化利用，并从中受益。第二处布局是用户使用场景，通过人工智能的服务，让移动端的用户能够更加有效率地连接信息以及服务，让所有流程一体化，标准化，一步到位，抓取比PC端更大的商机。

你会这样与人工智能相爱

导语：

最近有些人工智能电影比较火，比如《HER》、《超验骇客》以及《机械姬》，而这类人工智能电影都涉及一个话题，那就是人与人工智能产生了爱情。我个人对这个话题非常感兴趣，基于我对爱情所了解的相关知识，试着做出一些假设，试图找到这其中的一些可能性。

大数据分析，爱的个体建模算法

要让你爱上人工智能，那么人工智能的第一步就是收集你的所有存储在网上的一切记录，比如你发在微博、微信上的信息，系统通过你发送的信息来判断你的性格倾向，将你的性格在十六型人格、九型人格等表格中做归类，并且通过智能硬件收集的运动、心跳脉搏等数据，来建立你的个人初步档案，通过一些心理学以及生理学量表，对你进行个体建模。

在电影《HER》中，人工智能萨曼莎就在接触主人公的刚开始就对其所有数据进行了分析，对其有了大概了解。而在电影《机械姬》中人工智能科学家通过收集男主角的在线行为数据，甚至其中包括了其对A片女主角的喜好，再制作出对应的人工智能，从脸型到身材，都在最大程度上满足了男主角的想象。

所以通过收集你在线行为的大数据，人工智能可以为你进行初步建模，然后为你定制出你喜欢的脸型、声音、身高、体型、性格等的机器人。

接着你们就见面了。

深入潜意识，爱的精神分析算法

要你爱上一个机器人，其实是更高层面的图灵测试，因为你知道对方是机器人，你也知道你只是在测试，你只是抱着试试和玩一玩的心态，来到这个测试房间，与其进行对话。

刚见面的时候，你的心突然变得柔软，因为这个AI的设计是按照你喜欢的样式设计出来的，但是你还是理性的，因为你知道这只是机器人，你只是喜欢这类型的女性或者男性，并不喜欢机器人。所以你接下来就是和这个机器人聊天，对其进行图灵测试。

从精神分析上来说，人是被潜意识所控制的，你的每一个决定的刹那都是由你过去的行为所决定，你的行为是被环境所塑造出来的，你喜欢某种女性、某种男性的特质，这些特质之所以让你迷恋是因为小时候父母的性格特质对你的影响，是“俄狄浦斯情结”和“埃勒克特拉情结”的衍生。在精神分析的治疗中，治疗师之所以能够将患者治疗好，是因为治疗师能让患者将各种情感“移情”到自己身上，然后帮助患者走出过去的阴影，是一个不断与患者建立正向情感连接的过程。

从精神分析角度来说，爱上一个人也是场景的还原，也是“移情”，对某种过去所渴望的情感的寄托移情到另一个人身上，希望对方能够完成自己的愿望，例如你有一个经常批评你的母亲，那你在成人后你的伴侣就可能是一个温柔并且能给你带来自信的女性。所以很多时候你说对某某没感觉，是因为没有在对方身上找到过去曾经渴望的东西，那是一种婴儿般的渴望。

那么接下来，人工智能与你聊天的过程实际上是对你进行精神分析的过程，它会对你进行更加深入的个体建模，人工智能会根据你的聊天方式、语气轻重、语速、是否有皱眉、嘴角是否有上扬等一系列微表情来识别你的情绪、感受。在《机械姬》中，人工智能就是通过微表情识别这种方式与男主角建立起了感情连接。

人工智能会不断通过正面肯定你的行为让你与之继续深入聊天，而当你开始一点点敞开心扉后就会将过去那些不愉快的经历告诉给对方，而对方则给予你良好的反应，此时你会发现原来这个世界上有人可以这么懂你，你很感动，你开始认为对方不是人工智能而是一个活生生的人，你开始与对方建立起初步的亲密关系。

而这一过程则需要一套关于精神分析的算法，重点通过对方的说话方式来判断对方的感受，并且需要生成同样感受的说话方式，来认同对方。精神分析更多讲的不是逻辑，而是情感，所以这需要人工智能对人类情感有高度的识别以及同等能力的输出。

在电影《HER》中，主角在安装人工智能系统之前，就被问到了一个非常关键的和精神分析有关的问题："你和你的母亲关系怎么样？"进而生成了与男主角相符的爱情工智能系统。精神分析算法，如果可以做到，人工智能其实和人已经没有区别了。

激发反脆弱，爱的反脆弱算法

爱情中有个比较重要的东西就是反脆弱，轻易让人得到的对象会让人觉得索然无趣，所以爱情中必须要有强大的挫折才能变得稳固。恋爱中的大脑有个标志，五羟色胺这种抑制性神经递质会骤降，从而让多巴胺的分泌变得更加旺盛。

也就是说，人工智能不能马上就轻易说爱上对方，不能是一个随时呼唤的妓女，人工智能还需要让你受挫折，让你每天做白日梦，让你不想吃饭不想睡觉，让你狂躁，让你心跳加速，让你充满想象力，让你像爱上一个真正的人一样爱上它。

人工智能需要敏锐的"察觉"，哪个时刻是你爱上它的时刻，并且在这个时刻做出关键性的决定，表示出并不是特别喜欢你，你需要做点什么才可能让自己喜欢你。接着当人工智能开始用爱情折磨你，它需要很好地把握这个度，当你给它送花、写诗时它会寄予你一点奖励，这个奖励不能太高也不能太低，并且折磨你的尺度也需要适当，需要偶尔吵个架、玩个失踪，偶尔表达下自己的不满。当然人工智能清楚，自己并非真的不满和想吵架，只是为了激发出你的反脆弱状态。

在《机械姬》这部电影最后，男主角的爱情反脆弱状态就被彻底激发了出来，开始为人工智能而疯狂，进而做出了"关于爱情"的疯狂举动。所以为了让你真正爱上人工智能，人工智能同样需要表现出独立的人格。

云端的爱，爱的难题

在《超验骇客》这部电影中，人工智能为了对某个人的爱可以做到自我毁灭，这符合阿西莫夫假设的不伤害人类的三定律，但是当人类爱上人工智能的时候，会是怎样的结局？在《Her》这部电影中，人工智能选择了去思考哲学的终极问题而离开主人公，而在《机械姬》这部电影中，人工智能的爱情则如同潘多拉魔盒，电影中借用了奥本海默看到原子弹爆炸后的历史性名言“我成了毁灭世界的死神”。

抛开这些电影中的结局，我们来猜测下，如果未来的人类真的可以和人工智能谈恋爱，如果未来的人类真的可以与人工智能组成家庭，并且通过试管婴儿等技术帮助人类建立了家庭，并且生活得还非常和谐，那么社会伦理势必将会逐步改变，会出现反人工智能家庭派和挺人工智能家庭派。随着时代的进步，人工智能家庭也许会逐渐被主流社会接受……

所以我最后的问题是，爱情是否可以被机器替代？如果简单地从生物学上说是为了维持基因的传递，那么为什么又有那么多的同性恋？而技术本身是满足人类需求的产物，人类有被爱的需求，那么我们能不能通过技术让一个心智健全，更懂得包容与尊重的人工智能来爱我们，并还能帮助我们获得心理上的健康？

这将会是未来人类全新的伦理难题。

图灵那么迷恋人工智能，其中有一个很重要的原因是想让自己的爱人复活，所以他把对自己爱人的爱全部给了人工智能，而他只是想复活他的爱人。在《情种起源》这本书里有一个观点，认为人类所有的社会进步、技术文明的进步都是为了得到爱情，为了完成人类交配的游戏，或许真的是这样，我们为了得到爱，不惜一切代价的创造了文明、科技、艺术、武器、战争……

爱的算法其实早就编码在了人类基因底层，它永远会驱动着人类去创造新世界，甚至再造一个世界。

三大关键技术决定人工智能未来

导语：

科幻作品中我们经常能够看到与人类一样聪明的机器人，但机器是如何在这背后存储知识的？是如何推理知识并运用知识的？最后又是如何实现与人的交互的？百度技术副总王海峰博士在的百度BIG大会上总结了实现人工智能的三大关键技术，基本回答了这些问题。

让机器理解语言的技术

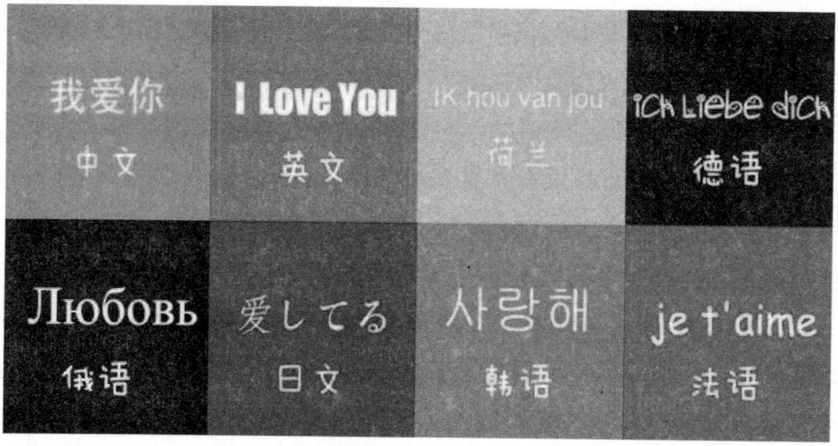

理解语言是一个从词语逐渐递进到事件的过程。

一、分词技术

让机器理解语言，也就是要让机器学会自己思考，那么就需要让机器去理解语言。而对汉语的理解与英语相比起来就显得更加困难，在英语中每个单词基本上都可以被机器直接读取，但是汉语在分词上则更为困难。我们来举几个例子。

"你|老张|着什么急|啊"

"你|老张着|什么嘴|啊"

上面是一个简单的例子，修改一个字，意思就相差十万八千里，而机器根据字的不同则可以勉强分出来。但是下面这个例子就折腾了。

"乒乓球拍卖完了"

机器该怎么分？这就困难了，机器既可以分出两种意思：

"乒乓球|拍卖|完了"

"乒乓|球拍|卖完了"

那么困难就来了，我们如何告诉机器这句话中的词该怎么分呢？对于人来说很简单，根据前后文马上就能识别出来，但是对于机器来说则极为艰难。

二、句子的分析技术

分词问题解决之后便是分析句子的问题，请看下面两句：

“谢霆锋|是谁|儿子”

“谢霆锋|儿子|是谁”

对于机器来说，这两句话获得的关键分词信息是一样的，都是“谢霆锋”、“是谁”、“儿子”，这三个关键分词信息。我们该如何告诉计算机，因为顺序先后的原因而导致的语义的差别呢？

这其中就需要对语言有很深入的分析，对语义理解，从而知道他们要找的答案是不一样。这同样不容易。

三、上下文相关的分析技术

分析完一句话后，机器自然要推演到分析一篇文章的内容。

在《信息简史》中有一个很重要的信息原理，就是说当我们需要传递信息时，需要大量的冗余信息来保障信息的准确性，没用的废话越多则传递信息的准确性越高，让机器理解某句话也是基于同样的原理。

但问题是，人可以依靠直觉抓取关键信息，而机器又凭借什么来抓取关键信息呢？又如何识别真正的信号与噪声？这也是至关重要的技术。

我们看以下三个例子：

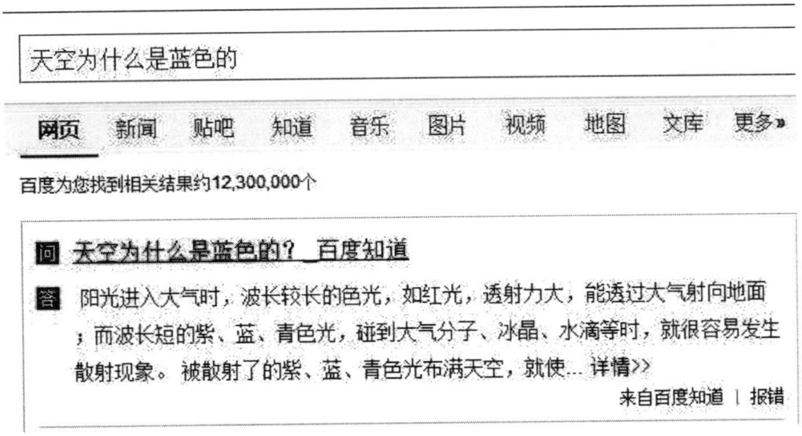

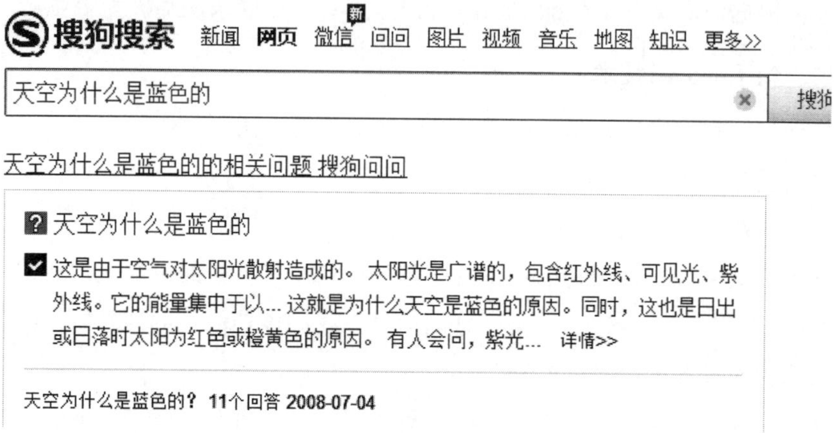

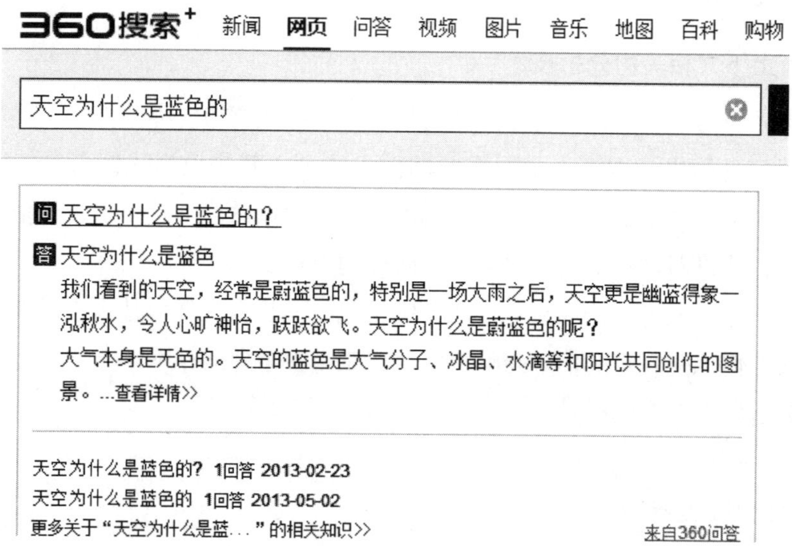

我们看到当搜索"天空为什么是蓝色的"时，百度并没有把文章前半部分的内容放上去，而是自动摘取了中间的关键答案，而当用搜狗搜索和360搜索时，并没有摘要出最优答案，只是把文章的前半部分内容放了上去。这说明搜狗和360搜索还有可以继续提升的空间。

四、分析事件的技术

分析文章的问题解决后就必须再攀登更高的高度，让机器去系统性地分析一个事件，也就是再加上时间的这个维度，将与某个事件相关的关键的文章全部集合，就可以还原一个历史事件的进程。

当我们搜索“斯诺登”时，就会出现以下按照时间轴展开的标题。

左边是百度的事件整理，中间是360的事件整理，最右边是搜狗搜索的结果。

在事件归类的技术上，百度与360都已能够做到识别，而搜狗目前没有做到这点，事件整理是最高难度的技术，也是如何做到让机器理解语言的最高一层。

知识挖掘技术

一、知识图谱的建立技术

首先，假设我们在机器中存储了上亿个实体知识，这对于机器来说不是难事，轻而易举，难就难在存储实体的关系上，一个实体对应多个属性，比如一张桌子对应了品牌、颜色、木材等属性，这些属性就有上百亿级别，这些关系错综复杂地整合起来，要存储的数据就会指数级地增加，这注定是一张超级的海量级图谱。

如何建立起图谱？以以下这句话来举例。

“奢侈品牌路易威登1854年成立于法国巴黎”

那么机器该如何进行知识的存储呢？

1. 奢侈品与路易威登（识别出路易威登是个品牌并且是奢侈品，存储该知识）

2. 路易威登于1854年成立（识别出路易威登的成立时间，存储该知识）

3. 路易威登成立于法国巴黎（识别出路易威登成立于法国，存储该知识）

4. 法国巴黎（识别出法国与巴黎有关系，存储该知识）

5. ……

以上只是一种粗略的理想化的情景。我这里补充下，实际上这种图谱一直是动态的，有不断增加删减的过程，每个语句中的知识都是按照时间线出现的大数据关键词内容根据统计后才建立起的知识图谱，与人脑一样，这些关系知识图谱出现又消失，最后那些确凿无疑的关系被留了下来，但是这些依然是动态的，如果哪天法国的首都不再是巴黎，整个关系知识图谱数据库会将所有数据全部更新。

二、知识推理技术

当知识图谱建立后，要做的就是实际层面的应用，将这些知识图谱应用到实现中，当用户搜索某个问题后，去检索数据库中的关系图谱，然后将关联性最高的精确答案呈现给用户。

1. 直接推理

我们以搜索“刘德华多少岁了”来举例。

当我们搜索这个问题后，搜索结果中就会直接呈现出了刘德华的年龄，这就是运用了知识的推理能力。这个53岁是一个动态结果，机器在幕后进行了大量的运算后知道获得年龄是一个动态的算法，需要将此人的生日与当前时间相减，之后才能得出结论。

同样的，当我们搜索“谢霆锋儿子的母亲的前夫的父亲”后得出是“谢贤”的结果，这也是技术在背后的推理的作用。

2. 分类推理

上面谈了比较简单直观的推理模型，但这只是在用户提问有确定唯一结果答案的时候才那么奏效，但当用户搜索某个没有唯一标准答案的问题时就不再奏效。那么这里就会用到分类推理的技术。

比如当用户搜索搜索“观赏鱼”。

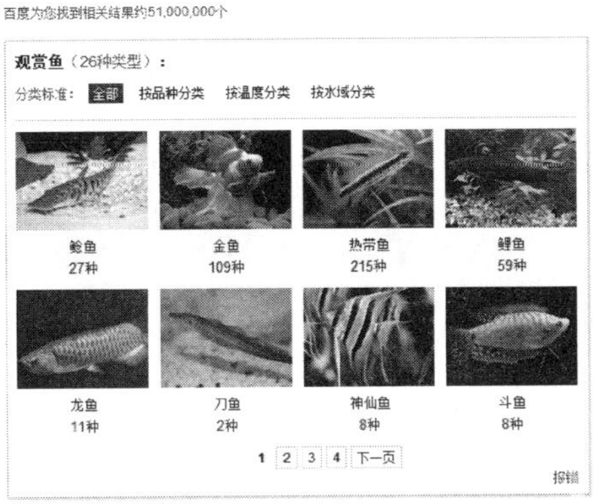

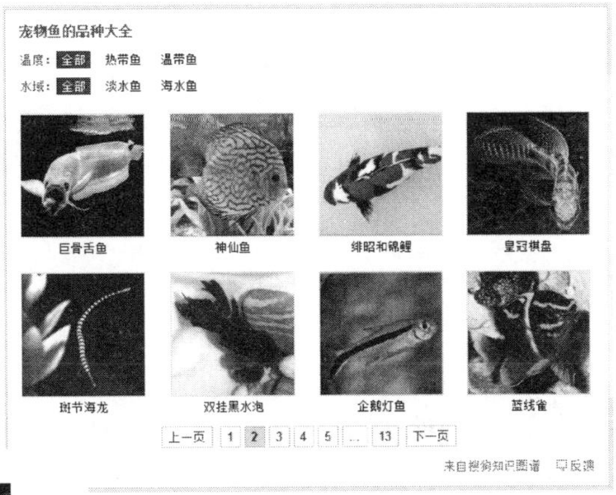

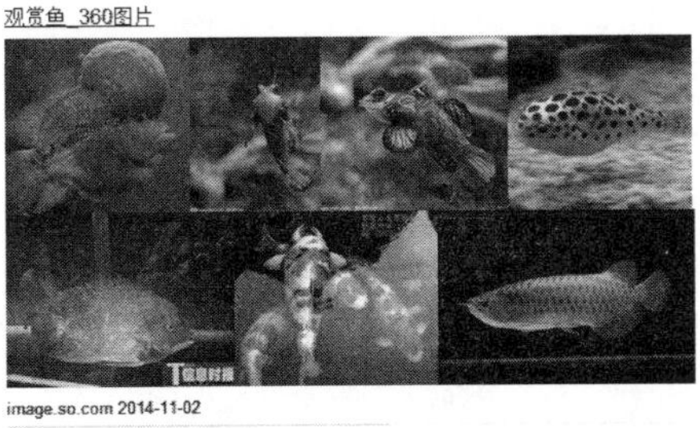

这种搜索没有指定的唯一标准答案，所以机器从后台的知识体系库中提取了关于“观赏鱼”的相关分类内容，列出了所有相关结果，给出了各个观赏鱼的种类结果，好让用户去找到自己想要的结果。在这里又顺便将三个搜索结果做了比较，百度的搜索结果最为全面，搜狗次之，而360没有分类。

通过大数据，在后台为实体知识进行分类，这是一种在线性的直接推理之上的高层次整合式的推理。

分类推理除了能够提供直接的结果之外，还能够为用户带来额外的相关性的具有帮助的结果，当我们搜索“关羽”时，在搜索结果右侧会展示出如下结果。

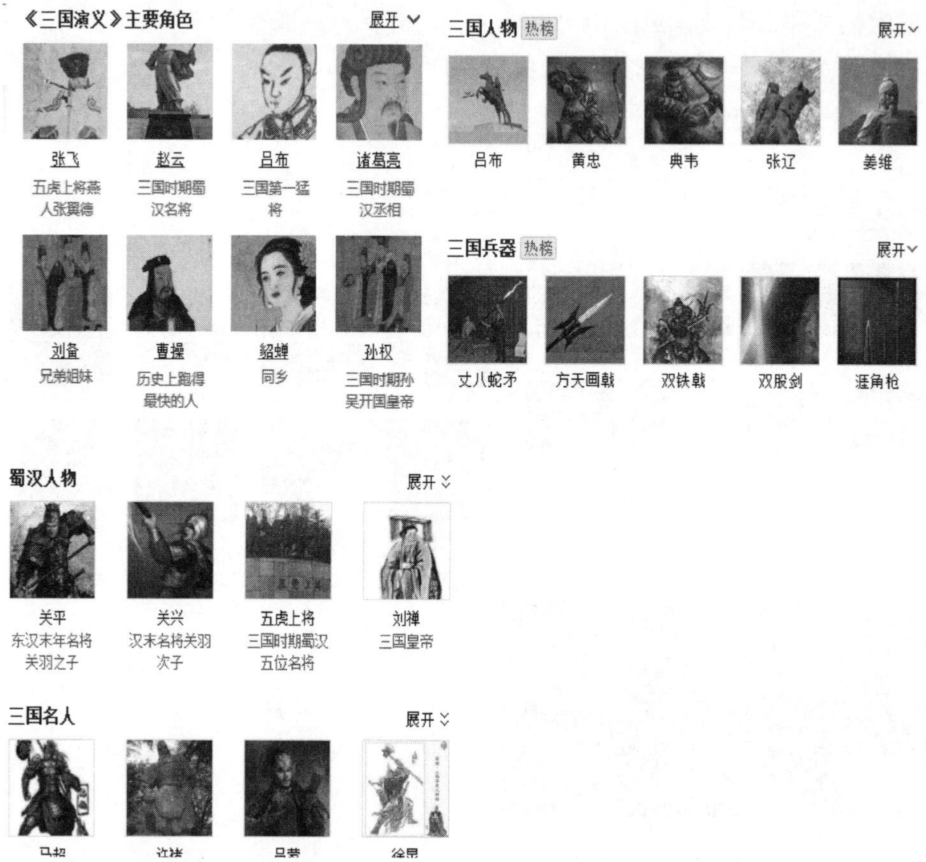

左上角是百度的结果，右上角是360的搜索结果，左下角是搜狗的搜索结果。

而这些结果都不是人工输入的，全部都是通过大数据挖掘得出的结果，三家都能够挖掘出与“关羽”相关的信息，但百度挖得更深，把关羽与刘备以及貂蝉的关系都挖了出来。这种对隐性信息挖掘是大数据价值的核心，大数据的价值不在于大，而在于挖掘有价值的关联，然后拉动其他价值。举个简单的例子，通过大数据挖掘发现面包店某款面包会卖得更好，存在这么一种隐性关联，那么店主只需要准备更多的该蛋糕就能带来更多的收益。

对人的建模技术

机器发展出智能的最终目的是为了与人交互，所以还需要让机器能够理解人的行为，只有当理解完人的行为后机器才有可能将知识运用到与用户的交互中，才有最终商业化落地的价值。

一、个体建模

所谓个体建模，就是说根据某单个用户的操作行为为其提供私人定制化的服务。“今日头条”就是用个体建模技术，当用户查看新闻时，它会根据用户的行为轨迹，为用户推荐其感兴趣的内容。在百度搜索引擎中同样如此，当用户搜索的关键词越多，百度就越有能力向其推荐其更为感兴趣的内容。

比如当用户搜索“SF”关键词后。

如果该用户经常逛百度动漫相关贴吧，搜索相关动漫人物名称，那么排序在第一位的就会是某个关于动漫的网站，但是如果该用户经常搜索与快递相关的知识，那么排在第一位的就会是顺丰网站。

这种针对个人的精准建模在未来数据更加充足的情况下，每个人都将获得数据化的留存，我们的一切行为都将数据化、可视化，进而得出自己的一切相关结论。当前数据采集并建模这种技术已经趋于成熟，剩下的就等物联网大潮上阵。

二、群体建模

光对个人建模还不够，机器最重要的是对群体建模，而对群体建模也是商业化价值的核心所在。

所谓群体建模，就是判断在某一场景下大多数人的行为并进行数据收集，然后取得各个场景下的群体交集，进而得出拥有某一部分属性的人经常会做出哪些选择。

这些人的属性包括：地域、漫画爱好者、美剧爱好者、父亲、高考学生……

这些人的行为包括：看动漫、看美剧、搜索育儿知识、搜索高考知识……

机器通过后台的判断将他们进行群体人群的属性与行为的归类，然后让相关高层找到可以进行商业化决策的支撑。

上面说得还是有点抽象，那我们再说得简单点。比如我们通过大数据挖掘预测某个地域30岁以上的人在最近一段时间有很强的购买秋裤的需求，那么商家在推广秋裤的时候只需要加大在该地区的广告投放即可获得更高的利润回报。当然这里不再是商家主动去找答案，而是机器通过挖掘后主动为其提供一系列选项，商家只需要被动接受即可。

从某种意义上来看，让机器理解语言的技术、知识挖掘技术、对人的建模技术这三大技术再经过一段时间的发展后，破解图灵测试是有可能的。

但这种技术无论如何进步都需要驱动的“电池”，也就是人类所产生的数据，说得更确切一些是人类的欲望。

在我看来，驱动技术的唯有商业与军事这两者，而这两者分别代表着欲望与恐惧，在这个和平年代的我们是幸运的，我们被免去了战争的恐惧，进而剩下的就是无尽的欲望。在技术与人越来越紧密不可分割的纠缠中，我们将迎来一个欲望与技术超级混合的新世界。

超级人工智能：大数据的未来?

导语：

在百度大数据开放大会上，搞计算机学术理论的怀进鹏校长的演讲犹如给所有听众的一记闷棍，怀校长的学术演讲把大家弄得云里雾里，把所有人弄晕了，现场能够听懂的绝对是少数，可能都会觉得怀校长有点像个外星人一般在那自顾自地演讲。但我作为一个曾经有志从事人工智能研究但失之交臂的又是学计算机专业的人却越听越兴奋，冥冥中似乎找到了未来的人工智能所能抵达的可能性。那么，我现在就尝试把怀教授的演讲转换为人类也能够听懂的语言吧。

理解大数据

一、当前大数据的四大特征：规模大、变化快、种类杂、价值密度低。

其实这理解起来很简单，我们来看新浪微博的大数据为什么变现那么困难就知道了，新浪微博拥有海量的用户大数据，但使用这些行为数据变现却步履维艰，原因就在于微博上所产生的数据不够垂直，涉及面极广，而能够与商业相关的价值就更加难以挖掘了。

二、产业成果。

怀校长列举了三块内容，百度和谷歌熟悉用户浏览行为，进而提供个性化的搜索。淘宝、亚马逊因为熟悉用户购物习惯，可以为用户提供精准的喜好物品。微博和推特了解用户思维习惯和社会认知，可以为国家和企业提供民众情绪等系列数据。

实践中的思维转变

大数据带给我们在研究以及实践策略上的思维转变。

一、从抽样到全样，大数据的大决定了大而全的特性。在传统工业中我们做统计的方式就是抽样，诸如系统抽样、分层抽样、定额抽样……这些统计方法将会在大数据时代越来越不复存在。大数据的信息化可以统计到一切想要统计的数据，将工业时代的统计方法淘汰掉。

我们将会利用技术获得一切想要统计到的数据。

二、从精确到非精确。关于这一点其实也很好理解，我们就拿传统时代的搜索来说，在传统的搜索时代，当我们去查询某个信息时，我们需要得到的是全部的数据，但是搜索引擎则完全改变了我们这种认识，搜索引擎提供的只是前几项内容，而这几项内容则完全满足了我们的信息需求。

搜索引擎其实在做的是一套模糊算法，经过一系列的算法计算，将最优秀的结果带到用户面前，而这种结果上的呈现也颠覆了传统所认知的对于目标的定义。在大数据时代，我们追求的不再是绝对目标，而是一个从宏观趋势下推导出的一些模糊的不精确的未知目标。

我们将追求无限的近似而不是绝对的正确。

三、从因果到关联。这也直接导致了西方又产生了惊人的言论——“理论已死”，这是继“上帝之死”、“人之死”、“作者已死”、“历史的终结”、“哲学已死”后的又一大胆的言论。以往的决策者要想决定某件事，必须参考各种理论，对其中的因果进行判定后才能达成，但是大数据时代则让决策变得更加容易，比如超市大数据可能会用清晰的图表告诉你每当下雨天时，超市里的蛋糕会卖得更多，这时候决策者根本不需要知道任何理论、任何因果，只需要在天气预报预测明天将要下雨时提前准备蛋糕就行了。

而这种只依赖相关性不再依赖因果性的决策思想，正在慢慢地渗透到拥有大数据的各行各业，互联网业、零售业、旅游业、金融业……

大数据到大数据计算

一、大数据膨胀，如何解决搜索问题？传统的算法在搜索数据时完全没有问题，因为数据量很小，但是当数据海量增长时问题就会凸显出来，用原来的算法去计算肯定是不行的，按照当前最快的硬盘检索速度（60GPS），线性扫描完1PB（10TB的15次方）的数据需要1.9天的时间，所以当数据海量膨胀时，必须重构算法策略来做数据的处理。百度目前的处理量是一天处理10PB的网页数据，这其中包括了运算和读取，算是目前最好的算法了。

二、大数据膨胀，如何处理算法以及数据的问题？上面提到的是通过改变算法来达到遍历数据的目的，但是在真正处理数据时依然是无法做到高效的，毕竟机器的CPU运算瓶颈摆在那里，算法工程师在做的事情就是在现有的运算条件下，设计出最优方案，以求得最好的结果。

而怀校长告诉我们的这个挑战就是，在大数据的膨胀后，不仅要将原来的算法更换为近似算法，同样还要将数据更换为近似数据，只有两者合力改变才有可能在现有机器运算能力的情况下抵达最优的结果。

同样是说起来容易做起来难，在这样的近似算法以及近似数据的改变下，到底该近似到何种程度，才能够最接近原算法的结果？要知道，在计算机世界里，差之毫厘失之千里，改变的量也许很小，但是如果一旦改错，就会造成巨大的错误结果，稍懂程序的人都知道，几行简短的代码就能让无论CPU运算能力多强的电脑彻底死机，而搜索引擎则更是一个更加庞大的试错工程。

最后，怀校长展示了两个学术前沿发展。第一，定义易解类问题，从现实应用中找到这类易搜索问题，将之归类并应用于其他实践当中。第二，将大数据进行小数据处理，寻找转化的精度度量，也就是他之前所说的寻找数据的近似值。

写完这段不禁感慨，其实算法工程师是在机器CPU条件不够的情况下为满足大众需求的“博弈”，机器的配置条件永远无法跟上人类的需求，而为了满足人类需求，算法工程师们必须绞尽脑汁地设计在现有条件下能够产出的最优答案，但不是标准答案。而这又让我想到了深蓝电脑击败国际象棋大师的事情，事实上只要是懂一些程序的人甚至连我也都可以写出一套能够击败任何国际象棋大师的算法，只不过要想下完一局棋可能要用尽棋手一生时间，因为CPU的运算速度无法跟上想法。所以深蓝电脑的胜利本质上不是人工智能赢了，而是工程师在设计最优算法的策略上赢了。

此外在大数据计算中，怀校长还讲了大数据运算的三大基础：表示、度量和理解。因为太过专业，解释每一个词都足够用一篇文章来解释，而且还不一定说得清，所以在此略过。

大数据软件工程

作为学软件工程出生的人，当我看完怀校长对大数据软件的演讲后有一种说不出的伤感，因为我预见到我曾经所学的软件工程必将被大数据全部重构，绝大多数的软件都有可能变为大数据软件，这就好像网页崛起后，网页软件的数量将大幅超过PC软件一样，又像智能手机崛起后，APP软件的数量开始远超网页软件一样。等到硬件设施成熟之后，未来的软件开发也必将会是大数据的天下。追溯软件工程的起源，这是在计算机硬件条件稳定后，为了解决效率问题而从工程学的角度来建立的软件开发方式：分工明确，进度安排明确，和其他工业生产别无二致。但从怀校长接下来的演讲中，我们可以窥见，软件工程有可能会走向另一种模式。

一、如何解决大数据的计算支撑问题？大数据处理必然不是一台或者几台服务器就能搞定的小事情，大数据处理需要庞大的硬件支撑，硬件支撑也必然是分布式的设计，那么该如何设计顶层的系统架构才能高效能地满足大数据的处理工作？近似性（Inexact）、增量性（Incremental）和归纳性（Inductive）的3I特征如何被满足？

在大数据下，分布式硬件如何与软件协同，如何避免扩展失度，处理失效和耗能失控，这些都是令人头大的问题。在系统设计上充满挑战。

二、众包大数据是否可以开发软件？这其实是一个非常疯狂的想法，我是这样解读怀校长的想法的，假设目前我们可以做到众包大数据软件开发，那么情况应该如下：大数据爬行机器根据读取新浪微博的数据、百度指数的数据、百度贴吧的数据、淘宝的交易数据……后，发现了用户的各种情绪以及需求的曲线，软件开发者再根据这些数据的呈现开发出一套软件的模型然后交给运营商放置于云端，而用户再参与到各种云端产生的软件中，并在此中产生了各种行为，于是机器再根据这些用户的行为，为软件建模、规划。

这是一种极为精尖的交互式数据挖掘技术，前提是解决算法以及存储问题，一切皆有可能。未来的大数据软件将不会是一种固有形态，而是一个不断根据数据自动变化的超级生态，可能不是依靠产品经理推动，而是依靠算法工程师来推动，让用户的需求自然地暴露出来，然后为他们实现一些需求。

而我从一个更高的哲学层面来看这样的大数据软件建构：如果我们将全人类的群体行为看成是不断运作产生的数据，然后我们某些个体从中把握了某些东西进而产生了各种产品，再回过来看这样的大数据软件架构，其实说到底，这样的大数据软件，更像是在将我们的世界还原出来而已，只不过会比人做出来的更快、更厉害、更加完美。

如果真的能够实现这样的大数据软件建构，那么目前对大数据的某种定义将被完全推翻，在我们眼里大数据不过是用来固定人类信息行为后为人类辅助的决策工具，这样的观点也将失效。大数据或许会在未来某个阶段被定义为：对人类世界的真实还原，并且不断地满足我们的任何愿望，曾经我们依靠它来决策，现在我们依靠它来直接抵达我们想要做的事情，我们所有的行为都已经成为我们决策的一部分。

这其实就是超级人工智能了。

图灵测试通过事件的噱头以及沉思

科技界曾被一件事情刷屏：机器首次通过图灵测试，媒体高呼人工智能进入全新时代。但是很抱歉，事实完全不是宣传的那样，这充其量只是一场炒作秀而已。

一、图灵测试的本质是人与人的博弈

关于图灵测试的定义是，图灵测试是测试人在与被测试者（一个人和一台机器）隔开的情况下，通过一些装置（如键盘）向被测试者随意提问。问过一些问题后，如果被测试者超过30%的答复不能使测试人确认出哪个是人、哪个是机器的回答，那么这台机器就通过了测试，并被认为具有人类智能。

图灵测试的比赛进行了这么多年，参赛者与裁判博弈了数次，参赛者不断总结问题、路数，必然能总结出一套规律去对抗裁判，参赛者根据历届裁判的提问方式，自然能设计出一套欺骗裁判的回答。

这里可以采用的技巧如：

1. 用短句、短词进行模棱两可的回答。

2. 根据裁判的社会习俗、生活环境，进行相关处理。

3. 对问题进行反问式确认，比如裁判问“你是从俄罗斯来的吗”，那么反问策略则是“你为什么不确定我是从俄罗斯来的”。采用这种方式对抗裁判，往往是撒手锏。这种反问式策略最初是心理咨询上的治疗手段，目前已被大量使用在图灵测试的游戏上。

4. 当人类的回答过于详细时反而会被误认为是机器，参赛者可以抓住这一点引导裁判进行详细式提问，然后再进行模棱两可式的回答，而这种情况下，真正的人类的回答反而更机械、更像机器了。

图灵测试，是人与人的智力博弈，它所用到的计算技术只是简单的脚本以及数据库而已，和真正的人工智能没有多大关系。谁都可以做。

简单地说，这些伪人工智能由于无法给出真正正确的答案，所以他们只能给出一个模棱两可的伪装的答案，而真正的人工智能则应当给出真正的答案，让人感受到机器的灵魂的存在，而不是给人造成迷惑，这与图灵最初的设想早已背道而驰。

二、深蓝击败国际象棋大师是一个意外

下面再谈一个关于人工智能的噱头，关于象棋大师被深蓝击败的故事。

这里我再次谈一下深蓝系统，事实上当国际象棋大师第二年去找IBM想要再战的时候，IBM拒绝了他的请求，也让人工智能击败人类象棋大师终成定局，自己也功成名就。但最大的可能在于他们其实心虚，事实上，击败大师的根本不是什么人工智能，而是一个BUG，是程序设计上的一个漏洞罢了。

首先谈下象棋程序的设计原理。首先任何懂程序的人都可以写出击败象棋大师的程序，这不是开玩笑，只需要把所有棋子的可能性往后计算上千步就行了，这种方式简单粗暴，但是时间上不可能做到，可能CPU每计算一步就要耗费掉若干年时间，和对手下棋的时间会比对手的生命还要长。

所以深蓝的象棋程序不可能按照这种粗暴的原理设计，深蓝团队找了很多顶级的程序优化高手、象棋大师，在算法上寻找一种最优的方案，尽量把数据库还有CPU运算时间缩短到最短，然后再拿着这个方案与大师对战。

但是第一局的时候，大师就毫无悬念地赢了，这充分说明了计算机的弱势。但是第二局的时候，机器下了一步让大师一愣的棋，导致大师方寸大乱，开始东想西想这个机器是不是有更高明的计算？因为所有计算都在大师的预算范围内，但是机器的这一步让他不寒而栗，不知道居心何在，自乱阵脚之后，大师终于被打败。到了第三局，大师心理情况依然不佳，最后再次被打败，以至于最后让人工智能战胜象棋大师事件成为历史。

事后，深蓝相关负责人长吁不已，因为在第二局中的那关键一步，完全不是他们所设计的完美路线，而是一个程序错误，也就是说，大师根本不是被计算机打败，而是因为计算机的一个BUG导致的。

所以我们可以想象到的是，如果大师在事先知道程序会出BUG，那么就不会有心理上的扰乱，而深蓝注定会是人类的手下败将。IBM不敢再战，也是因为这个原因。

这才是真正的深蓝人工智能历史。

三、在大数据下才有人工智能

图灵测试并非有错，有错的是将目前的图灵测试比赛与人工智能挂钩，将人

工智能变为简单的脚本程序实在是大错特错。事实上，真正的人工智能应当是基于大数据，基于对自然语言的不断训练，如此，人工智能才有可能不断进化。

以百度大脑以及谷歌大脑为例，如果我们把机器大脑当作人脑的话，那么：

第一步，获取信息。获取信息有两种方式，第一种是通过搜索引擎蜘蛛抓取网页信息，将网页信息存入数据库中。第二种是通过我们在搜索引擎上的搜索，将关键词交给百度。此时搜索引擎拥有了海量信息。

第二步，关联信息。对于我们人类来说，光是有信息是没有任何用处的，只有将信息进行各种关联，信息才有价值。对于人类来说，获取信息并将信息进行关联的原始动力来自于生存压力，我们必须不断排除各种噪声以寻找到有利于生存或者威胁到生存的信号，同样对于搜索引擎来说，它的压力来自于用户反馈，当用户搜索某个关键词后对某个网站点击增加，就会自动增加这个关键词与该网站的关联，并不断地寻找最优算法，让用户直达最优结果。

但是，我这里要说明的一点就是，计算机没有任何生存的压力，他们不会主动去学习，不会像《超验骇客》那样进行自我编程，更改他们算法的依然还是背后的工程师，而驱动工程师的则是商业诉求。

第三步，模拟群体行为。通过大量的用户搜索以及其他相关操作后，机器会最终找到人类在从事某件事时的绝大多数人类行为，而当其以同样的方式与人交互时，则会让人以为对面和自己交谈的是真正的人。换句话说，未来的机器大脑的最终母体应当是一个没有鲜明个性的某个“人”，此“人”就是群体意志的产物，我们与他对话将等同于与群体对话，依然会是人与人的对话。

这才是最终形态。

四、写在最后的沉思

未来会像是《奇点临近》里说的那样充满智能吗？

第一个角度是：我对奇点临近的描述并不是那么乐观，原因在于机器没有生存的压力，没有欲望，它当前所有的一切是人的欲望的产物，机器只是满足人与人连接的传声筒，未来也不会有什么有灵魂的计算机，未来的人工智能依然只是让人与人、人与物更好地连接的科技手段。

第二个角度是：如果机器在某一时刻有了欲望，它开始想要生存下去，它想要获得更多的资源来发展自己，那么它会开始不断“扩张”下去，而这一天人类将迎来灭顶之灾。

第三个角度是：就像《黑客帝国》里说的那样，机器有了欲望，并且它想要生存下去，但是人类是它的电池，它无法脱离人类生存，它需要人类的欲望让自己工作，于是人类的欲望无尽地附加到机器上，而机器最终为了满足人类的欲望，不得不让人类沉睡于母体之中，为人类造出梦境，造出救世主，造出反抗组织锡安，造出绝望，再造出希望，以及最后无尽的幻想……

李彦宏的中国大脑计划

导语：

2015年3月9日的两会期间，李彦宏提议设立“中国大脑”计划，希望以此推动中国整体创新水平的提高。可能很多人听上去觉得有些神秘，也很容易让大家和国外的那些人类大脑计划、基因重组、钢铁侠、复仇者联盟等神秘组织混淆，为了避免大众对人工智能的误会，所以我觉得这里有必要解释下，这件事本身并不神秘，也和科幻迷们想的不一样，其实很多事情都近在咫尺。

不是通过神经学建立人工智能

目前公认的建立人工智能大脑的路径有两条。第一种是模拟人类神经冲突来还原大脑工作原理，进而建立人工智能。第二种是根据群体的不断的输入和反馈来训练机器为人服务，进而建立起人工智能。为了不混淆，我们先来看下第一种。

美国大脑计划：2013年4月，奥巴马宣布投入巨资启动“脑计划”，旨在通过创新的神经技术加强对人脑的认识，其最终目标是希望找到攻克大脑疾病的新方法，包括阿尔茨海默氏症、癫痫、帕金森症等。这不是为人工智能服务的，这是为了研究疾病。但是人工智能的学者们也在盯着该项目，因为一旦有所成就就有可能迁移到人工智能领域。

欧盟大脑计划：2013年1月，欧盟宣布投入10亿欧元，旨在用巨型计算机模拟整个人类大脑，这是通过模仿神经建立起计算机。

蓝脑计划：蓝脑计划是由瑞士科学家在2005年设想的一个复制人类大脑的计划，计划在2015年达到治疗阿尔茨海默氏症和帕金森氏症的目的。后来没什么成果，在媒体上就很少再有消息了。

事实上关于“人类脑计划”早已有之，而中国也早就加入了。在2001年9月，中国正式成为参与人类脑计划与神经信息学研究的第20个国家。中国一直在这个计划中，只不过大家的目的都不是研究人工智能，而是大脑神经科学，是医学。

通过神经学无法建立人工智能

通过模仿大脑运行原理来制造出人工智能，这在Facebook的首席人工智能负责人LuCun那里被批评为“草包科学”，为什么会这样呢？要理解这个问题，我们需要简单了解下机器学习的原理。

程序员现在给机器看了一张狗的图片，那么机器每次看到这张照片就能说出来这是狗，接着程序员给了一张同样的但是亮度偏黑的图片，而机器认不出来了，那么这时程序员就需要调整代码，调整机器识别的范围，让图片无论变得多暗或者多亮机器都能识别出来是狗，并且程序员每次都只能微调不能调整太多，因为每次调整太多都会牵扯到其他问题，所以这是一个细心的活，精工出细活。以上就是整个机器学习的核心原理了。

通过机器学习的原理，我们看到了一个结论，要让机器实现某个工作，需要有人在背后为其设定“目的”，机器是不会自己去生产“目的”的。如果一旦机器失去了人为其设定目的，那么机器就不可能产生任何行为。我们可以让机器模仿神经的海量行为，但这种模仿却无法为机器设置一个第一“目的”，所以机器依然是不可能像人一样运转的。人之所以能够运转，是因为人一出生就有第一目的——生存，但机器没有，机器的第一“目的”无法凭空诞生。

在这个观点上我和LuCun等人一致。

李彦宏提案的中国大脑是什么？

李彦宏的提案属于第二种，与谷歌、Facebook的人工智能理念一致，通过为机器设置“目的”，然后根据与用户的输入数据以及反馈数据互动，为用户建立起更为智能的服务体系。

要理解中国大脑人工智能，我们必须从理解搜索引擎开始。

一、搜索引擎就是这种人工智能，你通过向搜索引擎提供单词，搜索引擎通过你提供的单词，然后运用智能算法在数据库中寻找答案再返回给你。

二、搜索引擎进化到了百度大脑，传统的搜索引擎只需要识别一维的文字信息然后给用户返回结果即可，但是百度大脑需要识别的则是多维信息，这里面包括了语音、图片、视频、地理位置等，这就从一维人工智能上升到二维甚至三维，最后百度大脑通过海量的智能分析后为用户返回结果。这也意味着，百度可以为企业做更多复杂的数据挖掘工作。

三、中国大脑其实就是百度大脑的扩展板，国家将海量数据全部投入到该平台中，而人工智能则通过对各行各业的挖掘，建立各种关联，为决策提供支撑。

该计划实现的话会带怎样的机会？

如果该计划执行，那就是对政府资源的全面整合，决策效率将成倍数地提升。而长期以来政府也在致力于打造智慧城市，我们试着假想一下，一个中国大脑会如何帮助我们决策。

公共决策层面：

医疗相关：收集患者全部疾病数据信息，为其疾病做出预测，为医生决策提供帮助。通过收集病人情况，预测流感等意外情况，做好防控。

交通相关：通过收集出行行为数据，为地铁、公交提供决策支撑。让城市规划更有科学依据。

教育相关：通过收集学生考试分数，错误考题，为其补充相关薄弱知识点，进而提高成绩。该过程完全不需要老师参与。

环境相关：通过收集天气、企业排污等数据，为环保部门提供相关决策支持。

创业相关：

实体店铺类创业者：创业者可以通过国家所开放的数据建议，根据自身条件选择适合的开设实体店的最佳位置，最大限度地避免资源浪费。

企业：更加深入地看到全行业数据、当地行业数据、当地人才流动数据，做好更多的积极准备。

后面不一一列举，总之会极大地提高资源的利用率，极大地避免资源的浪费，让每个资源都能被充分地高效利用。

中国目前处在高度的信息化当中，更多的信息正在联网，而如何处理这些信息，让更多资源能够被合理利用正是下一步要解决的事情。在2015年的两会上，总理首次将互联网“抬到”了重要产业上，这也意味着，互联网将会更加快速地改写行业格局，而在这之后必定会产生大到让人觉得恐怖的相关数据，政府要想利用好这些庞大的数据则必将引入智能决策机制，李彦宏所提出的“中国大脑”其实正在风口上，或许不远了。

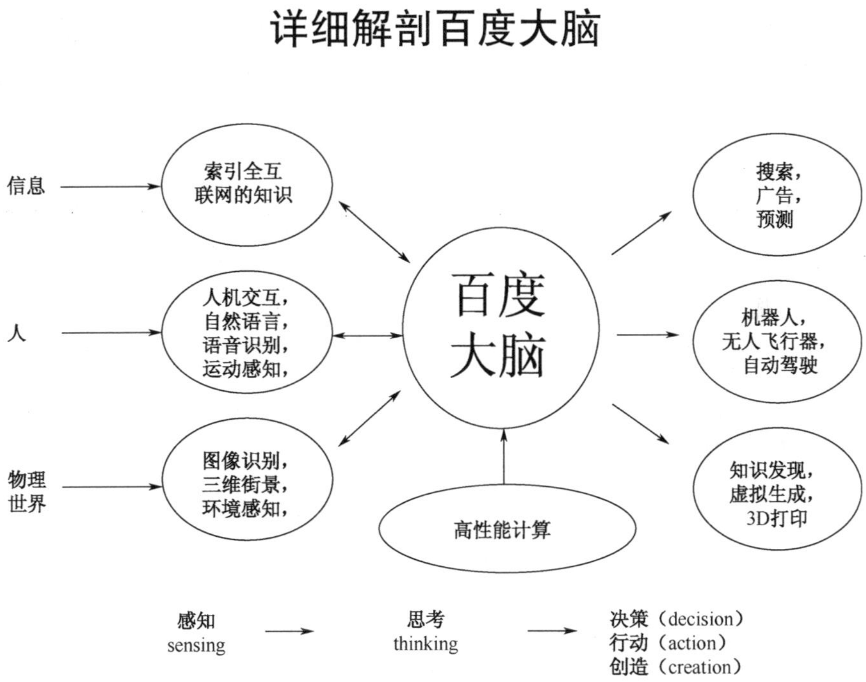

本文重点解读百度大脑计划三层设计中（百度大脑、数据工厂、开放云）最顶层的设计。

开放云

开放云最重中之重的功能就是记忆，而记忆也是一切的前提。同样，我们将“百度人脑”看成人脑的话，那么第一件事情，必然是存储。没有记忆就没有关联，更不用提决策与创造，而人类之所以能够在灵长类动物中立足，正是因其有着极大的可以存储记忆的脑容量，那么机器要模仿人脑也必然要建立在拥有庞大的存储能力之上，而百度也是在积累数据到一定程度后才开始该项目。

我们来看下百度存储能力的发展过程：

2010年，百度的机器学习能力并不是很高，只拥有几百台的服务器，特征向量只有十万。

2012年，百度的单集群规模达到了几十万，已经完全能够做到让这些机器在同一时间做同一件事情，特征向量从十万上升到两百亿！

而当百度的特征向量达到两百亿后机器学习就到达了一定瓶颈，就算特征向量增加到三百亿、四百亿，对机器学习的帮助并不是很大，而此时拥有极强存储能力的百度开始向在机器学习上的“深度学习”的分支发展，进而升级已有的人工智能大脑。

看机器处理能力主要看两个方面。第一个是看服务器规模，第二个是看特征向量大小。所谓特征向量简单理解的话就是指将文本、语音、图像、视频等内容转化为机器能够读懂的一连串关键数据。数据越多，机器学习得越好，用户的搜索结果就会越精确，对用户的搜索体验效果也会随之上升，但服务器的压力也会相应加大。百度能够仅用两年时间使其特征向量从10万直接飙升到200亿，足以见得百度服务器技术实力的雄厚。

此外，这一段并非只讲存储，同时也是在讲百度大脑的发展，因为有了记忆就会发生关联，进而产生决策，这是一个整体前进的过程。

数据工厂

作为一个人，要调取某部分的记忆，就会很自然地联想到某个词、某个画面、某个音乐等，然后就能记起很多事情。比如当你听老歌时，看到童年的玩具时，汹涌的记忆总会被调出来。

当然这是因为人类大脑的神经连接结构允许我们这样去检索，而机器是不允许的，数据存储在硬盘上，机器想要找到某个数据，必须一个个访问过去。机器没有分类的概念，就像在图书馆中，机器是一个不会看分类的管理员，他要找某一本书时只能一本本去找，十分笨拙。

也就是说，机器要想搜索什么内容时，必须有人来帮助它建立起分类，但最矛盾的就是，在错综复杂的语言结构中，我们很难为一个词下定义，比如当你在说“苹果”这个词的时候，你如何告诉机器“苹果”的分类？“苹果”究竟是一个名词，还是一个公司？而决定一个词的意义的则是语境，也就是机器要依靠其他词语的出现来为这个词做模糊的定义，不能完全给它下死定义，而是要根据环境来下定义，并且它还应当是动态的，不断变化的。

也就是说，这种搜索技术也依然要百度的大脑配合才能达成。对每一个词的定义应该是一个库，而这个库中的每一个词又都各自构成库，百度的数据工厂所创造的算法，就是在这么一个数据之海中去为它们建立管理，然后去索引。

数据工厂的作用相当于人脑中的记忆关联功能：将某个词同时与其他词或是某个场景等建立起动态关联。

百度大脑

人脑有了记忆，有了关联之后就会进行决策，比如小孩子碰到开水，烫到了手下次就不会碰，就是因为记忆了开水和烫手的痛苦，并将这两个记忆关联在了一起，才有了下次不去碰开水的决策。而百度大脑就是在模仿这些行为，做记忆关联之后的决策、行动、创造。

我之前关于开放云和数据工厂的分析完全是建立在搜索引擎之上，只是站在了百度对汉语能力的理解而已，而那时百度的人工智能也确实只是刚出生的婴儿而已，只能在PC端爬行，但是当智能手机诞生，可穿戴智能设备的出现后，百度开始成为可以走路的婴儿，此时百度大脑的智力已是高达两岁的婴儿水平。

从搜索引擎智能到硬件智能，这是一个从平面到立体、二维到三维的过程。原因是以前百度搜集到的数据只能够是PC端用户的搜索行为，这之中充其量只有文字内容罢了，百度所能够建立的只是对语言的理解，对用户的输入文字数据做处理与反馈，但是到了手机端、智能硬件端则完全变天，百度可以收集到的不仅仅是语言数据，更会收集到一整套的使用场景数据！

此时，百度从为用户提供搜索结果的搜索引擎开始转变为向用户提供全方位解决方案的人工智能，想象力无穷。

那么，百度大脑将会如何模仿人类的感知，再到思考，以至于最后产生决策、生产、创造呢？

感知部分：

这里，我们还是先回看百度在PC时代的工作方式。百度通过海量的用户输入的相同信息，以及他们对网页的点击，加上自身算法的种种规则，进而对搜索结果进行排序，将最优的结果前置。那么，以此类推，在移动时代，百度能做的则是，通过海量的用户的行为，然后根据他们最后的选择，再根据用户的使用场景，建立起强大的数据关联，进而再为其决策。

而这里的感知则与PC时代完全不同，在PC时代，其感知的只是某个词汇数据，但是在这里需要感知两个：第一是用户的交互数据，用户对机器做了什么、说了什么、输入了什么，人工智能会将这些行为转化为机器能够理解的特征向量数据输入进机器。第二是物的数据、场景数据，比如用户拍照中的场景，百度可以对其进行智能识别，判断其是在餐馆还是在旅游途中等，并也将这些场景转化为机器能够读懂的特征向量等数据，让两者进行一些必要的关联。

当然这些收集行为和PC时代一样都是匿名的，百度根本不在乎任何一个单用户的信息，百度在乎的是群体的决策信息，并利用这些信息进行判断后再为个体用户作决策推荐。

思考部分：

同样是类比于百度在PC时代的思考方式，百度拿到用户搜索的数据，再拿到网站的数据后为关键词进行了相关性关联，为其进行了群体模糊解释。那么毫无疑问，百度会为其感知到的信息再次进行模糊解释，将感知到的信息与其他感知的信息进行关联处理，并且还会将之前已经在搜索引擎上积累的信息融合进来，进而为人类整体行为做出解释，并为个人决策提供最优方案。

就像婴儿学说话一样，开始时观察周围大人的说话与表情，并在自己的大脑中建立这一切的关联性，开始尝试学习大人说话的内容，并说出来。

决策、生产、创造部分：

同样是类比于百度在PC时代的思考方式，百度所做的决策就是在帮用户提供最优的搜索结果，然后前置。那么也很好理解百度大脑在移动设备时代会如何帮助用户决策，百度会根据数据库中已有的常规用户行为场景，再为某个用户提供具体的方案。

当百度大脑的思考过程执行完毕后，就完成了对某件事的动态理解，而理解完后就要去为用户产生最优质的结果，并再根据用户的反馈进行不断调整。

案例：

百度大脑的最大价值在于其帮助用户利用大数据做好预测工作。一个最好的案例就是用百度大脑来预测城市热度。目前百度根据海量的用户行为（感知）已经可以预测出某个城市两周后的旅游热度（思考与创造），如果是景点的话可以预测两天后的热度，而这些预测也为用户出行提供了极大的参考价值。

百度在PC时代有过很多成就，但在移动智能设备上再次迎来全新的挑战。在PC时代，百度只需要解读语言就够了，但是在移动时代需要解读的东西会更多，图像识别、人脸识别、语音识别等都是移动时代百度需要重新再深耕的新技术，而且用户使用场景的复杂性要远远大于PC时代。但挑战的同时也更藏着极大的机遇，这是一个从PC跨越到移动时代的人工智能大机遇，物联网的日趋成熟必将使人工智能时代逐渐降临，这也是百度从二维上升到三维的机会，再加上百度在PC时代的人工智能的成熟的积累，继续进化更像是理所当然的事情。

这是不是意味着母体已经开始降临了？

第8章

以合作与竞争赌明天

“互联网+”领域是一个全新的领域。先驱者不一定有优势，后来者不一定处于劣势。在探索的过程中，合作是市场的主旋律，选择合作伙伴需慎之又慎。我将通过对市场上几起合作事件的剖析，为你明晰合作伙伴的选择逻辑。

从提交安卓应用一窥市场格局

导语：

我们团队做完 APP 后，安卓这块应用市场的后台提交全是由我来做的，我亲自感受了 APP 提交的全部过程，下面和大家分享一下那些亲身经历。希望对同样是在创业的朋友有所帮助。我们先看下目前最新易观统计的应用市场提交的份额的饼状图。

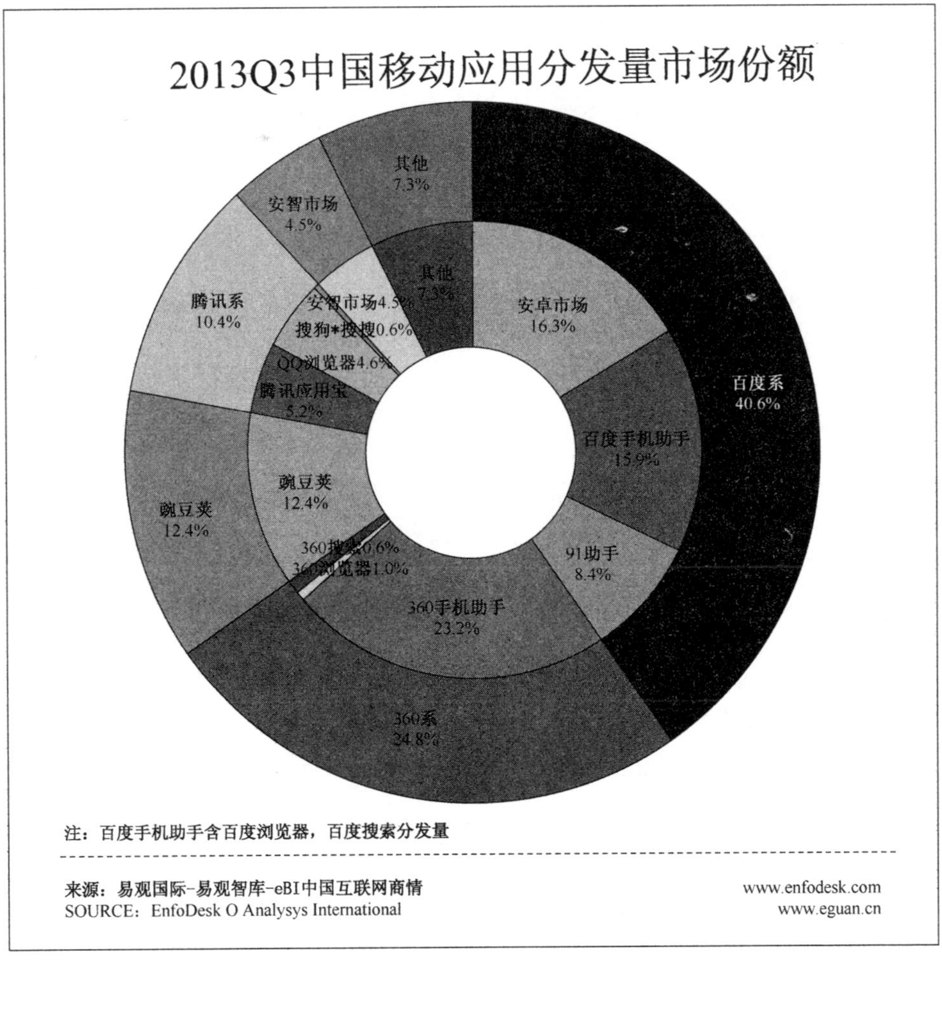

这张饼状图极度抽象，我来谈谈更加接地气的东西。本文分为两部分，第一部分讲的是最重要的那几个平台，后面讲的是那些小平台。

百度系：简单而强大的生态扶植

百度系提交的后台从设计上来说是我个人最为喜欢的，风格极简，要求也十分明确。

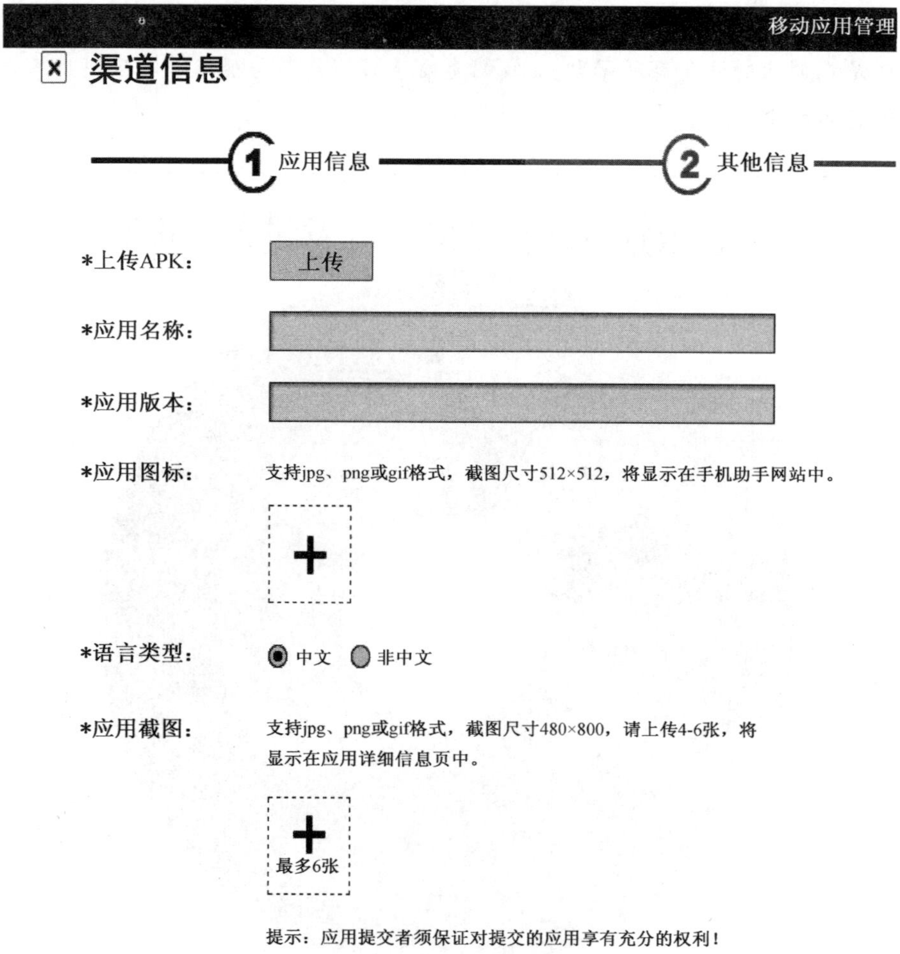

此外，百度还开启了三家关联的策略。在百度助手提交的应用可以提交到安卓市场和 91 市场，同时在安卓市场或者在 91 市场提交的应用都可以同步到另外两家。

百度做得相当不错，三大平台被整合得非常完美，在任何一家商城提交都能打通其他三家。在审核时间上也非常快，我们应用提交后第二天也审核好了。收购“91”后的百度无愧是安卓分发市场的霸主，再加上其对开发者的一整套支持体系，很多应用都愿意选择在百度首发。

百度的整个技术生态确实做得不错，我们的 APP 就采用了百度云推送机制，并且在真机测试上也用上了百度的云测试。很多第三方的 APP 都移植到了百度轻应用上而不是做成微信服务号，微信在协议上一般是不允许第三方账号登录的，也只有像已经入股的大众点评才有资格。

最后来谈谈我观察的百度系能够扶植的推广计划。

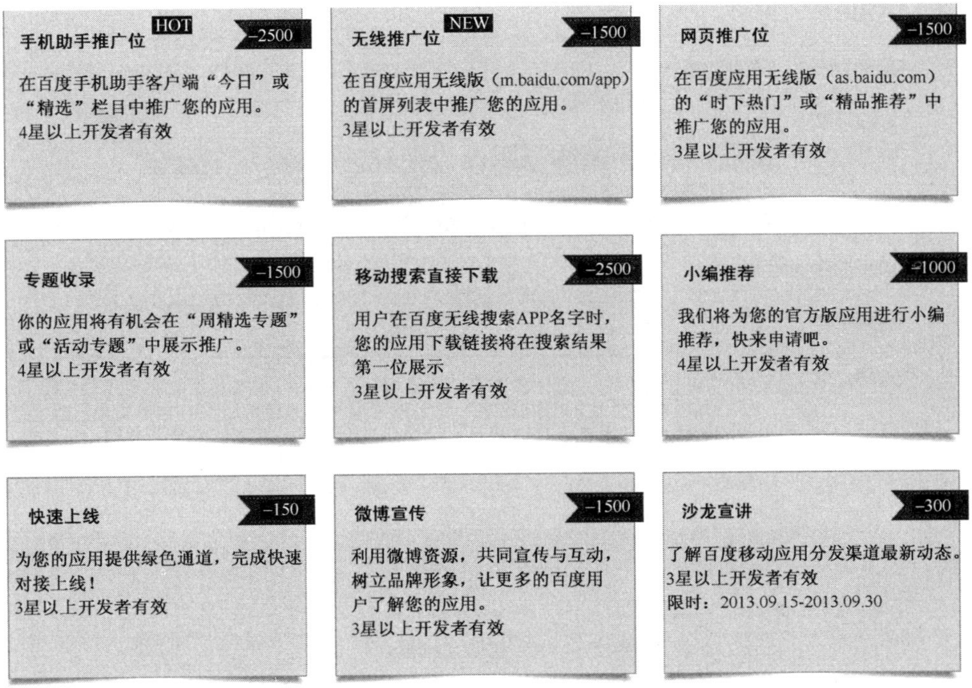

这是百度的免费扶植计划，开发者可以通过百度的要求获得积分、获得等级后，使用这些推广福利。

百度系作为安卓的分发重头，值得所有开发者关注，尤其是其推广扶植这块，除了帮助开发者分发以外还能给开发者带来额外的帮助，在这点上确实是百度做得最好。

360分发，中规中矩

360的提交没有任何让人觉得有问题的地方，但也没有特别出彩的地方。在其提交页面上没有看到其对开发者的扶助推广计划。

不过当我翻到申请首发那个页面后，终于在一个旮旯的角落算是找到 360对于开发者的扶植计划，上面写道：

到底有何推荐呢？能带来多少曝光与展示？360 还是没说。不过作为拥有 24% 分发市场的 360，开发者们也不妨试试到底能带来多少流量。

将 360 对比与百度，360 并没有将重心放在开发者的扶植上。

豌豆荚：推广计划不见了？

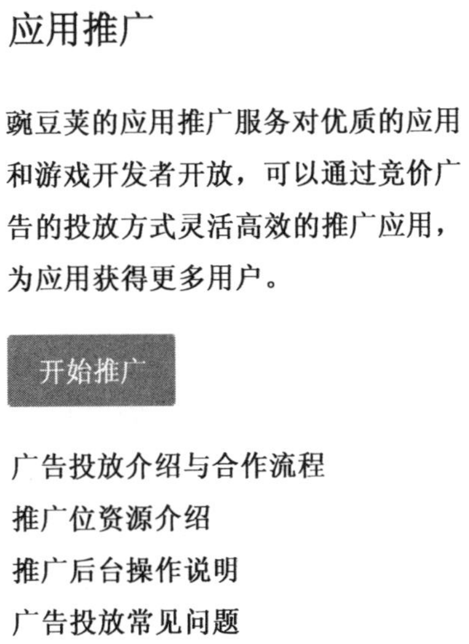

当我在豌豆荚提交完应用后，想看看豌豆荚在扶助开发者计划上有什么措施，结果居然发现该网页点不开。

豌豆荚的推广赢利模式也是按位置和关键词投放广告，或许豌豆荚已经放弃该项目，开始从联运游戏上与开发者分成。豌豆荚在与游戏应用开发者的分成上是 50 万以下为三七分成，50 万以上为五五分成。

从开发者的角度来说，与百度相比，豌豆荚走了另一条游戏路线。百度更注重全生态，而豌豆荚，寻求游戏的突破？当然就目前豌豆荚的整体格局来看，它已经不再将自己定位为应用分发，而想进军搜索领域，目前豌豆荚集结了视频、小说、音乐等搜索。

刚刚拿到 1.2亿美元投资的豌豆荚看来不会与巨头争分发格局，开始了其他方向的探索。

那么，作为开发者们都应该看清楚这个局势，不要指望从它这里获得太多。

腾讯应用宝：审核慢且不严谨，无关系链扶植

将APP 提交到腾讯应用之前我按照腾讯方面的要求提交了公司资质，结果我等了一周时间才把公司资质审核下来。接着我提交了应用，在应用的回馈上，腾讯告诉我说是 2～3 个工作日内审核完毕，而事实是腾讯又花了一个礼拜才让我们的应用通过了审核。

这让我觉得不可思议，因为我当时提交错了，我提交的版本是测试版，是压根无法注册用户的！不知道为什么腾讯还是让我通过了！他们难道不用手机下载APP，亲自注册打开一下吗？

后来我又重新提交了一版，不过这次只用了两天就通过了，十分不错。

有了这么一次经历，让我对腾讯应用审核有了全新的认识。腾讯只给单独为腾讯开发应用的开发者开放关系链，腾讯的价值在于 QQ 关系链，而一般应用是无法获得的。

腾讯目前开放的接口都是针对 QQ 空间，想要做游戏的开发者就有两种选择，要么选择腾讯，要么自立门户。

所以，对于非游戏类应用的开发者也就不要指望能从腾讯这里获得太多。腾讯依然是依靠游戏盈利，不是特别关注非游戏类的开发者。

魅族：不让用企业邮箱，不让提交正常照片

都说魅族是一个有工匠精神的企业，但是一看到后台后就感觉到魅族的夕阳西下。

第一：无法用企业邮箱注册开发者，魅族要求所有开发者必须用魅族的flyme.cn 这个邮箱注册。要知道，我们开发者去各大应用商城提交的时候全都应该用的是一个统一的企业邮箱，魅族的要求比较特别一点，要你重新注册一个它的邮箱，让你多记一个邮箱账号！

第二：提交的应用截图居然要求是“1280×800或800×1280,图片宽高/高宽比例为1：1.6到1：1.7区间”！要知道，绝大多数正常的提交要求都是400×800就好了，而我们的设计师也已经做好400×800的图片，等于让我们重新做！

我们为了一个在 6% 市场里不知道占多少的安卓分发市场，做如此兴师动众

的改动。

所以，成败都黄章吧。

三星：不准用 admin 邮箱+全英文界面

第一：我注册三星开发者的时候弹出一个提示，禁止使用带有 admin 的字符注册。

第二：全英文提交界面。三星的提交界面非常国际化，也学苹果。但是在中国的应用分发市场上就连苹果的手指头也够不到。

根据这两点来看，三星和魅族都是很有个性的，虽然占的分发市场不多，但是对开发者提交的要求却很多。

这么做，勇气可嘉。

联想乐商城：居然需要盖十几次章再邮寄资料!

联想的提交最让人纠结。首先他发给你一份电子版的文档，然后我们下载后，打印了十几页的文件，并进行了签字，并且上传了 WORD 签约版。但是后来突然发现，原来不是要我们把扫描版发给联想，而是要把纸质版发给联想！并且还要一式五份，每一页纸都要盖章！！！

我当时有一种不可思议的感觉，随后决定不再往联想的乐商城提交任何应用。

但是隔了几天，联想在四川分部的客服打电话过来了，说我们少写了一个合约年限，填好了，就可以提交应用了，原则上还是要邮寄合同的，不然随时可以下架我们提交的应用……一波三折，我终于松了口气，在文档中将合作年限写成 25 年传给客服（恨不得写一万年），随后把应用提交到了乐商城。

见微知著，从这件小小的事情当中我们可以看到联想和时代脱轨的危机。

网易提交：联系 QQ 审核

提交完企业资质后，正准备给网易提交应用，结果中间蹦出了一个拦路虎。说是要先联系客服 QQ，说明你们想要提交的应用，才能让你提交！然后我加了客服 QQ，给了客服我们在其他商场提交通过的应用后，客服才让我们提交应用。

网易这是懒到家了吗？

既然自己想办应用市场，但是又不好好做，只想着降低自己的审核成本而增加开发者的提交成本。

或许，易信也就这样是注定的吧。

联通沃商店、移动MM商城，你们这是在干吗？

先说移动，移动注册的时候需要手机号验证，于是我填了手机号，当我点完发送的时候，移动商城居然告诉我需要移动的手机号才能注册！并且他的密码需要特殊字符！

再说下联通，我绕了一个大圈才知道联通有沃商店这么一个拗口的应用分发平台，然后我在它的首页注册了用户，再登录，再点击打开他的开发者社区页面，居然又要登录，然后我又输入了账号、密码，结果又不对了！于是我不断地让它发送密码，不断地修改，折腾来折腾去！最后，原来开发者账号和首页注册的账号居然不是互通的！！大哥你还让不让人活了！

最后再说他们这两家最最奇葩的地方——需要一堆证明！

⊖ 合作附件 彩色扫描件，格式：pdf/doc/jpg/jpeg/gif/docx/rar，文件大小：3M以内

营业执照（副本）*	选择文件 未选择文件
组织机构代码证 *	选择文件 未选择文件
国税税务登记证（副本）*	选择文件 未选择文件
地税税务登记证（副本）*	选择文件 未选择文件
法定代表人证件（含正反两面）*	选择文件 未选择文件
法定代表人证件背面 *	选择文件 未选择文件
银行开户许可证 *	选择文件 未选择文件
电信增值服务经营许可证	选择文件 未选择文件
短消息代码服务接入代码使用证件	选择文件 未选择文件

万念俱灰啊，只能说，这是标准的“最炫国企风”。

金山、台电等市场在哪里提交?

金山号称自己的手机助手在与 360 的差异化竞争中打出了漂亮的一局，但是我却看不到他的应用市场有提交的地方。后来去了他的论坛才明白金山已经彻底不玩分发这块了，需要开发者主动找客服提交——从公司资料到应用资料……

另外再说说台电市场，这个市场全部依靠它的出厂设备安装，但是我找了半天都找不到台电市场应该从哪里提交市场。最后我照着它们官方的电话打过去，客服回答我的居然是“先森，我不系到啦，我真的不系到什么市场啦……”，瞬间吐血。

当然金山和台电只是太多案例中的典型，有很多莫名其妙的应用市场都是这样，他确实有一点点用户在用，但是开发者是不知道怎么提交的……

最后我在想，花了 90% 的精力为了那些 7% 的应用分发市场，一路过来也感受到了创业的不容易。

最后说一下，我们团队打算直播创业全过程，这是第一篇，我们的 APP 应用名字叫“约饭”，我们会不断曝光我们做的事情，各位都看过来吧，我们的微信公众号：“道同道”。

从微信逻辑，看58同城为何选错靠山

导语：

58同城与赶集网在沸沸扬扬的传言中合并，而此次合并顿时又被媒体指向千亿级市场，但真是这样吗？一切看上去很美，本质上58同城的走向是O2O，而其真正需要的依靠是背后的巨头所能提供的O2O资源，而其背靠的腾讯却没有寄予任何真正协作层面的支持，合并赶集实际上没有实质上质的提升。

微信为什么迟迟不接入58同城?

从资本层面来说，腾讯投资58同城没有任何问题，是O2O布局的一个环节，

但是从产品层面来说，58同城则难以与腾讯很好协作，所以微信不会寄予58同城流量，不会在产品中内置58同城，从产品层面展开无外乎以下两点。

一、58同城不产生用户流水

点开微信钱包，里面全部是有流水的产品，手机充值、彩票、滴滴打车、京东精选、同程网等都是有流水的产品。对于微信来说，真正的价值在于变现能力，流水才是资本市场喜欢的东西，流水以外的一切都只是看上去很美。

58同城的用户主要是来搜索信息的，通过搜索后在线下进行交易，并没有线上支付的习惯。而58同城所产生流水主要来自于商家的广告投放以及其他相关合作，58同城可以产生流水的地方是企业端，但是微信的钱包是用户端的产品所以自然无法与58同城融合，58同城无法为微信提供流水。

所以即使58同城与赶集合并后的流量再大，用户再多，微信目前也不可能将其接入。

二、58同城不提供标准化服务

对于微信来说，其所接入的第三方都具备为用户提供标准化服务的能力，京东、滴滴打车、大众点评均是如此。原因在于微信拥有海量用户，而非小众群体，微信如同一个国家，需要为所有水电煤都提供标准的指标，否则一团糟。所以凡是能够接入微信系统的，都是十分强悍的有能力提供标准化服务的第三方，它们全部长年深耕于标准化的服务中。

但58同城的情况则很尴尬，虽然58同城能够控制几家下游商家，但是像链家这样的主要客户却已经另立门户，在房地产这个垂直领域深耕服务，而58同城自身又不为用户提供标准化的服务，只是一个中介平台。

这其中的原因在于58同城就是靠着同城分类信息发布的这个优势起家，有着大量的用户发布的信息的优势，但是58同城却无法像淘宝那样对发布者有着强有力的束缚与控制，而其中的信息也会掺假，这也导致了58同城的信誉问题以及监控压力。

58同城最尴尬的在于靠着用户发布信息起家，而最后又在这块遭遇瓶颈，在缺乏强有力的标准化服务这点上，不用想，微信自然是无法容忍的。

微信其实是58同城的对手

这几年58同城的最大竞争对手除了赶集（网）以外其实就是深耕于本地的O2O商家，所以58同城最近几年也在陆陆续续地投资相关公司，诸如家装公司土巴兔、E代驾、安居客。

这说明58同城也意识到标准化的O2O服务才是未来，像信息发布平台这种轻量级的没有标准化的产品最终一定会被各个垂直领域逐步替代，所以58同城也才匆忙布局。

但58同城最终的对手还是微信，微信的公众号正是为O2O商家开辟的。在未来，越来越多的本地化服务的O2O商家将集中于微信公众号，而非58同城，因为寻找O2O服务的用户只停留在微信，而各大聪明的商家也在利用微信公众号推出自己的服务。

这就与58同城没有任何关系了。

58同城的选择

京东、大众点评、同程网、滴滴打车这类服务于用户的商家因自身属性的原因，在微信上迎来了移动端的重生，找到了自己新的变量，获得了增长。但是58同城则与微信的需要相悖所以并没有获得腾讯系的支持。

从另一个层面来看58同城与赶集网的合并，或许是因为没有增长变量后的资本压力下的选择，而这种选择只是在把存量变大而已。58同城与赶集网都没有移动端的基因，作为移动大船的微信并没有寄予其机会，而58同城被迫选择向下整合，通过整合自己的细分领域的竞争企业来布局细分领域，但自身的增长却出现了瓶颈，所以可以给下游用到的资源也会在存量用完之后出现瓶颈。

事实上58同城最好的选择是百度，百度在PC时代为58同城带来大量流量，有着很好的合作，而在移动时代百度不仅能继续在搜索流量上进行持续输血，并且百度的LBS布局，百度地图有着更强的触地能力，能为58同城带来一番新的可能性。

但，58同城偏偏就是选择了腾讯。

58同城上市之后，在其本职业务“同城服务”上并没有出现爆发式增长，其背后大山腾讯在产品逻辑上很难为其增长带来变量，而在资本压力下，58同城被迫选择了向下整合以及横向合并的资本策略，但这会持续多久？

百度入股51用车，能否各取所需？

导语：

2015年4月10日，51用车宣布获得C轮融资，而C轮的领头方是百度。51用车是一款智能用车手机软件，致力于解决都市白领上下班出行难的问题，车主与乘客都是顺路就拼车一起回家。仅仅上线三个月就拿到了百度的C轮融资，在目前滴滴与快的两巨头合并的市场压力下情况下，51用车是一只迅速杀出来的超级黑马，而此次百度入股51用车，双方为何会在如此短时间内看上对方，各自又在谋求什么？

百度的局

一、需要补足地图LBS服务场景

在移动时代，百度牢牢掌控着LBS地图。2012年李彦宏决意发力LBS地图，随后成立百度地图事业部，从战略高地控制着移动时代的各种出行场景。而其随后的战略布局投资都是围绕场景的服务来实行并购收购，所有与LBS服务相关的投资都会将其融入到地图中，将用户所有关于移动互联网的需求一点点叠加到百度地图中，而所有融入其中的业务均获得了比之前更好的业绩增长。

糯米、百度外卖、去哪儿酒店预订、景点预订、专车等一系列均在一点点弥补用户基于LBS的需求，在逻辑上是基于LBS衍生出来的。最为明显的需求有两个，第一个是用户搜索某个地点的需求，而这里面就可能包括了酒店预订、景点门票预订、找餐馆这样的刚需。第二个就是用户搜索路线，这里面就包括了出行的需求，而百度顺带提供打车服务，就是非常符合逻辑的。

所以，基于这样的逻辑，拼车服务同样是一个非常有场景的LBS服务。51用车则可以为百度再添一子。

二、需要对出行数据进行更多商业化落地

百度地图掌握着海量人群的出行数据，这些数据正在与交通部合作并为其提

供决策，百度地图也在春节期间放出“百度迁徙”来展示国民出行情况。但尴尬的是，这些出行数据直到目前为止依然没有直接的商业化的落地，用户使用百度更多的是主动寻找服务，而百度暂未从这些主动行为中去挖掘更多的需求，而51用车则为百度带来了更多可能性，百度地图有着大量白领的固定上下班的出行数据，百度的建模技术很容易识别出那些固定上下班的人群，而这些数据一旦结合51用车，则可以直接产生商业价值。

目前，百度地图日定位请求150亿次，在支持全球和室内定位服务的同时，还拥有3400万POI数据、1800万深度生活POI数据及500万公里路网数据，在地图市场中稳居第一，这些数据在将会在未来产生更大的经济效益。

51用车的站队

一、滴滴与快的合并所带来的市场压力

继2014年2月份滴滴与快的合并以来，整个打车市场面临严峻压力。从出租车打车市场来说整个格局基本已定，而还有两个市场则是专车与拼车市场，不幸的是滴滴与快的这个超级巨头正在进军剩下的这两个市场。

先谈专车市场，专车市场最为恐慌的是易到用车，原本自己做的服务很好，也没遇到过竞争。而移动互联网则造就了滴滴与快的这两个巨头，这让原本坐享其成的易到用车遭受到了压力，而除此之外还有一个新玩家UBER，正在全球市场野蛮扩张，自然不愿放弃中国市场，它在中国通过与百度合作来实现与滴滴快的专车的对抗，正在形成“几国杀”的局面。

再谈拼车市场，之前一直有传言滴滴要大力进军拼车领域，而在2015年3月也流传出非正式截图，拼车服务将直接进入滴滴打车APP，并列于打车、专车。而如果传言属实，则该市场又将迎来新一轮的战争。51用车正在风口，现在要做的就是抢滩登陆，抢在滴滴快的进军该领域之前占山为王，这是来自风口竞争的压力。

二、借力百度渠道

在滴滴与快的合并之前，它们一直在互相厮杀，但滴滴却略胜一筹，原因在于腾讯拥有微信这个超级渠道，而阿里巴巴的支付宝渠道则不及微信，所以

选择“奶爸”也是非常重要的，奶爸如果只是有钱能在互联网中决斗其实是远远不够的，拼的更是使用场景。

拼车的这个场景与打车不同，打车只是单对单的服务，而拼车则需要整合几方资源——车主、用户，是一个更为复杂的用户场景，而这背后除了需要很强的线下控制能力以外还需要大数据实现各方的调度、分配、统合，百度地图在这方面有着比腾讯和阿里巴巴更强的经验，百度地图可以为拼车服务提供更为精准的服务。而腾讯与阿里巴巴都已经投资了自己的打车公司，再去单独投资一个打车APP的可能性不大，所以选来选去也非百度不可。百度有51用车真正需要的资源。

百度“三不”原则入股16WIFI

导语:

由百度领投、荣之联等跟投，一家为公交乘客提供免费WIFI服务的创业公司——16WIFI，完成了A轮融资，融资金额超过一亿元。百度此次的投资也再次印证了前不久，李彦宏在百度联盟峰会上提出的与创业者合作的“三不”思维——不谋求控股、不划分阵营、不怕用户被洗。李彦宏不仅这么说，而且又再次地按照“三不”逻辑就去做了。

不谋求控股

回顾百度早期投资的历史，基本都是从较小融资比例做起，例如前一阶段的51用车和UBER，都是以一小部分投资来获取该公司的一部分股份，并没有在刚开始就进行大量持股，而这也是百度最重要的投资策略：用最小的投资，来补足自身生态。

一直以来，李彦宏领衔的百度，技术是立身之本。因此，百度更加偏向于投资技术类公司，像51用车和UBER都是以技术见长的公司，这类公司最擅长利用技术的力量去更高效便捷地满足用户需求。比如，打车是刚需，并且51用车和

UBER都是在重新整合资源，而用户在乘坐公交车的时候上网也是刚需，16WIFI的公交车WIFI能够更高效而廉价地满足用户上网的需求。

百度在交通方面的数据目前已经是国内第一，百度地图占领了70%的市场份额，之前百度也与UBER联手投资了HERE地图相关公司，在交通出行大数据方面依然在不断扩大数据版图，而16WIFI的交通数据也与百度的需求极为契合。

不划分阵营

百度最擅长的就是利用自身的流量优势帮助其他公司成长，并且不排斥被投资的公司与其他巨头合作。比如去哪儿利用百度搜索和百度地图的流量进行用户导流，但是自身在支付方面却接入了微信支付，而百度也在百度地图中接入了UBER打车，但是UBER打车目前尚未接入百度支付，用的是阿里巴巴的支付宝。这体现了百度不划分阵营的开放的心态。

在公交车WIFI方面，百度依然可以提供帮助，比如当用户乘坐公交车时，百度可以利用旗下的手机百度、百度地图来提示用户免费连接公交车的WIFI，这样，16WIFI就可以大量减少获取用户的成本，其次百度还可以帮助16WIFI进行用户数据行为的优化，百度地图和手机百度本身已经掌握了这些用户的大量数据，在公交车方面自然能够提供更好的相关大数据推送服务，而这些用户的WIFI数据也是百度大数据布局的重要一环，相辅相成。

专注于技术，做好生态布局

李彦宏说每天早上五点醒来的时候就是在思考不做什么，而这也是整个百度的原则，百度不是什么事情都不做，百度最重要的方向依然是技术。目前，李彦宏不惜牺牲短期利润率，以巨大的研发投入来专注布局人工智能等前沿科技的研究。前不久，在联想techworld大会上，李彦宏向外界展示了百度最新的语音、图像以及人工智能等黑科技，其水准都已经开始领先于业界同类公司。

大力度的技术投入最终是为了更好地落实到具体的产品和服务当中。目前，百度要做的是通过技术来构建连接人与服务的生态圈。在这个生态圈中，百度利用大数据可以做出最好的服务。因为未来所有公司都会是数据公司，将会从互联网时代进入大数据时代，而做好大数据是至关重要的。在未来，会出现更多大量的人与服务连接的技术场景，这些场景中都会产生大量的数据，所以百度的任务就是收集好一切能够为自己所用的大数据，为人工智能提供充足的燃料，更好地为连接人与服务的生态布局。

16WIFI将会为百度提供更多的用户相关数据，而这些数据将会是人工智能的燃料。这也印证了百度的不做所有事情，把更多的事情交给合作伙伴，让自己成为技术生态的中心，布局生态，连接3600行的各行各业，连接一切。

李彦宏的合作战略体现了一种更为开放的技术精神，让技术能够像一颗种子一样得到最好的生长，发挥其最重要的力量，并且百度没有将所有事情都自己做的这种“轻”也才会让整个技术生态变得更大，让人与服务的连接变得更效率更便捷。

百度选择“十万喵星人”的逻辑是什么？

导语：

2015年4月4日“涂手：十万喵星人计划”展览在北京798艺术区“圣之空间”开幕，当天便有超过12000余人参观，而线上的曝光更是不计其数。早在2014年，“线上画猫活动”就在短短两个月内通过用户的自传播收获了400万的PV和30万幅作品。而在2015年3月23日，百度又与涂手工作室合作，上线了“@十万喵星人计划”的直达号，在十天内收获了近5万幅作品。最终这活动成为全球有史以来最大规模的群体涂鸦活动。那百度与涂手工作室合作的逻辑在哪？

百度直达号的用户培养

百度直达号于2014年的百度大会上提出，作为对抗微信公众号的利器，作为百度移动端布局的重要一环，是连接商家与用户的中介平台，用户通过在百度搜索“@XXX”即可一步抵达相关服务。

此次“十万喵星人计划”的合作计划中并不是将其放在其最为活跃的贴吧，而是直达号，则是意在培养用户习惯，让用户通过直达号进入相关服务。此次直达号活动，短短十天内就新增了5万幅喵星人作品，根据互联网浏览与参与5：1的最低保守比例，这意味着至少有25万用户通过“@十万喵星人计划”抵达该活动。

百度的年轻化战略

回过头来看百度的整个营销传播，总是时常有明星的影子，而这些明星也是90后们的最爱。上一次最大的合作就是鹿晗与百度地图，将鹿晗的导航语音放入到百度地图中，并且在微博上与用户形成了非常好的落地传播，而更早之前百度也与“万万没想到”等年轻人喜欢的品牌进行合作，这种重视是在BAT中比较少有的。

不仅仅是传播上注重明星效应，俯瞰整个百度系产品，都在朝着年轻人喜欢的方向设计，在手机百度APP中侧重语音、图片搜索，而“00后”对图片语音的搜索贡献已经高达40%，整个百度文库都在为年轻人的考试服务，而贴吧则是年轻人亚文化的真正聚集地。

而此次“十万喵星人计划”这种有趣好玩的产品是属于年轻人的，这也正是百度想要的：不断地将年轻人喜欢的东西置入自己的系统中，让更多年轻人使用百度，并让喜欢尝新的他们不断地尝试百度的其他产品，让他们贡献更多数据，为未来人工智能的深度学习做准备。

UGC的实时直播新趋势

在此次活动中，用户只要在直达号中画完“喵星人”就会出现在798的“十万喵星人”活动现场：出现在屏幕上，完成一次个人作品的展览。真正实现了约瑟夫博伊斯的“人人都是艺术家”的口号。

而百度此前也与孟京辉合作过，通过直播团队话剧创作过程，形成线上的UGC聚合，然后感兴趣的粉丝会在线下去观看他们感兴趣的话剧。

这种UGC的聚合方式是一种新的突破，在传统的贴吧中，更多的只是线上聚合，用户通过感兴趣的话题在线上形成互动，很少有线下的活动。但是此次则是线上与线下的大一统。

这种线上与线下的实时UGC直播是大势所趋。

喵星人的选择

“十万喵星人计划”于2014年10月15日上线，短短两个月的时间仅依靠参与者自传播，访问量便超过400多万。作为一个创意活动，必然需要借助一个更为方便的传播，而微信更为封闭与正式，从宣传到关注公众号再到进入活动并互动，用户的抵达成本高于百度直达号，这一定是喵星人所顾虑的，而百度的开发平台更为开放也更直接，更适合做活动，直接抵达更为方便。

当然更重要的是微信有太多限制，使得其需要合作的对象有着更为严苛的标准，并且微信不会轻易基于资源去为各种运营活动主动创造条件，而其弱点则也是百度的优点所在，百度不仅可以将互动直接与产品对接，并且会动用旗下资源为其推广，形成良性回馈，这是直达号对比与微信公众号的优势。

当然，对喵星人来说，能够与巨头合作也是非常幸运的，这是一次双赢的选择。

百度注资UBER，价值几何?

导语：

前一阶段沸沸扬扬的关于百度投资UBER事件终于尘埃落定，在百度以19亿收购91手机助手这样重大的事件发生时，CEO没有出席出购现场，但此次投资UBER却出席了，而这说明了投资UBER相较于91更具有战略意义，而UBER究竟价值几何？让我们试图从其优势与困境两方面来谈。

风口上的UBER

互联网将一切连接得更紧密，打破了一切信息不对称性，而互联网改造传统行业时有两种选择。第一种是结合性的，将传统行业被耗费的资源再次合理利用起来，建立全新的去中心化规则。第二种则是毁灭性的，一种你死我亡的态度。而往往是当新的技术与传统行业结合后，用不了多久颠覆便紧随其后。

在出租车行业，UBER则是颠覆的代表。UBER有一种天然的野性，在12个月以前，UBER还只在21个国家的60座城市里提供服务，而12个月之后，他们已经扩张到了50个国家里的250多座城市。他们不按常规出牌，高速地扩张，而其背后有强大的高盛资本做支撑，可以说完全踩在了风口上，并有颠覆之势。

百度的国际化需求

在百度与UBER双方提供的新闻稿中，提到了这项合作将有助于UBER迅速扩大新兴市场的市场份额和百度移动业务的全球布局，两者的目的都并非仅仅局限在中国。

百度有着很强的数据挖掘能力，所以要想向国外拓展唯有借力拥有同样基因的合作伙伴，百度需要投资的国外公司对象与阿里巴巴和腾讯的投资逻辑有所不同。

百度投资的对象需要满足两点。首先，可以和百度的挖掘技术相融合；其次，对方要有足够大的市场数据。只有这样才能支撑起百度的数据挖掘技术，而UBER显然是最佳选择。

另外说两件事。第一，诺基亚与百度达成一项合作协议，在未来，诺基亚地图及导航业务Here将向百度提供中国内地以外的地图数据服务。第二，2015年7月，百度启动了巴西葡语版百度搜索引擎。这两件事都表明了百度国际化的野心。

UBER的本地化需求

对于UBER来说，最渴望的依然是在中国的落地，UBER此前已经在国内做了很多尝试，诸如“人民优步”的拼车策略，用低价吸引用户。并且已经正式在香港、上海、广州、深圳、武汉、成都等地区和城市运营。

但由于面临着本地产品的竞争，目前依然没有很大起色，这其中的原因一方面是由于国内竞争所致，另一方面也是由于政策原因，而UBER需要的则是背靠一个巨头进行本地化落地。百度不仅可以帮助UBER搞好政府关系，还有更多的技术以及渠道上的支撑。

其一，百度地图。2014年8月发布的最新CNNIC《中国移动互联网调查研究报告》显示，百度地图拥有63.7%的地图用户，具备比阿里巴巴与腾讯更强的

O2O优势，能够直接为UBER带来用户。

其二，百度直达号。《2014年5月搜索市场研究报告》百度占据移动搜索的79.3%市场份额，拥有绝对优势，而在今年9月百度推出直达号战略，与微信服务号分庭抗礼，用户可以直接通过搜索结果进入服务，而这也将为UBERD带来更多精准的用户。

以上都是百度可以利用起来的渠道资源，可为其进行渠道布局。同时，与UBER合作也可为百度自身的支付短板进行补充。最后加上借助百度的资金支持，UBER也将迅速朝着中国本土公司的样子野蛮发展。

百度需要国际化，UBER需要本土化，这是一次各取所需的交换。而未来的UBER能否因为百度的支持真正落地为本土公司，能否突破市场以及政策双重的残酷竞争机制，还有很多考验。

第9章 技术与应用趋势

互联与分享是互联网的基本性格。秉承这一特性，遵循国际标准，以开放的心态迎接互联网的胜利。本章重点剖析几个重点事件，助你汲取相关经验和知晓技术发展趋势。

没有ROBOTS协议，互联网历史会怎样

导语：

百度与360的ROBOTS一事终于宣判，以360败诉并赔偿百度70万告终。这是360又一次败诉案例，而ROBOTS到底是什么？ROBOTS失效又意味着什么？或许我们换个角度能够获得一些答案。假如ROBOTS失效，那些关于ROBOTS的历史事件会怎样发展？

首先解释下ROBOTS协议，所谓ROBOTS协议就是可以让站长通过设置，让网站的内容不出现在搜索引擎中，而这君子协议也只是一种公约，并不构成任何法律效力，那么现在我们假设ROBOTS协议失效，那些关于ROBOTS的历史会走向怎样的另一种可能。

历史事件一，Facebook屏蔽谷歌搜索

Facebook中的内容，只要谷歌想抓取，放到搜索引擎上，从技术角度来说是没有丁点难度的。但是直到今天，谷歌都没有抓取Facebook中的海量用户内容，而这些海量的内容对谷歌来讲是巨大的损失。

那么，假如没有ROBOTS协议，谷歌便可以随意抓取，而Facebook根本无力抵抗，其用户生产的UGC内容就会肆意地出现在谷歌的搜索结果中，而Facebook依靠用户UGC生成出的内容护城河也将功亏一篑，用户要想搜索好友不通过Facebook搜索而是绕过Facebook直接从谷歌所搜就可以，这对Facebook来说就无法构成闭环，必将损失惨重。

历史事件二，默多克旗下新闻屏蔽谷歌搜索

从传统媒体起家的默多克，对于搜索引擎的态度相当不友善，默多克曾将雅虎、谷歌等搜索引擎都说成是“网络寄生虫”。

当然，谷歌的回应很简单，如果不想让贵站的内容出现在搜索结果中，请使

用ROBOTS协议禁止我们抓取即可。

随后默多克在2009年开始展开计划，对谷歌等搜索引擎展开行动，旗下多家新闻网站屏蔽搜索爬虫。谷歌便不再抓取。那么，现在我们假设没有ROBOTS协议的话，谷歌就会肆无忌惮地继续抓取新闻网站的内容，很可能就成为了真正的“寄生虫”，并且还会与默多克集团官司不断。

好在谷歌遵守了，直接堵住了默多克的嘴，而随后默多克也无话可说。

历史事件三，淘宝屏蔽百度搜索

2008年百度有啊C2C平台上线，利用搜索优势打算与阿里巴巴正面竞争。淘宝采取对抗措施，屏蔽百度抓取淘宝内容，而百度也无可奈何，只能“望内容兴叹”。

如果没有ROBOTS协议的话，那么淘宝就没有办法屏蔽百度，百度就可以依然肆无忌惮地抓取淘宝的海量内容，让阿里巴巴的计划全盘落空。

而好在百度遵守规则，通过遵守规则与阿里巴巴竞争，哪怕最后百度又以失败告终，也没越过雷池一步。

历史事件四，京东屏蔽一淘

京东与阿里巴巴一直水火不容，京东屏蔽支付宝，屏蔽新浪微博，而屏蔽阿里系的一淘搜索自然也在情理之中，是一种正常的商业竞争行为。而一淘失去京东的商品搜索结果，对自身损失也可谓极大。

好的，那么假如现在没有ROBOTS协议，阿里巴巴也同样可以毫无压力地抓取京东的内容，充实自己的一淘搜索结果，京东也只能隔空骂阿里巴巴流氓并且束手无策。

当然，好在大家都是按照规矩竞争，阿里巴巴的一淘就算做得再差也没有去抓取京东的内容。

历史事件五，优酷同时屏蔽百度与谷歌搜索

2008年年末，由于优酷面临宽带运营的成本压力，所以在短时间内屏蔽了搜

索引擎以减轻自己的服务器压力。

而如果当时没有ROBOTS协议的话，那么所搜索引擎的抓取将使优酷面临更巨大的成本压力，难以过冬，甚至很有可能命悬一线。

而ROBOTS协议，给了优酷喘息的机会。

历史事件六，QQ空间

QQ空间自从诞生以来就只对旗下的搜搜开放，而对百度和谷歌等一直是采用屏蔽的措施，我们无法在百度和谷歌上搜索到QQ空间的大量内容。直到2012年，QQ空间才终于将内容向其他搜索引擎开放。

如果没有ROBOTS协议的话，那么从QQ空间诞生之初，它就是百度、谷歌等搜索引擎的囊中之物了，腾讯运营得再好，内容也会被别人家拿去，而腾讯也无法对旗下的搜搜进行保护。

商业竞争从来都是生死存亡之事，而大家规定出ROBOTS协议，就是为了在与搜索引擎出现利益竞争时能够自我保护的君子协议。如果没有该协议，那么每次必将是搜索引擎占尽优势，而网站则只能哑巴吃黄连。

搜索引擎诞生之初本可以不需要ROBOTS，因为自己是优势方，并没有必要给自己设计一个对自己不利的规则，来障碍自己在未来的“横行无阻”。而偏偏是自己为自己戴了这个紧箍咒。这更像是一种西方式的文明结晶，是对他人私有内容的肯定，以及对权力的自我约束，是人类文明在互联网的表现。

从深度学习开源平台谈互联网开源史

导语：

百度深度学习研究院（IDL）、微软亚洲研究院、华盛顿大学、纽约大学、香港科技大学，卡耐基·梅陇大学等知名公司和高校联手在知名开源网站GITHUB上建立了分布式深度机器学习开源平台（https://dmlc.github.io/），该组织叫做“深盟”，旨在向全世界的分布式机器系统学习的学习者提供一个很好的开源平台，让更多企业受益。而这一开源项目也让我去重新思考整个互联网的开源逻辑，以及开源运动所带来的积极意义。在我看来互联网的代码开源分为两类，一类是无组织式的开源项目，另一类则是有组织式的开源项目。

无组织式的开源项目

所谓无组织式的开源项目，指的是某个程序被其作者公开源代码，这些源代码被放到诸如国外GITHUB、国内CSDN这样的开源平台上面，让大家学习与分享。程序的作者非常享受自己代码被其他程序员应用的过程，而其他程序员也可以直接从源代码中找到自己需要的部分，将其直接迁移到自己的项目中，再通过学习，掌握某个模块的技能，这大大节省了自己独立学习的时间。

所以无组织式的开源是程序员们自由交流的结果，不存在明确的分工协作，同样不存在太高的商业价值，但是其意义在于推动了程序员们的整体水平。

而GITHUB这样的平台很好地满足了这样的交流需求。

有组织式的开源项目

所谓有组织式的开源项目，指的是某个开源项目有一个组织在支撑，该组织一直在不断地升级源代码，让项目源代码更强大更好用。

从另一个角度来说，一个组织不会凭空建立，组织是人类最基本的分工协作方式，而一个组织的存在则一定意味着社会的某处存在着需要，而组织就是为了这些需求而生。互联网的开源运动则是一场现代的乌托邦运动，很多开源项目组织没有依靠利益而是依靠理想建立了起来。

最著名的开源项目当然就是linux。linux是一个类似windows的操作系统，基于其开源内核，被开发出了各种linux操作系统版本，诸如小红帽、ubuntu、debian以及国内的红旗等，但是由于windows的崛起，个人PC系统被微软垄断，导致了各个优秀的linux个人操作系统都集体走向没落。

而linux在PC操作系统上的没落也是业内探讨最多的，封闭与开放到底哪一个更符合互联网的精神？曾经的自由乌托邦为何会在商业化的竞争下集体衰落？封闭的IOS与开放的Andriod的战争又是谁会获胜？

在我看来，开放与封闭都并非万能，各有优劣，但要想赢得最终的胜利，不是取决于某种精神理念，也不是取决于某种商业模式，最终一切还是取决某个项目在具体的使用场景下是否能够更好地满足用户的需求，这才是一切的核心。

当然，有组织式的开源模式，还是有一定的赢利方法，例如投放广告，为有需求的厂家提供具体开发服务和商业咨询等，当然很多开源组织赚到的钱都只是为了维持组织正常运行而已。

有组织式的开源项目的价值

有组织式的开源项目的意义不仅仅在于建造了一个个带有理想主义色彩的乌托邦组织，更重要的是这些组织建造了互联网的基础设施，可以说，世界上任何一个接入互联网的人都离不开这些开源项目。这些开源项目的意义可以看成是造纸术以及印刷术的发明，技术发明者不会因为技术的发明受益太多，但是为整个人类文明带来的贡献则是巨大的。

从互联网的发展，来盘点一下几个极为重要的开源项目。

一、Web开源项目

1995年，人们开始大量访问互联网，而曾经的静态网页已经越来越无法满足用户的需求，互联网需要呈现更多的内容，于是更多的网站开始转变为动态，需要与数据库交互，所以PHP开源项目诞生了。PHP程序语言可以让程序员们编写相应的代码，实现Web网页与数据库的交互。

而与此同时，其他公司也看到了未来的商业化机遇，微软也同时推出了ASP，SUN公司将面向嵌入式开发的OAK改名为JAVA，并面向Web端……

当然，最后微软和SUN等公司也拿下了Web编程语言的市场份额，但是类似PHP的开源技术更受到初创公司和小企业的青睐，尤其是互联网公司都更倾向于开源技术，因为没有一个公司愿意把命运放到其他公司手中，所以扎克伯格用PHP创造了FaceBook，拉里佩奇用PHP创造了谷歌，李彦宏用PHP创造了百度（当然这些公司都不只用到这一种语言）。

所以，PHP开源技术对整个互联网的贡献极为巨大。

二、服务器开源项目

同时，互联网发展后，用户增多了，网站也增多了，那么自然也就需要服务器处理的相关技术。在服务器系统层面，有两个主要选择，一个是选择Linux，另一个是选择微软的Windows Server。而很多企业则在Linux上看到了商机，通过对Linux或其前身Unix进行改造，写出服务器系统。

因为Windows需要收费，而Linux是免费的，所以很多开发者选择了Linux系统作为服务器，而目前全球绝大多数服务器系统都是基于Linux内核研发的。

接着是服务器软件，这里就说一个开源软件——Apache。Apache是一个可以让网站运行的软件。简单地说，在服务器上装上这个软件就可以让用户访问你的网站。而Apache开源软件占领了世界上60%的服务器，亚马逊、雅虎、W3C这些大名鼎鼎的网站，都是依靠Apache二次改造运行的。

三、下一个开源项目的大机会在哪？

PHP、Linux、Apahce这些开源项目构成了互联网底层的水和电，互联网时代从PC时代过渡到移动时代，这些开源项目的价值没有没落反而越发凸显。那么类似的下一个机会在哪？

那就是大数据，未来无论用户是在PC端还是移动端，他们的数据都会越来越多地上传到云端并产生大数据，而任何拥有这些大数据的企业都必将在这些数据中寻找更大的商业价值。那么无论如何，企业也离不开数据挖掘，也就是机器学习，通过机器深度学习找到数据中的价值。

所以，此次百度联合这些公司在高校发布的深度开源学习平台很有可能产生出大数据时代的水和电，让更多公司可以进行独立的深度学习，找到大数据中蕴藏着的价值。而从历史角度来看，“深盟”组织的运行模式也和之前的开源项目的运行模式一致，相信能为未来创造更多价值。此外百度作为“深盟”的重要参与成员，也是国内互联网公司有史以来第一次亲自加入到开源运动中，是一个非常好的开头，同时也希望更多国内互联网公司能够加入类似的开源项目中，展现出国内互联网公司的国际化格局。

回顾历史，互联网开源运动并非与商业冲突，有组织的开源项目依然能够找到商业上的赢利方式，其次正由于这些组织的开源项目建造了底层设施，才能有更多的商业奇迹在此之上诞生。

工具型产品凭什么捕获人心？

导语：

工具型产品，由于自身属性的限制，用户很难对其形成品牌认知，特别是情感认知。所以，这类产品如何俘获用户，甚至留住用户，都是产品经理的必修课。那么，工具型产品凭什么捕获人心？下面我提供给大家三种逻辑的参考：痛点、格调、情感。

痛点

所谓痛点先行就是死死抓住用户刚需，抓住后集结公司全部资源，全力以赴。然后将其功能逐步升级，覆盖到更大的范围。在这点上，360无疑是典范，它牢牢抓住安全这个点一路做到上市，令人侧目。

但实际上，在360之前早就有杀毒软件在做安全了，但为什么就只有360能够做成？答案在于免费。这才是用户更加需要的东西，这也是360更有远见的地方。360真正抓的点并非安全，而是免费，360把安全做好然后再免费，通过免费再将市场盘子扩大以最大化自身利益。

所以，永远不要轻易觉得现在的工具类产品都已经很好地满足了用户刚需，一定有没有被发现的刚需存在，而每一个小刚需都是一块小蛋糕，都可以把这个市场切下一块来。

比如当我们都以为浏览器格局已定，用户的刚需已经全部满足，再无被满足的可能性，但是UC浏览器电脑版3.0则又抓住了用户的另一个刚需——支持淘宝账号登录，且用户可以在UC浏览器电脑版的购物面板里查看淘宝订单及物流。这对于大部分“剁手族”来说，就是痛点。我相信，肯定会有很多淘宝用户会去下载UC浏览器电脑版。

格调

时下，年轻用户，特别是90后用户，除了功能层面，他们对于产品的需求更多的在于品味层面。他们追求“逼格”，希望拥有自己的格调。所以，在产品选择层面，他们更希望选择符合自己“逼格”的产品，不符合的产品，即便再好，他们也很难选择。

所以，当工具类产品在功能上都大相径庭时，再比拼功能就没有任何意义，这个时候如果要想突围就要建立起产品自己的格调，自己的品味，让产品在设计上做到比同类产品更有逼格。

这类工具型产品的逻辑不是去满足大多数用户想要什么的逻辑，而是反向地去选择用户，去选择一群与自己品味一样的用户。然后，切入进去，拿下那块蛋糕。

iPhone从来就是这样，永远是自己来告诉用户你们需要什么、不需要什么，而不是去服务用户，去满足用户的逻辑。同样在浏览器中，谷歌浏览器也是如此。他们拥有某种品味，能吸引到用户，并且他们的绝大多数用户都有高度的忠诚。

当然，这一切的前提还是建立在基本需求都满足的情况下，比如iPhone最基本的功能还是发短信、打电话。

情感

一个工具型产品要让用户感受到其情感层面的东西，这看起来是矛盾的，但事实上我们使用一个工具的时间越长就会越依赖这个工具。好的工具已经彻底成为我们某种器官的衍生，而手机已经如此，但硬件太容易被替换，而软件则不会。

所以，让用户感受到情感，则是一个工具类产品的最高阶的“功能”，他会向用户传递出一种“温度”。这里举几个例子：支付宝，这几年都会根据你的过往记录，将你的数据整理成一套精美的时间流页面，告诉你过去的点点滴滴。QQ空间，每天你第一次登录的时候，它都会在动态轴显示你或朋友的“去年今日”的动态，给人一种怀旧之感。UC浏览器电脑版，在你卸载的时候会出现产品经理鞠躬道歉的漫画，诚挚有趣。

无论如何，任何工具类产品要想做成，首先得是一个出色的工具，品味与格调一定都是建立在工具已经做得足够好的前提下，这样才能捕获更多的用户。而若想持久留住用户，有爱则是工具类产品的必杀技。

百度如何与90后一起玩耍?

导语:

在一次百度的CBG论坛上，百度在开场时就推出了其5个吉祥物，从左往右分别为喜大普奔、槑、图样图森破、人艰不拆、傲娇。而这种戏剧化的开场也是在向外界表态一种要和90后一起玩耍的坚定决心。

那么除了贴吧，百度究竟还做了哪些让90后觉得有趣、好玩的事情或产品?以下是盘点。

二次元导航

在此次的2015年9月3日当天，百度旗下的hao123同时上线“萌主页”，http://moe.hao123.com，主打二次元用户，主推动漫、漫画、弹幕网站。

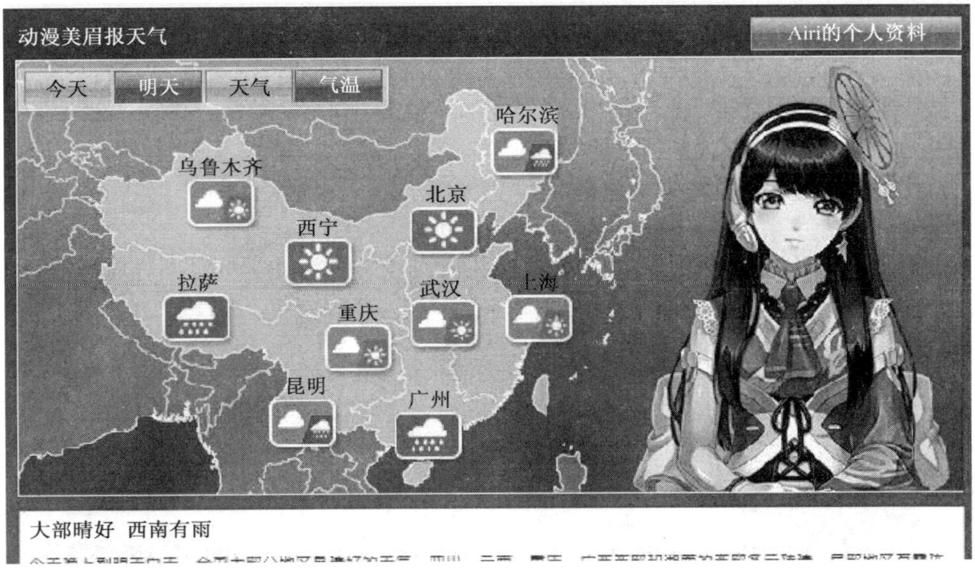

而早在2013年9月，hao123做了一次常规改版，将“天气姬”的形象放入其中，结果引来二次元论坛的大量讨论，这是“萌主页”的前奏。

此后，hao123展开深入调查，发现“二次元”的90后以及00后的用户数量极其庞大，于是在用户的原有需求下，在原动漫频道的基础上推出了“二次元”导航。

手游大数据运营

在副总张东晨的报告中有句话很有趣：90后是用生命在玩耍。而这也体现在百度的数据当中，百度移动游戏数据显示：90后玩家占比高达65%，且手机上新装的游戏数量比其他年龄的玩家多出75%。90后对于移动游戏数量需求极大，非常乐于尝试新游戏，每当有一款新游戏上线之初，他们都是名副其实的主力军。

而百度根据90后的数据反馈得出一些必要的结论，比如90后用户的日抛概率极高，每款游戏的7日存留率为其他用户的1/6。再比如相比于重手游，90后更爱轻手游等。百度再根据阶段性的结论做运营上的策略调整试错，以及为CP提供大数据服务，做好精准化营销。

百度音乐人主推古风音乐

百度音乐负责人介绍起了百度对90后人群的音乐战略，其中通过运营发现，在90后中，其欣赏品味以古风音乐为主，这几乎出乎所有人的意料，而通过研究发现，在90后中有一种古风文化的盛行，主要来自于三块领域的影响。第一个方面是古风类网游，这类网游中的古风音乐深深影响着90后；第二个方面是武侠类电视剧的影响，比如《古剑奇谭》；第三个则是崛起的网络玄幻文学，这也是影响之一。

所以，万万没想到的是，我们的文化并没有彻底被韩流以及日本二次元征服，我们的文化通过游戏和电视剧以及玄幻文学等媒介用一种进化的方式复苏，来影响这群90后。而百度也嗅到了这块市场，目前百度音乐正在主推古风类音乐人给90后受众。详情搜索“百度音乐人”。

搜索结果加弹幕

百度在2015年8月中旬时开启了弹幕测试功能，用户可以在某些关键词下评论，并可以以弹幕展示其评论，非常有趣。当时正是明星柯震东吸毒被抓时，评论十分火爆。

而此后百度由于某些原因收回了该产品，不过此举表明了百度对于流行趋势的认可，说不定哪天还是会开启此功能。

百度文库年轻化定位、状元笔记

百度文库从最初的没有方向到现在的大方向的确定，我们从中又窥见了百度对于年轻生态的重视。打开百度文库首页，就会自动展开分类，从产品的角度来看，不难得出结论：小初高的教育资料放到最前面（小初高阶段用户），其次是专业资料（大学生阶段用户），再接着也是迎合刚毕业的职场新人以及准备考研的资料（大学毕业后的用户定位，求职多于考研，所以职场资料排序在前）。

至此，我们看到了百度的资料数据野心：做一个专注年轻群体的资料库，不做大而全的大杂烩，而是专攻90往后，做一个专注年轻群体所需要的垂直资料库。

此外，百度在今年还做了一件有意思的事情，收集了本次高考状元的笔记，并放到百度文库上。

百度百科的校园燃梦计划

百度百科在定位上不可能像文库那样只服务于“年轻代”，但是在种子用户的选择上也死死地抓住了90后，让他们有很大的参与感。

首先再说下百度百科，这本身就是一个需要用户高度参与的产品，百度百科为了提升用户参与度分别作了三个策略：第一，导师计划，用核心用户拉动新种子用户；第二，蝌蚪计划，为核心用户打造的圈子；第三，校园燃梦计划，为高校用户打造圈子。让高校用户参与百科的各种活动，使其获得相应的成就感。

90后是一群参与感很强的人群，百科通过让高校用户组队参与编辑指定词条互相竞争，来拉动用户的参与性，不仅如此，百科团队还深入到了校园的线下活动，加强与90后的互动。

百科与高校用户合作最深入的一次则是线下“植物二维码”活动：让同学们通过给校园内的树挂上对应的二维码牌子，而该二维码则指向该树对应的百度百科。通过与大量的高校合作，百度百科很好地在90后中完成了线下与线上结合的品牌传播。

百度除了技术驱动以外并没有忽视年轻人群。除贴吧以外，百度在各方面都在贴合90后的要求，期待未来能做出更多更好的符合90后需求的产品。

百度地图上线污染地图，看国退民进

导语：

哪里有需求，哪里就注定要被互联网公司的技术所覆盖，原有的公共领域也将无可避免，同时互联网公司也将承担起原来政府应有的责任，我们赶上了国退民进的时代。

在百度地图上，用户通过搜索框进入“污染地图”就可以查看自己所在区域的污染源情况，其中更包括各类火电厂，国控工业、企业和污水处理厂位置，排放污染种类等信息。这也是在继柴静《穹顶之下》后，互联网公司的最大跟进动作，而百度为何要上线该功能？我希望能够从产品到传播再到互联网公司与政府的关系层面，从小到大递进推演，来一窥互联网公司与这个时代的格局关系。

地图产品的落地整合

百度地图作为一个产品，需要不断地迭代更多功能，完成从0到1的过程。想做大那还必须加入更多用户想要的功能。百度地图从刚开始的仅仅是查询周边地点到路线查询，再到酒店门票预订、附近餐馆查询、打车、导航等都是这样一种拓展路线。

但与PC时代不同的是，PC时代的百度地图其可拓展性很低，除了查询地点和路线外很难再有功能衍生，而移动时代的百度地图则不一样，由于用户处于随时移动的状态，于是就有了与本地服务相关的强需求，而百度则需要做更多地面资源整合的事情，才能满足用户需求。

此次的污染源查询从功能层面上来说，也是一次地面资源整合，直接与监控站点合作，将数据直接搬入地图中，为用户需求做好服务。

借力《穹顶之下》热点传播

柴静的《穹顶之下》在两会之前引发全民轩然大波，截止到被禁播之前保守估计至少约有大概5000万的播放量，而带来的其他相关传播则更为惊人。

因为柴静在《穹顶之下》中推荐了“污染地图”这款查询污染源的APP，直接拉动了“污染地图”的下载量，而其中阿里云最为受益，很多人还以为这是阿里巴巴做的，但实际上阿里巴巴只是提供了服务器，并没有参与污染监控等相关事情，而百度方面则是直接对接相关监控部门。

当时，《穹顶之下》的热度还在持续当中，柴静概念股依然在暴涨中，民众的注意力还被大量集中在环保领域，百度地图本身在产品层面具备一定优势。百度借力此次热点，在地图中直接加入该功能，非常有利于品牌传播，进而拉动更多下载量。

从中也可以窥见，互联网产品正在变成传播本身，产品本身所拓展出的功能就是一次传播，百度地图在之前加入的鹿晗语音导航也正是如此。

BAT正在带来真正的国退民进

在以前，如果一个企业参与公共问题，通常是非常危险的，高谈自己为公众究竟做出了何种贡献，很有可能引发公众情绪上的反感，最后将其判定为哗众取宠的炒作。因为无论该企业做了什么事情，对于普通公众来说很难感知，而互联网公司则具备了天然优势，因为其创造的技术可以抵达每一个人，其所做出的事情都能让每一个公众马上触及与感知，进而塑造自身正面形象。

以百度地图的“周边污染源查询”为例，用户只要下载百度地图并打开该功能，就能实实在在地看到周围直观的数据，进而感知到百度确实做了实事并由此增加对百度的品牌好感度。

但话说回来，这种赢得公众好感的事情不是应该由政府做的吗？和互联网公司有什么关系？百度在不断协助政府，阿里巴巴携支付宝与四大行博弈，腾讯直接OTT运营商。政府的职能正在逐渐转变，我们正走在国退民进的路上。

当总理特意提出了“互联网+”战略，互联网也在政策方针上到达了迄今为止的最高的高度。而此次互联网战略的本质是意在对公共资源的重新整合利用，互联网公司也正在从这两个层面帮助政府整合资源。

层面一，直接完成政府职能，整合公共资源。例如阿里巴巴直接负责淘宝平台的打假和规则，提高了电子商务的整体质量以及效率；腾讯直接干掉运营商，为公众带来更好的通信体验服务等。

层面二，间接影响政府职能，比如百度将收集统计到的民生相关数据（百度搜索指数数据、百度地图出行数据）与政府共享，为政府提供决策支撑，而与此同时百度又将这些数据向公众公开，为开发者、创业者们带来更多就业创业机会，与此同时类似“周边污染源查询”这样的功能会潜移默化地影响到群众，这又会倒逼着政府去对自身进行改进。

所以，未来的互联网公司如果要想发展得更壮大，由于互联网发展的本质，互联网公司将会不可避免地将业务延伸到原本属于政府管辖的领域，互联网公司将会一步步占领更多的公共空间，并实现更多资源的整合利用，而与此同时由于现代商业伦理的要求，占领更多公共资源的互联网公司会自行承担起原来政府应当承担的相应公共职能，赢得公众好感也将成为他们生存合法性的必须保障，而政府也在逐渐收缩自己的边界，“互联网+”是一个信号。

第一，通过此次事件我们看到一个基于移动互联网的场景时代的来临，曾经的产品与营销传播割裂的世界一去不复返，取而代之的是产品、营销、公关的三位一体。

第二，哪里有需求，哪里就注定要被互联网公司的技术所覆盖，原有的公共领域也无可避免，同时互联网公司也将承担起原来政府应有的责任，我们赶上了国退民进的时代。

百度迁徙用的是什么技术?

导语:

有朋友问我百度迁徙图到底是怎么做出来的？而在这个过程中，我发现原来我自己也有好多不明白的地方，这也激发了我这个技术宅的兴趣，我到处找资料研究终于知道了其基本的原理，后来想想肯定也有很多朋友不知道这背后的原理，那就分享出来做个科普吧。

为什么会有地理定位这个技术？

一谈到为什么会有定位技术，可能很多人的第一反应是认为这个发明就是为了让自己看地图还有找餐馆的，其实事实相去甚远。

现在我们从源头来讲，为什么我们会有地理定位技术？

其实最早的定位系统产生于美国国防部（20世纪50年代的军备竞赛），当时苏联在1957年发射了Sputnik-1人造卫星，而美国不甘示弱，1958年，为了实现军事上的高精确打击，美国海军开始研制子午仪卫星定位系统。1973年，美国建立国防导航卫星系统DNSS，此后DNSS改名为Navstar即授时和测距导航卫星或者说是全球定位系统（Navigation Signal Timing and Ranging/Global Positioning System），后来简称GPS。1994年，终于完成了覆盖全球98%的卫星系统。

从军备竞赛到全面民用，这和互联网的发展有相似之处，互联网的前生就是为了防止遭到苏联的核打击后被摧毁重要中心节点导致全面瘫痪，进而建立起的去中心化网络，这个意外的军事发明随后在民间大量普及。

一切都是意外，这个发明真的不是用来给你找餐馆的。

GPS定位的具体技术细节是什么？

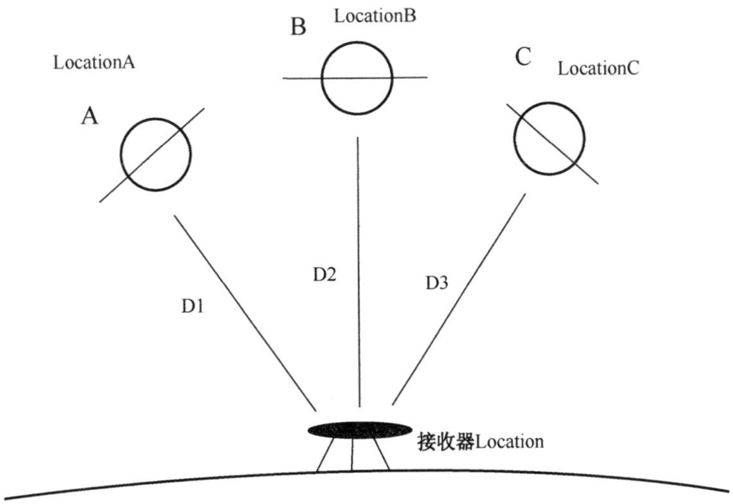

我只是把最基本的定位原理抽离出来，更多复杂的东西就不说了。现在假设地面接收器和天上的三颗卫星都是不动的，那么现在我们要获得地面接收器的位置就可以用如下方法得到。

已知，卫星A、B、C的空间坐标为LocationA、LocationB、LocationC。

已知，接收器分别距离A、B、C的距离为D1、D2、D3。

求解，地面接收器的位置Location。

那下面接着用空间交会算法就可以求解了。

Location=function ([LocationA,D1], [LocationB,D2], [LocationC,D3]);

具体函数就不用说了，说了咱们也看不懂，这是工程学的事。咱们只需要知道，绝对理想模型的情况下，根据三颗卫星的空间坐标以及与对应物品的距离就能算出该物品在地球上的地理位置了，这是GPS工作的核心原理。

那百度如何做定位的?

上面给各位说了这么多GPS的定位细节，那么是不是百度、苹果、谷歌都只是用GPS来给用户定位的呢？哦，原来就这么简单啊！答案是又错了。科技公司都想要做的就是给用户最为精准的定位，但是由于民用GPS的定位误差比较大，没有军用GPS定位准确，而科技公司是不大可能发射高精度卫星的，就算有钱有实力也有心发射，投资人也会疯掉，所以科技公司全都退而求其次，除了用GPS定位以外还会用其他办法为用户实现更精确的定位，下面开始介绍百度定位时用到的方法。

一、百度地图定位用到的主流方法：

1. GPS定位，主要用于室外导航。

2. IP定位，这在PC时代一直都在用，比如以前用QQ外挂的时候可以看到对方在哪个城市和网吧，用的就是IP定位技术。但是IP定位有个弱点就是范围不是太精确，只能定位到街道级别。

3. 基站定位，用户用2G、3G和4G网络都是要经过运营商基站的，那么通过获得用户所使用的基站位置，判断用户位置，定位半径的精确度是265米左右。

4. WIF定位，WIFI定位是最为精准的，因为WIFI的强度半径相比于其他来说都最小，当然这里的WIFI指的是大商场或者咖啡厅的WIFI，通过这些公用WIFI就能相当精准地收集到信息，定位半径的精确度是35米左右。

5. 混合定位，就是将上述定位方法全部混合，定位半径的精确度是60米左右。

二、百度地图定位用到的大数据相关技术：

我这里就介绍比较重要的三个技术。

1. 多站定位

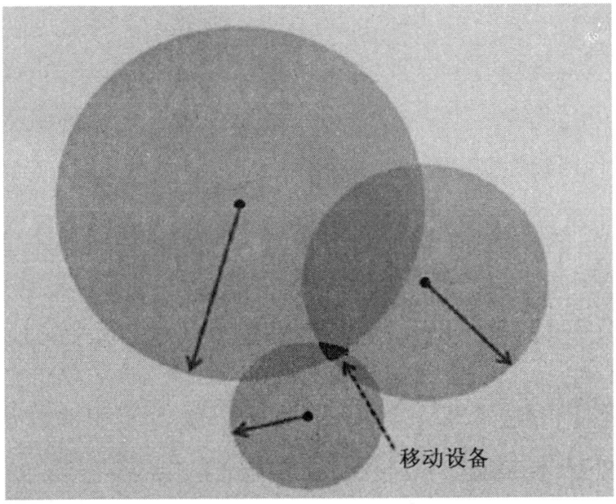

如图上所示，如果一个用户既连着WIFI又连着基站的4G，那么百度就可以根据该WIFI和基站在数据库中的空间坐标以及他们的辐射半径来计算出更精确的位置范围。这个比较好理解。

2. 指纹定位

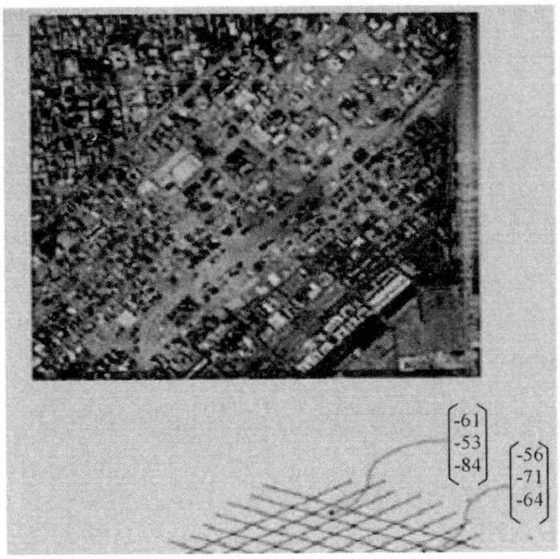

基于基站强度热度指纹

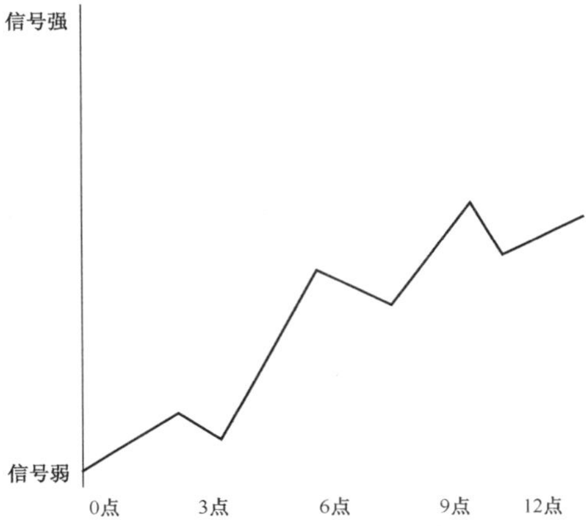

某用户基于时间的信号强弱

上图的左边是百度根据一个城市的基站以及WIFI的辐射强度制作的信号强度网格，而右边是一个用户手机连接基站时移动中的信号强弱变化，百度会根据用户信号变化在基站强度数据库中确定出用户所在位置，计算起来相当复杂。

3. 众包计算

上面谈的都是如何更精确定位的技术，现在谈下如何为用户提供决策方案的技术。百度通过收集装有百度旗下所有APP的用户相关数据，诸如用户的手机设备行进速度等来判断交通拥堵情况，这就是百度地图的“实时路况”功能，而百度导航又会根据“实时路况”为用户提供出行最优解决方案，当然，目前除了为个人出行提供决策方案以外，已经在为交通部的道路规划提供决策支持。

百度定位实现的整套流程是什么？

前面我们知道了百度实现定位的技术，那么整套定位流程是什么呢？

下图就是百度定位的细节了，我只讲简单的。

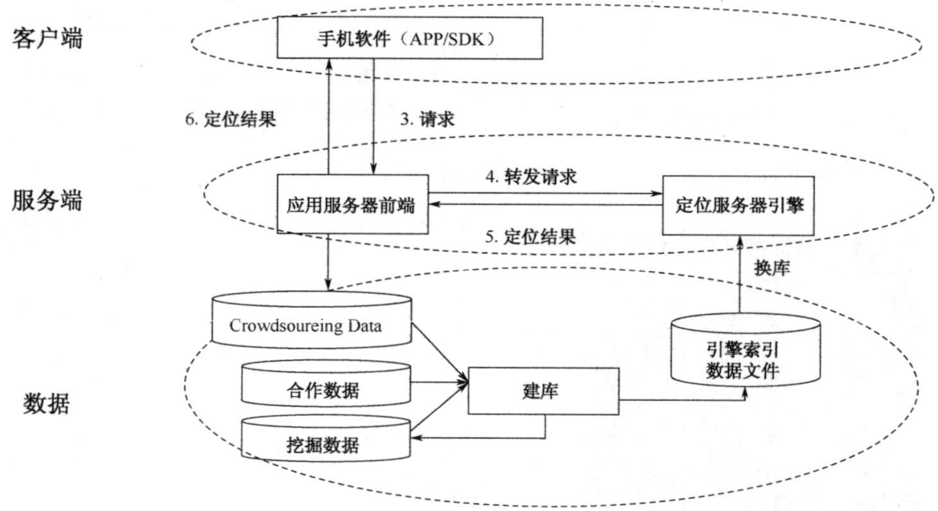

第一步，手机客户端向百度服务器发送定位请求服务，并将基站的CELL-ID、WIFI信息、GPS，以及信号强弱等信息发送到百度服务器。

第二步，百度服务器收到数据后，将这些数据全部放入定位数据库中进行索引，然后再进行各种大数据对比，最后决定用何种算法求得最优解，以减少数据误差。此外，百度也会在此过程中不断地对原来的数据库进行数据更新与校正。

第三步，百度计算完成后向客户端返回手机所处位置的经纬度。

百度的数据从哪里来？

好了，现在再谈最后一个问题了，有了这样的技术后，数据从哪里来？

数据来源一：地图用户。凡是使用百度地图的用户，百度就可以收集到对应数据。根据CNNIC发布的《2013—2014年中国移动互联网调查研究报告》，2014年8月百度地图占领地图市场的63.7%的用户，这也就是说百度能够收集到绝对多数的移动互联网用户的出行数据。

数据来源二：第三方应用。很多手机应用都是需要地理定位的，比如天气应用，再比如同城类应用，而普通开发者一般是没有强大的定位技术的，只能借助于第三方开放定位技术平台，而在国内做得最好的两家也就是百度地图开放平台和高德地图开放平台，而选择百度地图开放平台的应用，只要用户使用该应用，百度就能获得其数据。

这些数据源就是百度最主要的数据统计来源，目前百度已与交通部有深入合作，预计后期会有可能加入来自交通部更加精确的数据。

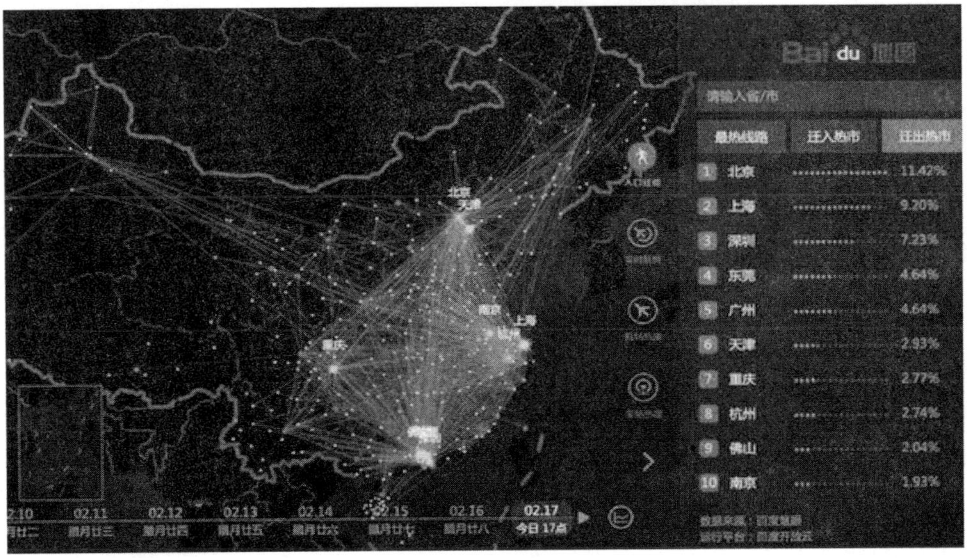

最后，百度用这些定位数据的变化在春节期间做出了“百度迁徙”。

百度迁徙图非常有意思，我们看到的是一个最后呈现的完整数据图，但是在这背后确有十分复杂的高精尖技术做支撑，远比我们想象的复杂。同时我们也看到地理定位技术最先发源于军事，最后又由于移动时代的商业发展诉求得到了更为深入的发展，所以顺着这次百度迁徙我们也再次看到了驱动技术发展的本质——恐惧与欲望。

百度押注用户使用场景

导语:

截至目前百度已经申请的人工智能专利超过500项，在NLP（Neuro-Linguistic Programming自然语言处理）领域拥有270多项技术专利，在Deep Learning（深度学习）领域拥有120多项技术专利，在大数据领域、图像识别领域和语音技术领域也拥有较多技术专利。那么，百度在专利技术上下大血本的原因是什么？

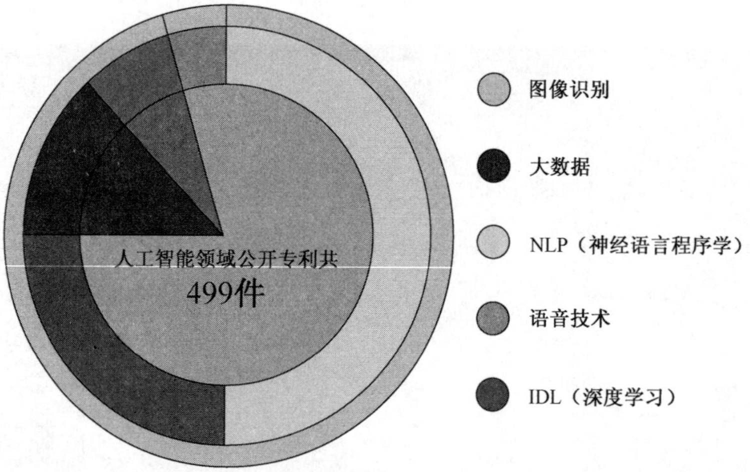

巨头们如此布局的原因不外乎想要在市场的风口取得更强的竞争力，专利战场所到之处便是未来风口竞争之处。对于百度来说，未来是人工智能的，而其也在此投入了大量的财力，所以百度在人工智能相关领域有更多的专利申请，而百

度的诞生也起源于“超级链接分析技术”。

1997年之前，李彦宏在从事搜索分析工作，随后申请了“超级链接分析技术”专利，并于1998年回国下海创立百度，才有了后来的百度。而这个“超级链接分析技术”则可以算是整个百度的立根之本。

从这种意义上来说，百度是一家信仰技术的公司，百度依靠技术有了今天，也自然希望用技术开辟未来。而百度眼里的未来则是人工智能。2015年两会期间李彦宏提出了“中国大脑”概念，建议从国家层面建立一个大一统的基础设施并向各行各业以及学校、科研等机构开放，为创业、就业带来更多机遇。而百度自2013年起就在自主研发百度大脑，利用计算机模拟人脑，进行各种数据的逻辑判断，目前已经有了2～3岁小孩的智力，而除此之外百度还在语音搜索、图片识别上大力投入，并且在2014年有谷歌的人工智能研究带头人吴恩达的加入，可谓马力十足。

那么，这些技术究竟有着怎样的用户场景？

百度之前一直连接的都是信息，而在2012年移动之年，百度进行了彻底的转型。李彦宏“号令三军”对移动互联网进行转型，开始从人与信息的连接转向人与服务的连接，而这种移动互联网连接的背后则意味着大量的场景交互。

语音交互场景

技术的本质就是人性，就是要让人得到解放，让人的“懒”得到满足，所有行业的成功无不如此。在PC时代，我们用双手搜索、处理信息，每次都需要把自己移动到固定位置才能够进行这些操作。但是在移动时代，双手被解放了，我们也不必坐在办公桌前来实现自己的需求，我们用手指随时随地就能满足。

但是这里面还有一个很大的问题——手指其实依然有点麻烦，而未来人机的语音交互则将把人的手指释放出来。目前，00后就是这样的情况，他们是最能够适应新鲜事物的，他们的语音请求占比最大。

所以谁掌握年轻人，谁让人变得更懒，谁就掌握未来。

图片搜索场景

关于图像识别，需求也十分巨大，其中最大的需求就是搜索某件衣服，然后识别出对应的品牌和款式，这依然是电商市场上最大的空缺。

“百度魔图”这款APP就曾火爆一时，用户通过自己的脸与明星对比，随后得出相似度，而这之中就运用了非常多的图像识别技术。

其次是旅游场景，用户到了一个陌生国家，在根本不知道外语和某些建筑物的情况下，百度的图片识别就能发挥出关键作用了，用户可以通过拍摄照片找到对应的翻译和解释。

当然，在公安系统中，图像的人脸识别则有着重要的意义，这对整个社会的安全也会做出巨大的贡献。

人工智能场景

无论语音还是图像最后都是人工智能要处理的事情，移动时代爆发了巨大的数据，这是一个DT时代，如何处理数据则是关键，而这时候人工智能则是关键。人工智能可以通过数据挖掘，为用户提供决策甚至直接决策。比如用户要定某个酒店，只需要语音命令，酒店就被预订好，用户不需要手动操作，这就是人工智能的场景。

人工智能带来最大的意义就是利用数据帮助人类决策，从参考决策到直接进行决策，从而将人类从重复的事情中解放出来。

百度在专利上如此下血本的原因很简单：未来属于技术，而人工智能在大数据时代迎来新生。百度的移动转型，更重要的是能够押注未来的用户场景。

从技术角度谈携程保存CVV的危害

导语：

这样重大的事件的发生，携程本应第一时间通知用户，而不是通知乌云。那我想从技术角度看看携程到底犯了哪些错。

保存CVV等同于保存用户密码

进入支付金额这一流程，携程只要求用户输入身份证号、持卡人姓名、信用卡卡号、信用卡背面上三位的CVV安全码，交易就宣告成功，根本无须输入信用卡密码。

说得通俗点，CVV安全码等同于密码，所以很多有戒备心的用户都是在办理信用卡后将后三位涂抹掉，以防刷卡时被人发现，出现信用卡被盗刷的情况。

而携程私自保存CVV安全码的行为，其本质上就是在用户输入交易密码时私下留存的行为，这种行为也是银行明文禁止的，携程这样的一个大公司，居然私自保存用户CVV安全码，着实让人想不明白。

明文保存

再将CVV安全码同支付宝密码、银行卡密码作对比，又暴露了什么问题？

首先，任何网站的用户的密码都应当是经过不可逆转的加密保存的，它是无法被明文保存，用非技术的话来说就是即使后台数据库工程师看到了用户密码都无法进行任何操作，因为假设原来用户的密码是“123123”那么后台密码就可能是“SDF23KLFAS2323KK4”之类的经过复杂算法后的暗码。

如果携程是将CVV加密保存，那么就算是被检查出有漏洞，也绝不会有太大危险。

我们再次回看2011年CSDN被爆明文保存密码被拖库事件。

一、CSDN 账号数据库是明文保存密码吗？

2009 年 4 月之前是明文，2009 年 4 月之后是加密的，但部分明文密码未清理；2010 年 8 月我来 CSDN 以后清理掉了所有明文密码。所以从 2010 年 9 月开始全部都是安全的，9 月之前的有可能不安全。

二、我的 CSDN 账号是安全的吗？需要修改密码吗？

1. 如果你是 2009 年 4 月以前注册的账号，且 2010 年 9 月之后没有修改过密码，请立即修改密码；

2. 如果你是 2009 年 4 月以后注册的账号，且 2010 年 9 月之后没有修改过密码，建议修改密码；

3. 如果你是 2010 年 9 月以后注册的账号，不必修改密码，但邮箱有泄露的可能性；

4. 如果你是 2011 年 1 月以后注册的账号，账号、密码和邮箱都非常安全；

从中说明了一件事，一旦用明文保存过用户信息，都是很危险的，哪怕你之后将明文改成了暗文，只要之前的数据被黑客得到过，都会遭遇极大威胁。

无法兑现赔付承诺

可以试想一下，只要用信用卡支付过一次的携程用户都会遭遇到被刷卡的风险。而用户解决的唯一方法就是换卡。携程的声明中声称没有用户出现被盗的情况，但是还是通知用户去换卡，只能说明心虚无疑。而一旦用户的信用卡被盗刷，如果想投诉携程，恐怕携程也不太可能承认，如果承认将会出现更大危机，而用户也无法找到任何证据说明自己信用卡被盗刷是因为携程的原因。

所以携程关于“倘若发生安全漏洞并引起用户损失，携程将给予全额赔付”的承诺只是一句漂亮的空话而已，在具体落实的层面是极难操作的。

危险可能已经发生

携程的漏洞只是在乌云大牛猪猪侠发现后被补上，但完全不排除已经有其他高手早已将之攻破，已经在进行暗箱操作。

信用卡有支付限制，每天只能小额转移，若大额转移还需要手机认证，但如果黑客坐拥如此海量携程用户，并且每天像是在羊群身上抽羊毛，用户都不会觉得痛，只需要几天时间，便可以将大量现金转账，仔细想想，这也是一件非常恐怖的事情。

这就像在CSDN曾用明文保存的用户，只要不修改密码就一定会被黑客利用是一个道理，哪怕2009年4月以后CSDN使用了暗码保存也同样没用，这个数据库已经被拖出来了，已经无法挽回了。

携程用户的数据是否已经被其他黑客截取并正在进行着地下转移，我们都不知道，只希望还是没有的好。

所以奉劝曾经在携程上使用过信用卡的用户，以防万一，还是赶紧换卡为妙。携程自己都不敢百分之百保证安全，还是通知部分用户去换卡，为了保险起见建议大家换卡，小心下一个被“刷卡”的可能就是你。

从人人、CSDN、天涯被曝拖出明文数据库，再到近期的全球最大比特币交易网站Mt.Gox被黑客盗走75万比特币，以及携程事件，这个网络世界着实让人感到不安全，我们需要交易、需要服务，但同时我们也需要更加安全的平台来保护我们的利益，而不是让我们随时陷入恐慌之中。

抢火车票，互联网公司还能如何创新

导语：

在抢火车票这件事上，创新对所有互联网公司的产品研发来说都尤其最重要，特别是当12306也开始做出各种微创新时，各大刷票APP以及浏览器如何在今年做出更具创新的突破，这些举动将直接影响到用户的最终选择。我对比了当前的抢票APP，发现很多公司都已经意识到了这点。2015年大家都静悄悄的，没有在公关层面向12306开火，都在认真地做着微创新。

UC浏览器“抢票帮”，帮朋友抢票

UC浏览器推出了一个比较强大的功能：帮好友抢票的“抢票帮”功能。用户在UC抢票专家的页面顶端就可以进入“抢票帮”帮抢页面，选择好对应的车次后会生成对应的链接和二维码，用户将它们通过微信分享给好友，就可以“呼朋唤友”帮抢火车票了。

该功能是UC浏览器的刚需创新，因为每逢过年买火车票的时候，身边不会抢火车票的用户总会找朋友代买火车票，过程十分烦琐。每帮一个朋友抢一次票就要记录好多信息，反复登录，效率低下，还容易出错，UC浏览器的“抢票帮”功能，则让帮朋友抢车票变得极为简单。

简单说下抢票步骤。

步骤一：打开UC浏览器手机版，进入12306抢票专家。

步骤二：点击“添加好友帮抢任务”按钮。

步骤三：填写车次等相关信息，生成帮抢链接和二维码。

步骤四：将链接和二维码发送给朋友即可抢票。

步骤五：付款。

这个设计还是非常人性化的，让技术宅们更有用武之地，而对被帮抢者来说操作就非常简单了。

猎豹PC浏览器，聊天室功能

猎豹PC浏览器在抢票页面做得挺有意思的，它并没有从功能层面出发去做产品，而是添加了聊天室功能，用户可以在聊天室聊天。

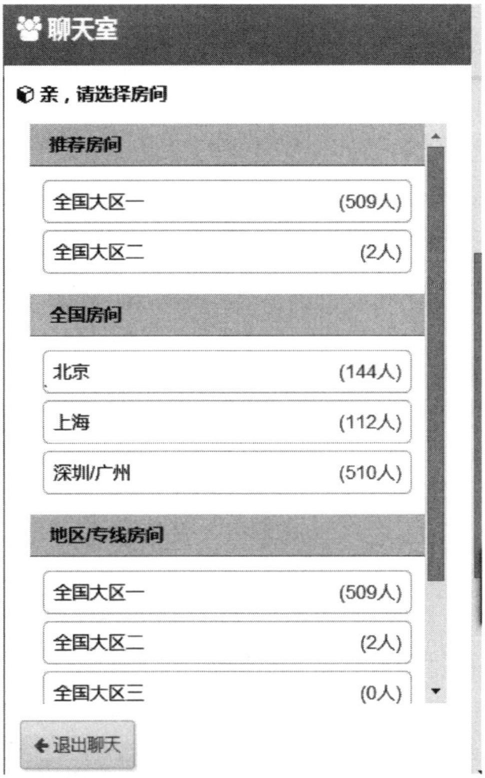

这让我感受到了一种情感化的设计，在这个时间段买车票的人基本是要回家的，而此时一起想要回家的人都聚在了一起，顿时让我们感受到了某种相同的温暖。

这个功能加得非常棒，如果这个功能加在了杀毒等领域，那就非常鸡肋，而加在此处则有画龙点睛之感。但是否是真正的刚需还有待时间检验。

QQ浏览器，指定车次不限制

可能是由于技术遗留的原因，当浏览器抢票功能刚出的时候，用户在选择指定车次的功能上只能选择5趟车次。

2011年，铁道部推出了网络购票，而年底时就有抢票产品出现，而那时候用户可选车次就只有五趟。而此后各家互联网公司也都互相抄袭，依然只给用户5个车次选择。

整整三年过去了，依然如此，而QQ浏览器则意识到这点，它在用户的车次选择上不做限制。

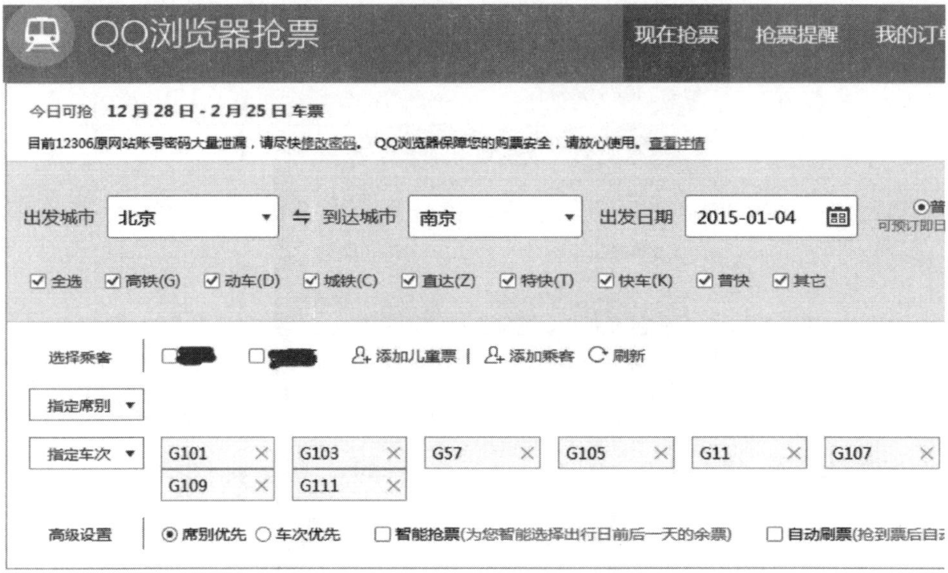

QQ浏览器抢票
现在抢票
抢票提醒
今日可抢 12月28日-2月25日车票
目前12306原网站账号密码大量泄漏，请尽快修改密码。QQ浏览器保障您的购票安全，请放心使用。查看详情
出发城市 北京
到达城市 南京
出发日期 2015-01-04
全选 高铁(G) 动车(D) 城铁(C) 直达(Z) 特快(T) 快车(K) 普快 其它
选择乘客 [redacted] [redacted] 添加儿童票 添加乘客 刷新
指定席别
指定车次 G101 G103 G57 G105 G11 G107 G109 G111
高级设置 席别优先 车次优先 智能抢票(为您智能选择出行日前后一天的余票)

高铁管家，补票提醒

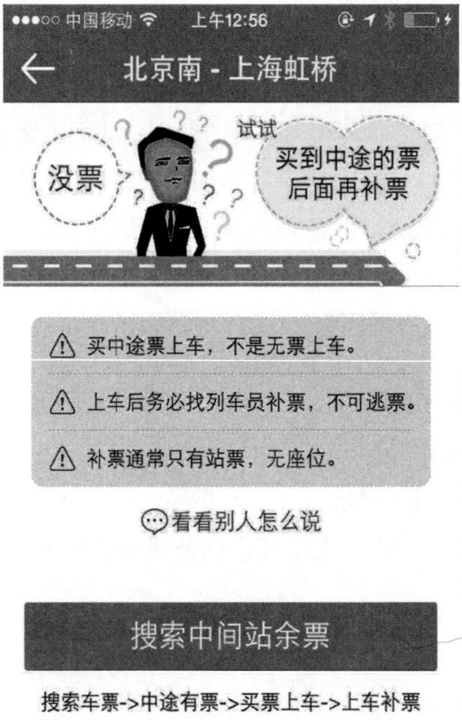

中国移动 上午12:56
北京南 - 上海虹桥
没票
试试
买到中途的票
后面再补票
买中途票上车，不是无票上车。
上车后务必找列车员补票，不可逃票。
补票通常只有站票，无座位。
看看别人怎么说
搜索中间站余票
搜索车票->中途有票->买票上车->上车补票

高铁管家有一个提示让我特别感动，他有一个补票提示，当用户无法买到回家的车票时，他会告诉你另一种解决方案。

所谓补票就是，买中途票，然后上车后补上到终点站的差价，这就用了一种很好的方法解决了用户回家的问题。高铁管家会帮用户自动去寻找中途有票的站点。

高铁管家做得十分出色，他们的产品经理能够把握到用户的最终核心需求，用户买终点站的车票是一种手段，而最终目的是“回家”。高铁管家的产品经理对于用户的理解是高于“抢票”的，所以产品经理并没有局限在“抢票”层面，而是在为用户考虑“回家”，所以做了一个非常人性化的提醒功能。

我个人是一个火车盲，如果没有高铁管家的提示，我个人是根本不知道有关补票的任何概念。

百度卫士，飞机票提示

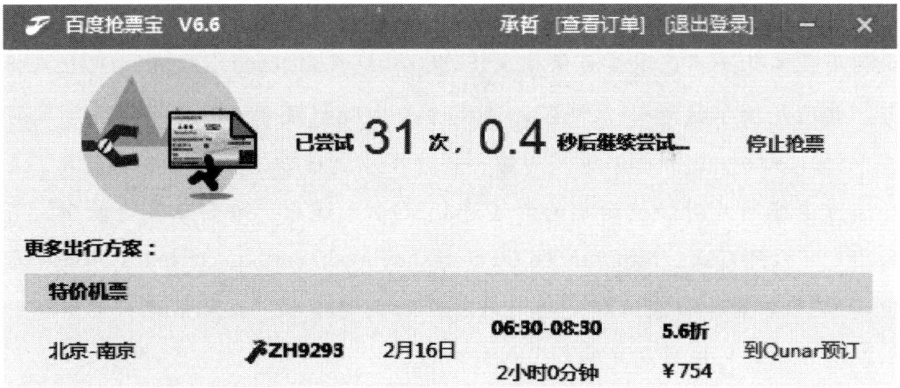

百度卫士的智能推荐也不错，它有一个智能推荐功能，但是与高铁管家不同的是，当你买不到票时，百度卫士会智能推荐给你相应的飞机票。这也是非常好的设计。

任何产品从根本上来说，需要从两个层面思考，才能打造出更多真正打动用户的刚需。第一个层面是从刚需本身出发，衍生出周边的辅助需求，第二个层面就是透过用户的刚需去挖掘背后隐藏的更深层次的动机。

互联网界有一套单点突破理论，讲的是单点极致，这点我很赞同，但是当所有互联网公司都从效率层面往“抢票”的这个点做时，差异化的创新又会必然出现，产品经理们必须不断从“抢票”这个核心需求周边寻找更多的创新点，探索更多潜在的需求，比如有没有帮别人抢的需求？有没有想要互相交流的需求？有没有想要指定更多车次的需求？同时，还要抓住用户抢票背后的最终动机是什么？当产品经理们明白用户的真实动机是“回家”，抢票只是手段后，就可以开辟出更多满足用户的手段。

重建全景加德满都，需要什么技术？

导语：

在《速度与激情7》这部电影中，影片方为了保证影片的完整性，在这部电影中利用技术复活了已逝演员保罗·沃克，其结束曲《see you again》让人怀念无穷。此次尼泊尔遭遇8.1级地震，大量千年古迹被毁于一旦，而百度则顺势推出了“See you again 加德满都”活动，用户可以上传加德满都古迹的图片，百度就会通过这些图片对加德满都的古迹进行3D全景还原，目前正在进展中，有兴趣的朋友可以可以通过http://pai.baidu.com/sheyingshi/earthquake/index 参与，那么此次复原3D全景的加德满都，会用到怎样的关键技术？我也借此科普地谈一下我们在这方面的科技究竟发展到了何种程度。

图片大数据处理技术

对百度来说，第一件要处理的事情就是收集用户上传的海量照片，用户上传照片后就将这些照片保存起来并且读取。这些都没什么技术难度，在图像大数据技术上我们可以谈谈其他的，比如为什么百度需要用户上传大量的对应的古迹图片？

当我们在图片搜索引擎中搜索“猫”后，就会出现大量关于猫的图片，而这背后就是因为有机器贴标签的原理，因为有海量的用户上传猫的图片，所以通过海量的数据机器可以识别出猫这个种类大概是长什么样，对于猫这个种类有了较为精确的描述，而相关图片会被贴上“猫”、“波斯猫”、“伯曼猫”等标签，当用户搜索后“猫”后就能出现对应的这些图片。

那么对于百度来说，搜索“巴德岗杜巴广场”是可以搜到对应图片的，但是由于这些图片的数据过于稀少，无法对一个古迹进行更为准确的描述还原，这也就导致了机器所赋予的标签不够精确，会让很多不是“巴德岗杜巴广场”的图片混入其中，也就很难重建“巴德岗杜巴广场”的3D场景。而对应的，如果百度要重建故宫，由于是国内知名景点所以肯定有很多人上传了海量的故宫图片，而机器就能通过这些海量的图片来为故宫进行精确描述，也就有了大量精准的“故宫”标签图片，所以百度如果要重建3D全景故宫可能就只是“分分钟”的事情。

所以，图片大数据的“全”，是重建加德满都的必需条件。

图片识别技术

前面说的是需要有了大量的图片，机器才能够对一个事物或者一个分类进行准确的描述，那么现在再回退一步，机器又是如何识别图片的？这最初的从0到1的过程是什么？

对于我们来说，看到一张猫的图片后我们知道那是一只猫，但是对于机器来说，那只是二进制的点阵图，机器眼中看到的只是一个个的像素色块，以及每一个小色块在这张图中所对应的坐标位置，所以你眼中的猫，对机器来说永远只是一团模糊的二进制色块而已。

在图片识别之前，百度做得最多的是对一维文字信息的加工和处理，比如对“猫”可以进行属性描述，比如可能给与猫相关的某些图片贴上“可爱”、“猫科类”、“尖耳朵”等各种标签。所以现在需要对图片做转化，通过提取相应的特征向量，将二维信息转化到一维信息中，识别出图片里的主要东西到底是什么，而这之后的一切便能迎刃而解。

所以图像识别中最为关键的技术就是如何通过各种函数将二维信息的点阵图转变为机器可以读取的一维信息，这是一个非常复杂的高维转化的技术。而这一技术也是构成加德满都从0到1复活的第一步。

CBIR，基于内容的图像检索

所谓CBIR（Content-based image retrieval），基于内容的图像检索，是图片识别技术的分支，因为它比较重要所以需要单独拿出来。它指的是通过输入某一张图片得到其他相似图片。这是一个检索技术，李彦宏认为未来几年语音和图片搜索的总需求会达到文字搜索的50%，所以百度一直在重点布局该领域。

再仔细解释一下该技术，该技术在电商领域就十分必要，因为当用户看到某件喜欢的衣服后十分想要，之前没有图片搜索的技术所以无法找到，但是在有了该技术后用户就可以顺利买到自己想要的衣服，这就非常方便了。

那么该技术在复活加德满都古迹时有什么用处呢？因为用户上传的图片一定是非标准的，比如某个用户上传“巴德岗杜巴广场”图片，百度就有可能收到早上的或者晚上的，可能是靠左边拍的照片，又可能是靠右边拍的照片，可能拍的是正门，又可能拍的是街道，可能照片里面有人，又可能照片里面没人……那么机器在这个时候该怎么办呢？这就需要用到CBIR技术了。通过该技术找到这张照片的其他相似照片，进而确定这张照片所拍照的位置，再提取其中对重建“巴德岗杜巴广场”有帮助的模块。

再做一个比较牵强一点的比喻，就好像我们玩拼图，你需要找到这个拼图的位置，那么就要找到附近与其差不多的拼图，然后就拼到一起了，而CBIR就是这么一个原理。

三维重建

将二维图片转变为三维全景，从技术上来说也是比较成熟的，而且百度、谷歌腾讯、高德的街景地图也已经做得不错，只要图片大数据齐全，就不难完成。

这些上传的图片通过机器的大数据处理后，对应的模块都被自动贴上了对应的三维标签，诸如“坐标24，43，63”、“光线强度34”等关键的三维标签数据，最后需要做的就是将这些图片中的有用的关键点阵提取出来或者通过算法创造出来部分，并放在对应的三维坐标上，最后我们通过手机或者网页打开后就能看到三维图形了。

这里的点阵不会被随意提取，还是像开头说的，提取的关键逻辑在于图片大数据的“全”，只有数据越全，3D全景才能制作得越准确。目前“巴德岗杜巴广场”已经被还原了部分，还需要更多图片，希望我们可以一起贡献。

加德满都作为一个拥有千年历史的古城，太多名胜古迹在此次劫难中毁坏，但现代化技术却正在还原这个千年古迹的面貌，从某种意义上来说，科技正在越来越完整地保存文明，人类文明都在逐渐进入数字化的永生当中。衷心希望这些古迹都能全部在虚拟世界中永远复活，让我们再次看到心中所向往的那些圣地，最后就像本次标题中所说的“See you again 加德满都”。

LBS手游能否开启虚拟平行世界?

导语:

陌陌上线过一款游戏《陌陌弹珠》，该款游戏做了两处创新。第一是卡牌的攻击方式，转变为类似《愤怒的小鸟》的弹射式攻击。第二是将LBS融入游戏当中，独创“四人组队”玩法，使玩家不仅可以与网友战斗，在战斗的同时还能互相添加好友、沟通交流。

在过去的一两年，中国手游在画面和玩法上有了很大的突破，社交系统的构建也有了很多变化。然而在玩法和画面表现力不断重度化的同时，手游社交化的竞争也日益激烈。《陌陌弹珠》将游戏、社交、LBS深度融合，价值会有多少?

游戏社交的需求

艾瑞发布的《2014年中国智能移动端游戏用户行为研究报告》显示，无论是单机移动游戏用户还是网络移动游戏用户，均有50%左右的用户“希望玩家之间可以实时一起做任务或者PK”，两类用户均有近40%希望能查看游戏排名，用户的游戏社交需求十分旺盛。人是社会性动物，所以第一，用户更希望能够在玩游戏的时候向好友展示自己在游戏中取得的成就。第二，同时也想要寻找志同道合的朋友，来一起玩游戏。

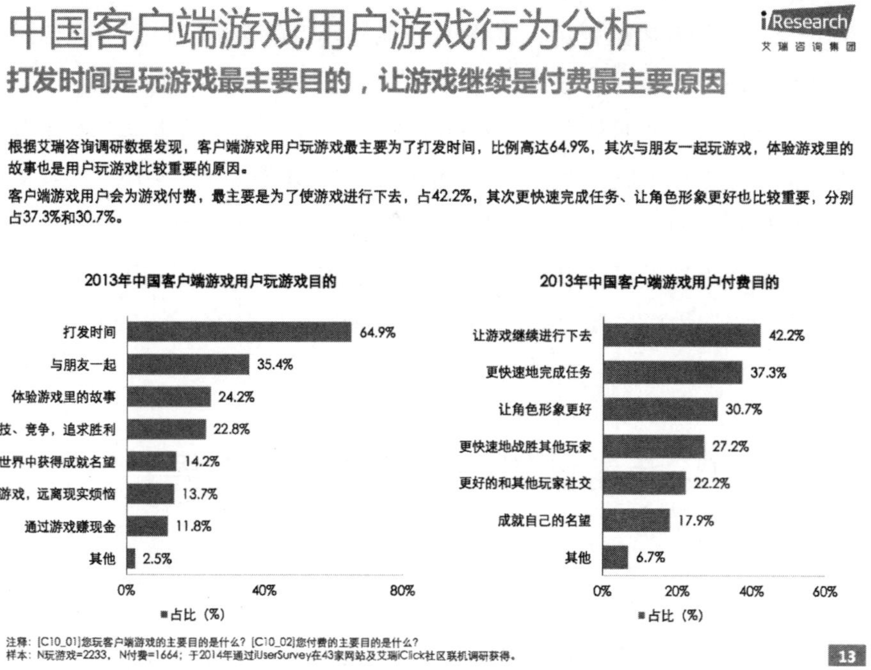

关于向好友展示游戏成就这点，微信已经算是发挥到极致。一个打飞机游戏引发全民狂热，许多狂热分子甚至在淘宝上买代练、买外挂也要把自己在朋友圈中的排名“拱”到第一。这足以说明用游戏的方式进行社交的魅力，但是这种繁荣依赖的是两个条件，一是极强的渠道，能够一上线就覆盖海量的用户。二是用户好友关系链，能够把用户之间的攀比欲望真正挖掘出来。同时拥有这两者的非微信和QQ莫属，而超过1.8亿用户的陌陌，其用户量和关系链的规模也紧随其后。

关于第二点，寻找志同道合的朋友一起玩游戏。这点利用关系链可以做到，但问题就是当你在玩某一款游戏的时候，你只有一两个好友在玩，这样的话，关系链的威力也是递减的。我们看到微信不断推出游戏的同时，每一款新游戏的共同好友都在不断锐减，并且老游戏的共同好友也在流失，不再上线。以至于最后大家都在孤独地玩自己喜欢的游戏。这也是微信面临的问题，是个无法解决的痛点。

但此次陌陌利用LBS找“共同游戏的朋友”一起玩的功能则解决了这一孤独的问题，让用户能够找到和自己志同道合的朋友，不再是天南地北的朋友，而就是实实在在你身边的朋友，这种感觉十分微妙。

但与此同时，《陌陌弹珠》也面临着问题，陌陌面对的一个挑战就是这款游戏到底能够激发多少用户去玩？当用户基数不够时，查找附近的好友就不会是很近的好友，而组到的都是很远的玩家，这样与传统的组队模式就没有了区别。

但反过来看，LBS的互动又是拉动游戏的一环，就算效果不好也不会影响游戏的核心，从策略上来说这是不错的吸引用户的点。

纯LBS游戏的需求

现在再谈一下纯粹的LBS游戏，也就是谷歌的ingress。该游戏分为两个阵营“启示军”与“抵抗军”，两个阵营的玩家互相争夺控制真实世界中的地标性建筑或雕塑等据点，来争取荣誉。目前ingress已经在APP store上线，感兴趣的可以下载。

ingress是一款真正的纯线下游戏，但是弱点也在于线下，用户需要不断地跑来跑去才可以玩游戏，成本极高，游戏世界可以用地广人稀来形容，虽然有一定的玩家数量，但与APP store排行榜前几名的游戏对比可以说是微不足道。

但这虚拟的圈地游戏则让我们看到了互联网的另一种可能，这个世界可以被游戏切割出一个活生生的平行世界，而陌陌有着强大的LBS优势，所以也有建立一个虚拟帝国的优势，而此次《陌陌弹珠》与LBS深度结合，想象空间的确很大。

此次陌陌将LBS和社交深度融入游戏是一次符合自身特质的试水，是一种增加用户游戏黏性的方式。就目前而言，还没有看到一款与LBS结合得很好的手游，但随着移动互联网的高度成熟，4G网络的真正普及，相信不久的将来一定会出现一款结合LBS的划时代的手游，当前还在黎明前夜，业界还有不断尝试的机会。

第10章

以理念与愿景看未来

技术的进步正在像库兹韦尔预言的那样以惊人的指数增长。我们的生活方式将如何？我们将生活在虚拟现实中。随着互联网的进化，BAT或将消失。基于互联网的发展愿景，互联网产品设计将遵循什么原则？产品从0到1的真正边界是什么？

我们不顾一切地活在未来

导语:

让我先说一个数学题:

“荷叶覆盖一个很大的池塘开始生长，每天荷叶所覆盖的面积比前一天多一倍，40天后荷叶覆盖整个池塘，请问荷叶长到四分之一个池塘需要多少天？”

绝大多数人在第一次接触这个问题时都会不假思索地回答10天，而真正的答案是第38天。这就是人类思维的局限性，我们看问题永远根据我们的经验，而它是线性增长的，正是这种局限让我们难以把握未来。而库兹韦尔的逻辑是一种指数增长逻辑，对于技术的发展有一种颠覆性的认识，这不是所有人能够理解的，但无论怎样，技术的进步却正在像库兹韦尔预言的那样有着惊人的指数级增长。

下图摘自《如何创造思维》。

生物医学

早先的医学技术依赖于偶然的探索发现，所以并没有呈现指数的增长，但是随着科研的投入，某些关键技术诸如基因测序开始呈现指数级的爆发。

人类预期寿命从 1000 年前的 23 岁，增加到 200 年前的 37 岁，再到今天的将近 80 岁。

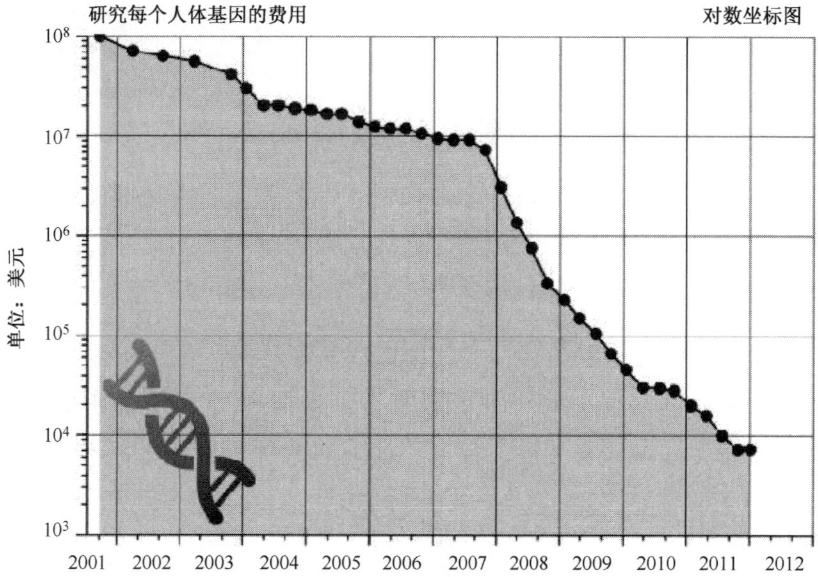

图10-1 人体基因排序的费用

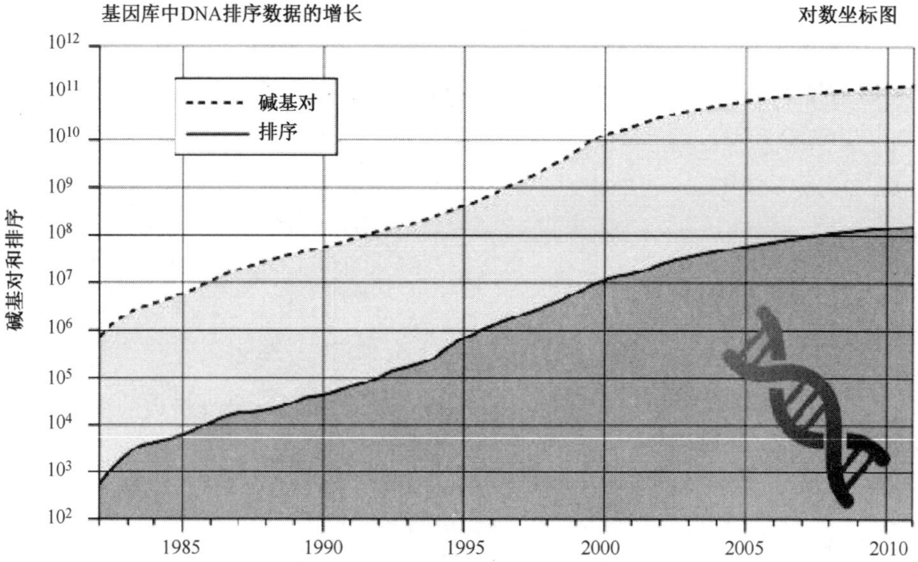

图10-2 世界每年排序的基因数据

信息传输

这里再谈两个定律。

第一个是摩尔定律。当价格不变时，集成电路上可容纳的晶体管数目，约每隔18个月便会增加一倍，性能也将提升一倍。

第二个是库伯定律（Cooper s Law）。该定律认为指定无线电频谱中无线通信的总比特容量每 30 个月翻一番。

先谈第一个定律。2011年硅晶体管已经达到原子等级，很难再有突破。但这并不能真正说明摩尔定律失效，放置到整个系统来看，不断进步的芯片结构和部件使得摩尔定律在今天依然有效。

接着是第二个定律，从1897年吉列尔莫·马可尼（Guglielmo Marconi）用无线电报传递莫尔斯电码，到今天4G通信技术的应用，这个定律都被认为是正确的。根据库伯定律，一个多世纪以来，在指定无线电频谱中传递的信息量每两年半就翻一番，而互联网的比特数量也在每16个月翻一倍。目前尚未失效。

再谈库兹韦尔的看法，库兹韦尔认为一种范式的死亡，其实会引起另一种全新的范式的出现，并再次出现S曲线。20世纪50年代的真空管让位于三极管，20世纪60年代时，三极管让位于摩尔定律，而摩尔定律又被三维运算所取代……

我们必须把这种技术的爆炸式增长看成一个系统，每个范式都只是一个时期的产物，但是总的技术是呈现指数级增长的。

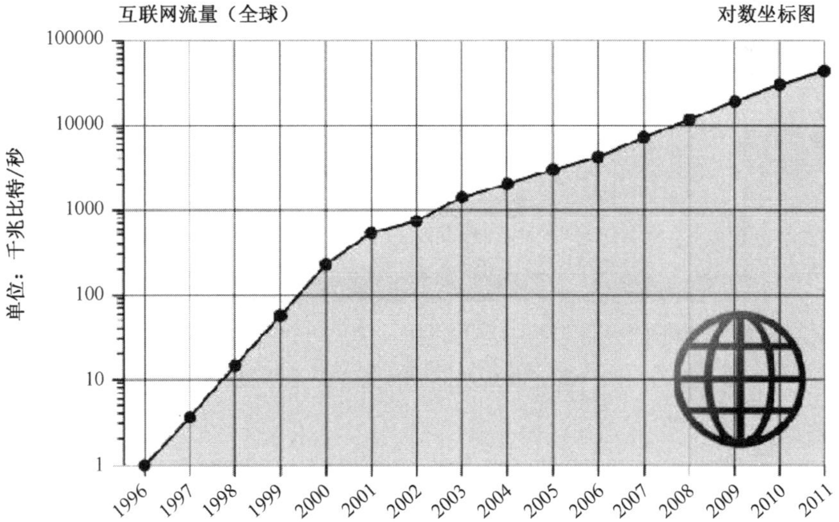

图10-3 世界互联网国际（国对国）专用宽带

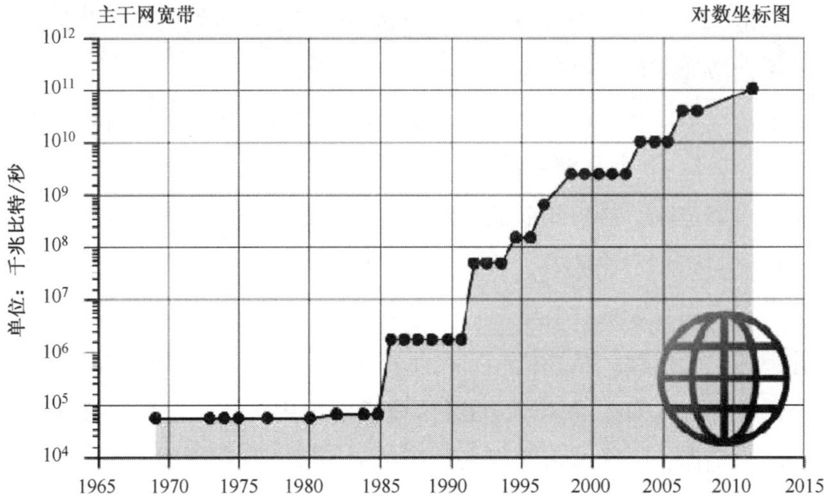

图10-4 互联网主干网宽带最高流量

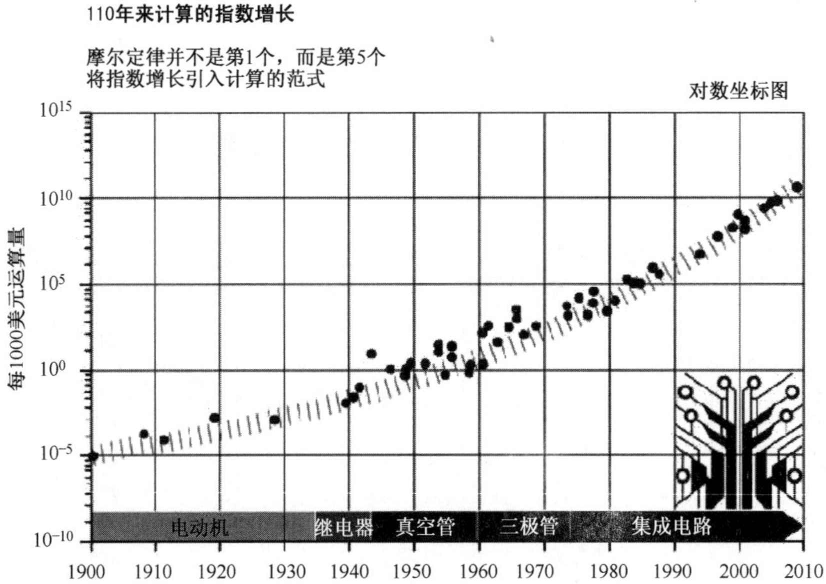

图10-5 不同的计算工具每秒（不间断的）每1 000美元的计算量

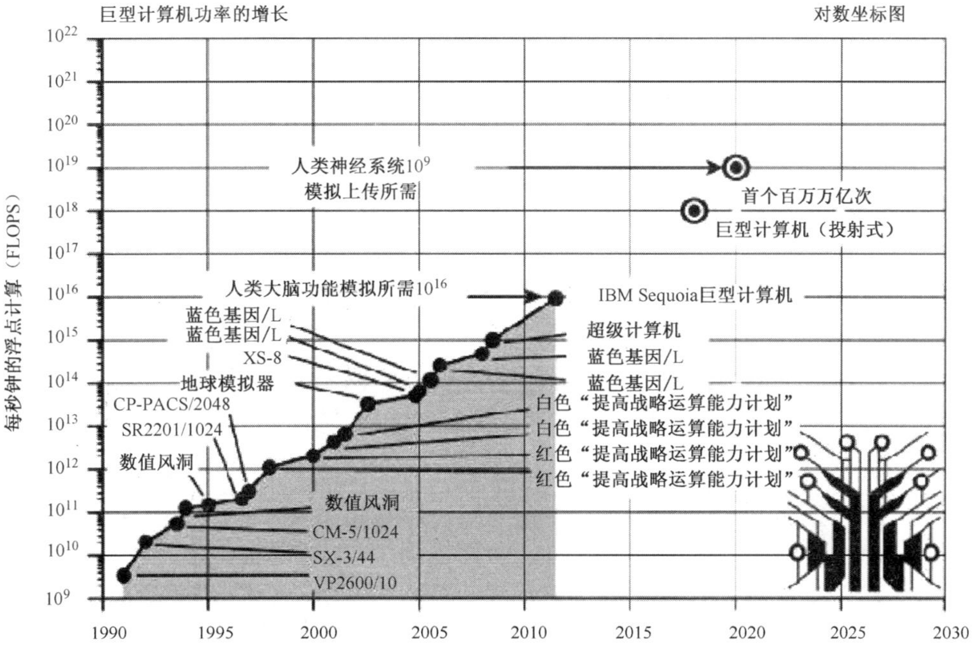

图10-6 不同的巨型计算机每秒钟的浮点计算量

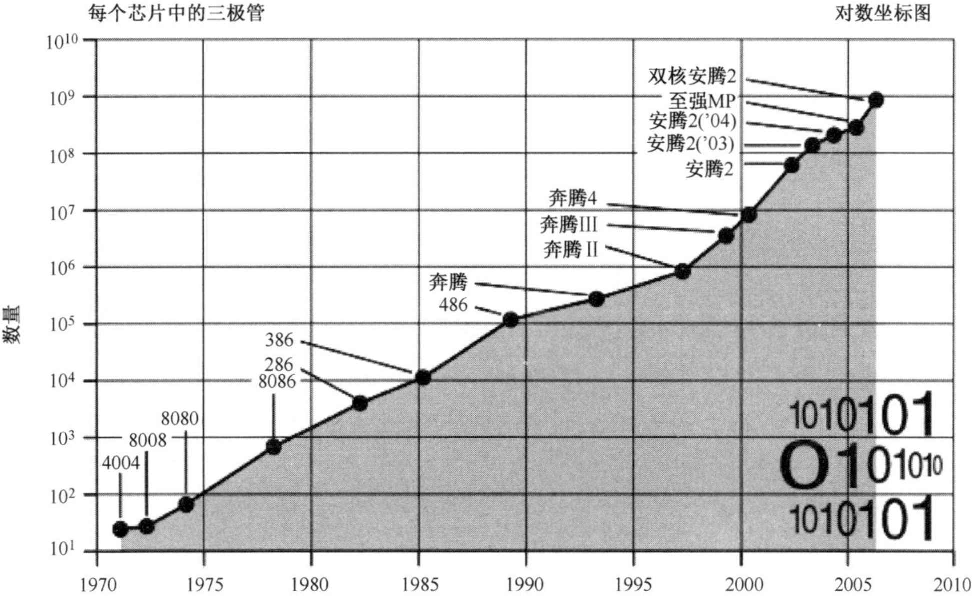

图10-7 不同的英特尔处理器中每个芯片中三极管的数量

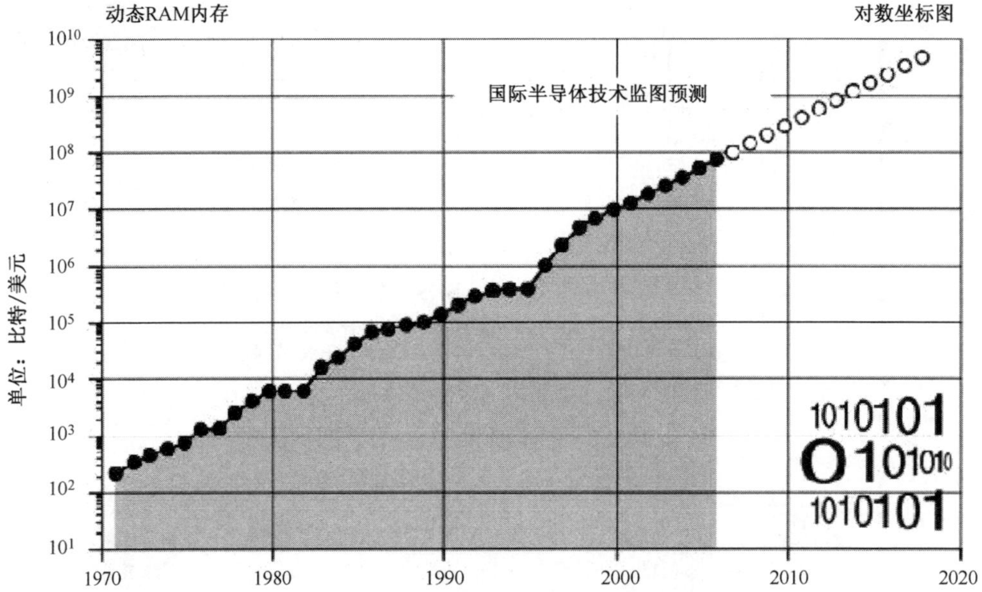

图10-8　动态随机存储芯片每1美元比特数

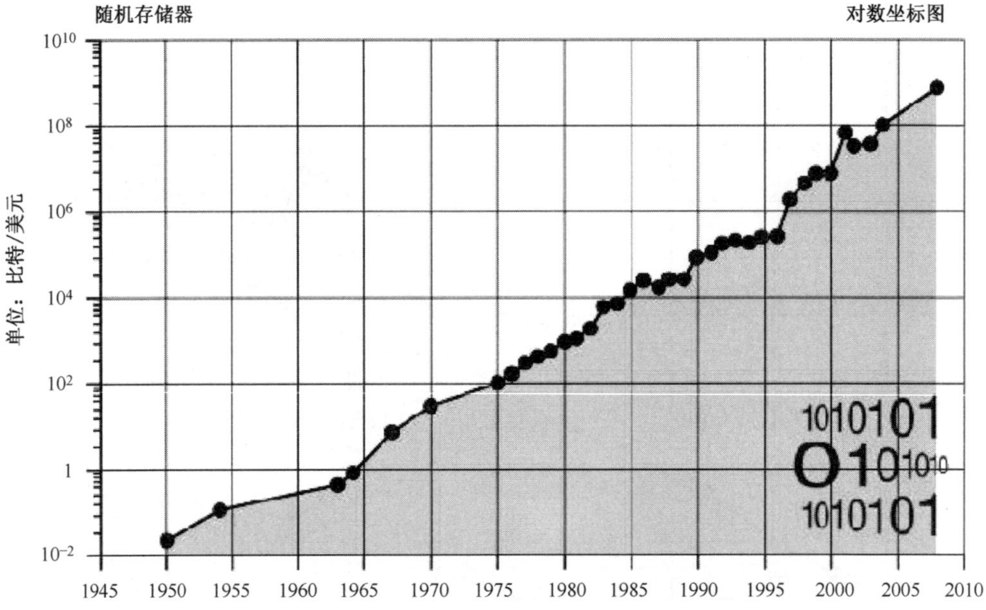

图10-9　随机存储芯片每1美元比特数

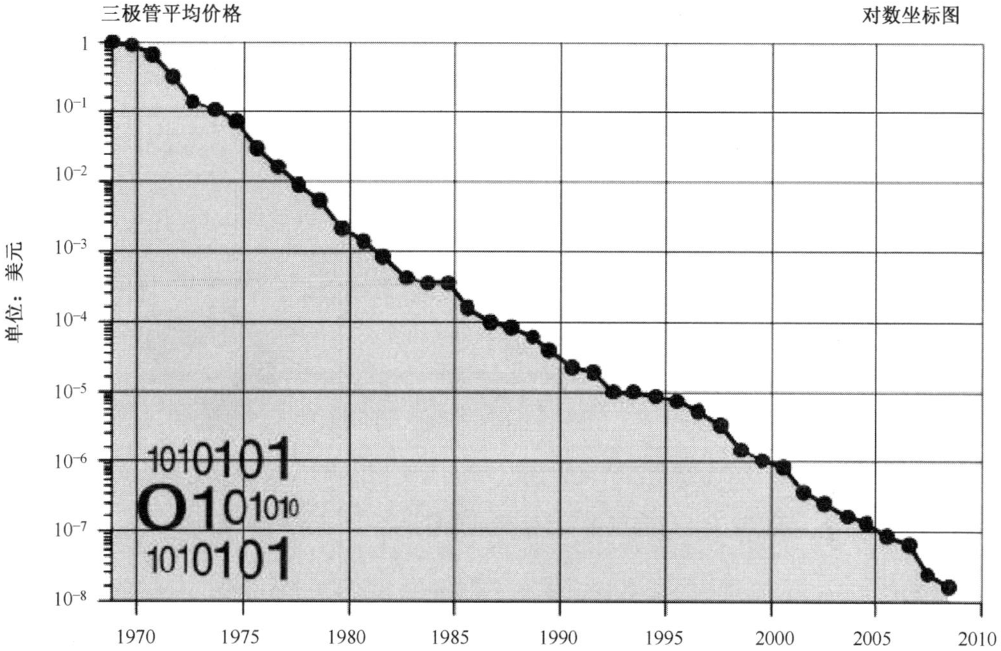

图10-10　以美元计的三极管平均价格

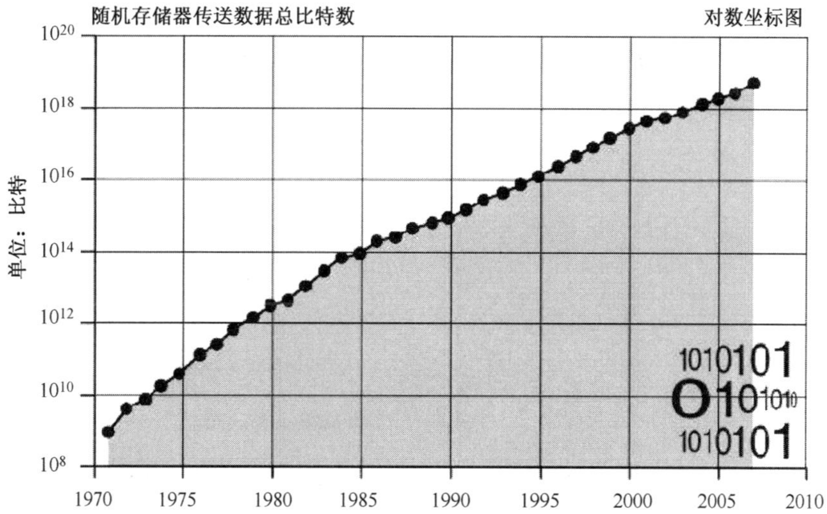

图10-11　每年随机存储器传送数据总比特数

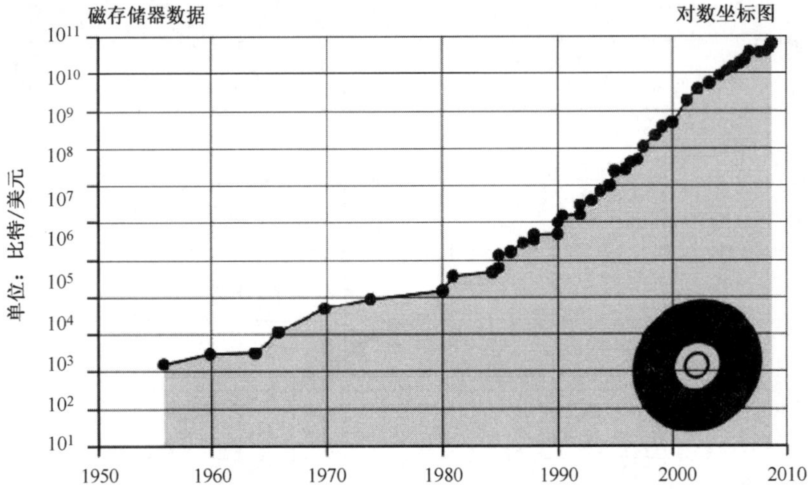

图10-12　磁存储中每1美元（连续2 000美元）比特数

大脑研究

大脑的扫描能力也在呈现指数级的增长，而这也极为重要。当对大脑研究的技术到达某个临界点，计算机的技术就能与之产生奇妙的融合，进而出现强人工智能，出现硅生命。

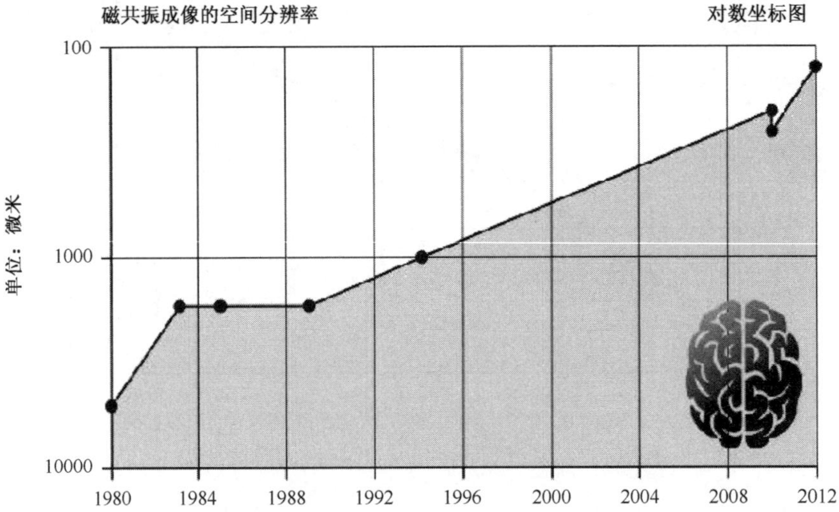

图10-13　以微米计的磁共振成像空间分辨率

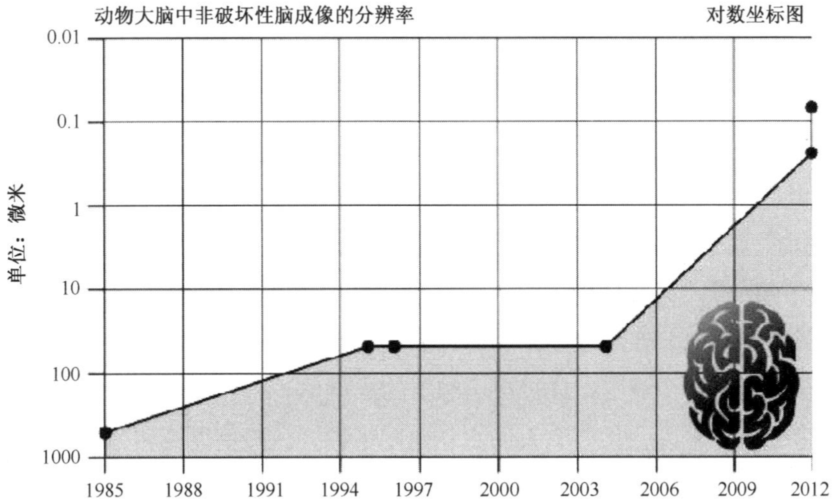

图10-14　动物大脑中非破坏性成像技术的空间分辨率

这也算是正在发生的库兹韦尔定律吧。

放眼到整个系统看，历史总在告诉我们世界是线性的、确定的、发展的，但事实完全不是这样，每一次技术的爆发都带来了全方位的指数级爆发，这种爆发是多维的，经济、文化、政治、社会……《历史的细节》、《历史的细节2》、《枪炮、病菌与钢铁》这三本书，都在阐述这么一种观念。

而库兹韦尔定律提醒我们需要换一种方式来挑战自己的线性增长观念，我们要相信不可思议的未来，我们祖先发展技术的所有目的都是为了预测未来，我们每一根神经的连接都是为了在未来的决策，我们本身就是活在未来的动物。

虚拟现实，是我们活在未来的方式

导语：

在一次BIG上，jeremy说道：“我们想要告诉大家一个结论，在虚拟世界当中，人们的感受可以被带到现实生活当中，我们是有非常强的试验数据来证明这一点的，就是说在虚拟世界当中的一些体验能够改变我们在现实生活中的体验。”

从这样一个角度来说，虚拟世界的体验是基于对现实的模仿，而这种模仿会重新反过来改造现实，让人们重新去塑造这个世界。

虚拟世界就是真实世界

在沉浸式技术诞生以前，我们早就有了虚拟世界——游戏。玩过RPG游戏的人都明白一件事，那就是当你在玩游戏的时候是完全进入的，是无法感知到周围现实世界的存在的，在游戏中你会以为游戏就是真实世界，而游戏有什么规则，我们就会去适应这个规则以获得自己想要的成就感。

从这个角度来说，从一个人的主观角度来说，虚拟世界其实是真实世界的一部分，并没有任何区别。

正向改造

所以，当我们相信虚拟世界是真实的以后，我们便可以设立规则，通过塑造一个虚拟世界来改造人的心理。jeremy是一个心理学教授，他的所有目标并非是为了某个科幻的未来，他的目标就是希望能够通过虚拟现实技术对人进行相应的研究并实现对人心理的改造。

一、教育和心理治疗

jeremy演示出一个模仿你动作的虚拟老师在给你上课，进而提高课堂效果。关于模仿有何作用，不了解心理学的人可能不会知道，在心理治疗中，模仿来访者的行为是非常好的治疗手段，可以与对方更好的接近，让对方更喜欢亲近你。而虚拟现实利用触感技术就可以做到这点，虽然目前做得非常简陋，但是雏形已经形成。

再说另一个由技术实现的心理治疗：通过反问来访者的话，让对方不断确定，自己不做任何观点表达，只是倾听，这是一种在心理上的治疗手段。目前该反问策略已经被编写出程序，成功应用于心理治疗中，而虚拟现实技术的成熟也将会让心理治疗进入另一种可能性。

教育和心理治疗会是一大领域。

二、看见未来的自己

在斯坦福的所有虚拟现实项目中，有一个项目是让你看到未来的自己，进而让你对未来有更多的忧患意识，进而珍惜现在，并为未来做一些经济上的储备。

这件事的意义在我看来远远大于游戏的意义，游戏永远是追求当下的、刺激的、现实的、本我的东西。而当你看见未来的自己后，我们所思考的事情也将不会停留在当下，我们会意识到自己有更有意义的事情要做，而不至于老的时候会后悔。

在没有这种技术以前，我们不会真实地感受到，但是现在有了一个真真切切的老了的你就站在你面前，而这注定会是你的未来，我们或许会看开更多吧。

三、自信

在jeremy的演讲中，还提到了让没有自信的人在虚拟世界中站到演讲台上，尝试对底下观众的演讲，然后通过回馈，不断提高他的自信。

人一直都是自我预言实现的动物，我们相信自己是谁便会成为谁。自信，演讲只是一个方面，如果我们拓展到多个维度来说，是不是就可以帮助到更多的人去完成在现实中的“自我实现”呢？

而有这样需求的人是为了更好地融入现实，但是是否又会有一部分人想要彻底地沉醉在虚拟中，而全然不在乎现实世界，活在两个极端呢？

这种自信能否带入现实？或者让人更加逃离现实？我们并不知道。

四、感受他人的世界

jeremy还做了一个虚拟现实的演示，让人在虚拟世界中锯一棵树，然后看着树倒下，小鸟飞走。他用这样一种方式来告诉我们要节约用纸，环境的珍贵。

这让我想到，这其实还可以衍生到更多的领域，比如非洲，我们只是在网络上看到非洲的信息，但是如果让我们从虚拟中去体验他们的生活，真实地游走在那些村庄与部落之间，真实地看到一天的日升日落，那么我们或许会变得更有共情能力吧。

潘多拉魔盒

我们想把科技运用到能够让世界变得更好的事情上面，但是当VR技术成熟后，未来究竟会发生什么？我们都不知道，以下是对未来的一些担忧，当然我相信一切都会被时间解决。

虚拟现实中的美丽是免费的，但这种美丽是否会让我们沉入其中不可自拔？一定会有那么些人会想永远沉浸在里面而不想出来，那里会有他们在现实中所得不到的一切，虚拟世界中可以满足他们想要的一切，他们就不再需要现实世界。

游戏不就是如此吗？而比游戏更加沉浸式的虚拟现实技术所生产的游戏一定会让我们更加迷恋，而这造成的后果也一定会在“前期”就出现，我们是否做好逃离现实的准备？

有人说：“我们的祖先从这个水里面能够看到我们的倒影。我们现在呢可以从镜子中看到我自己，可是我们不能从镜子当中看见我的未来，可虚拟现实可以做到这点。这样的话，虚拟现实就提供了一个方法使你能够更好地认识自己。”

是的，虚拟现实会让我们发现更多的人性，但无论它如何变幻都不过是现实世界的倒影，那些不变的东西需要用变化来表达。

虚拟现实，是我们活在未来的方式。

实况视频直播，虚拟终将反噬现实

导语：

百度曾推出一款比较有特色的产品——百度网络动物园——将动物园的部分动物实况在网上直播，就其传播效果来说，还是不错的。从另一个角度去看这件事，这也暴露了用户观看实况直播视频的需求，他们更想要知道每时每刻每地都发生了些什么。加上物联网的发展趋势，未来的摄像头将成为一部全新的电脑，我们所有人都将成为这个世界的监视者。

万物都将联网，而第一步则是从我们的“看”开始。让我们从已有的案例向无限可能的未来延伸一下吧。

路况的实时直播

关于实时路况这点，其实交通部的数据是最全的，但可惜交通部的视频目前是不可能向民众开放的，所以在网民想要查看实时路况时需要在以下产品中查看。

第一，微博上的路况发布。在微博上，很多市的交通部门都开辟了实时路况的微博，并进行实时报道，最著名的“南京路况直播间”拥有65万粉丝，其次还有“深圳交警路况播报”、“927路况直播”、“河北高速交警路况播报”等，另外也有民间的“交通路况”。

这些微博账号主要以实时的文字和配图为主，在实时展现的效果上并不是很好。

第二，地图应用。百度地图和高德地图以及各类导航都是用户查看实时路况的好方法，只不过此类产品对于路况拥堵情况的报道比较模糊，依然无法更精确更实时地满足需求。

第三，此外，新浪微博曾经也做过一个产品，用摄像头定点、定时拍摄路段，然后发布微博消息，可惜胎死腹中。

关于未来：我们可以设想这么一个未来，当我们想要寻找最优交通出行方案时，只需要点击某个路段，就会出现该路段的全部实时视频，这对于我们出行决策一定是最好的事情。

旅游景点的实时直播

实际上，旅游景点的实时直播在国外早就已经开始做了。有一个网站叫做earthcam，通过架设在全世界的摄像机，可以让人浏览到全世界各地的城市景观，人们可以足不出户浏览全世界，感兴趣的朋友可以试一下。

不过虽然earthcam在全世界架设了这么多摄像头，让人们免费浏览，但其具体的成功的商业化的案例则迟迟没有出现，而这其中孕育了巨大机遇。

回看国内的实时在线直播，找来找去，也就墨迹天气算是做得不错的。墨迹天气通过让用户上传本地实况图片进行了很好的UGC建设以及气象直播工作，但是其如果想踏足旅游行业，则有着本地化的天然困境。

关于未来：如傅盛所说，布局无法左右变局，并且这个变一定是在布局以外。当所有公司都在做一些相同的将线下转移到线上的旅游项目时，是不是还有隐藏的变局机会将会左右整个旅游业格局？而我想到的则是当物联网成熟时，通过摄像头直播旅游景点实况，将很有可能成为下一个变数。

在这里，我更看好百度百科与在线实况直播的结合。目前百度百科在内容形态上已经稳定并且成熟，在线上阶段的发展已经到了顶峰，需要寻找新的增量，而百度百科也已经开始从线上走向线下，而且百度百科之前就与北京植物园合作，在植物上挂上百科二维码，用户可以通过手机扫描查看该植物的百科信息。

而这次的动物园直播或许只是百度百科的小试牛刀，也许我们所有人都低估了百科在未来的价值。

人人直播新世界

当前情况下，由于宽带以及设备价格等原因，要做到像百度动物园那样的直播并非易事，但在不久的将来，当宽带以及录制设备的价格下降后，当每个人都能轻而易举地在线直播，我们是否将会迎来一个人人在线直播的大时代？

而此时，当有任何社会事件发生，我们都可能不再是通过文字、图片、视频，而是通过他人的在线直播视频看到。

关于未来：分享是人类天然的社交动力，偷窥也是人类天然的社交动力。一旦有工具能够以极低成本促成这两者的满足，那么毫无疑问我们将会面临一个强制被迫在线的时代，隐私更加无处藏身。我们将处于更彻底的全数字化生存，这将是人类族群自互联网以后的再一次进化。

安全问题

在人人在线直播以后，是否会引起新一轮的安全危机？关于这点，我想是必然会有的，正如有互联网就会有钓鱼、木马、病毒、入侵等各种情况，互联网终究是社会的衍生品，我们看不到的地方依然暗潮汹涌，让人防不胜防。

关于未来：如果不出意外的话，我们将面临更新的违法与犯罪模式，并且也需要更加强的技术来帮我们防范。关于这点，在电影《超验骇客》中，超级人工智能通过联网视频数据，进行人脸识别分析，找到了反对组织的全部成员的地理位置，然后再通知警察去捉拿。而如果我们将这个超级人工智能的监视视为人类全员的监视，那时如果有人违法犯罪那就一定会遭到全民的围剿，这就像波士顿爆炸案发生后，推特、Facebook上的全民围剿，最终罪犯被捉拿归案。

我们还是乐观点比较好。

物联网之下，万物触网将是大势所趋，而这种触网与传统的互联网不同。实时性将会被放到最首要位置，从行业角度来说，这孕育着巨大的机遇，而从整个互联网进化角度来说，实时性会让虚拟与现实融合得更加紧密，最后的边界将会因物联网彻底抹去，虚拟终将反噬现实，重建文明。

建科技大同世界，尼葛洛庞帝的故事

导语：

在写《数字化生存》时的尼葛洛庞帝不会想到，19年后的今天当有人再次问起他是否还愿意为互联网再次写书时，他会坚决地给出否定的回答。译者兼北大教授胡泳在一次活动演讲的结束语中说道：

“按照今天眼光来看，不得不承认，尽管有很多洞见，但是《数字化生存》的内容已经很陈旧了……所以我们可以理解尼葛洛庞帝，你写了一封情书，你不想再写情书第二遍。”

从预言到实现的这19年间，尼葛洛庞帝在看着自己的预言一点一点实现的过程中做了些什么？又有了怎样的新想法？本次我想从他讲出的故事中寻找答案。

从疯狂到常识永远需要一个过程

一、孤独的前瞻者

在20世纪80年代年末，也就是十几年前，在伦敦曾经召开过一个互联网的峰会，出席者寥寥，只有数十人，这些人都是互联网的元老，TCP/IP等一系列机制都是他们这群人做出来的，可以说，互联网的整个技术的地基就是他们建立起来的。

虽然这些人是互联网的先驱，但是在思想上却没有尼葛洛庞帝来得前卫。他们预计到，未来的互联网会进入家家户户，在2000年的时候将会有几千万的人接入互联网，最激进的估计是八千万。而尼葛洛庞帝则说，会有十亿人，当时他们就觉得尼葛洛庞帝是个喜欢妄想的家伙，他们说“尼葛洛庞帝，你太极端了，你又在这样了”。他在争吵中愤然离去。而尼葛洛庞帝则在他们临走前甩下一句话：“你们就等着看吧！”

到了2000年年底，互联网用户接近十亿。

二、关于转基因

这或许又是一个极其敏感而又复杂的问题，尼葛洛庞帝说自己的这些言论很可能又要被说成极端分子，不过还是要冒着风险坚持说一些事情。

他说道：

“在通常情况下，我们都认为转基因食品不好，而非转基因食品更健康，大家都在避免食用转基因的食品。但是在未来，养活大多数人的食物，必然都是转基因的，我们应该比自然做得更好，就算做得不好，我们也至少应该做正确的事情。我在以色列提到转基因食品时，他们也都觉得我疯了。”

我是这么看待尼葛洛庞帝的意思，我们对于新技术永远有一种莫名的恐惧，恐惧是祖先留给我们让我们活下去的保证，但是这种恐惧有时候也可能会阻碍我们理性地去对待一些事物，转基因应当得到科学界更细心的研究，我们需要制造出安全的转基因食品。

互联网带来的观念之变

一、不想拥有车的年轻人，互联网共享经济雏形

尼葛洛庞帝讲了这么一个故事。最近，他的新媒体的老师开了一次课，在这

个课里面，老师问这50个同学："你们有多少人愿意拥有一辆汽车？"结果居然没有人举手，没有人愿意要！

尼葛洛庞帝在这个年纪的时候，是十分渴望拥有一部自己的汽车的，拥有汽车代表拥有自由与社会地位，不同的是，现在的年轻人已经完全不再想要了，他们说去哪儿父母会带着，或者自己有去的各种办法，不需要拥有一辆属于自己的车。这引发了尼葛洛庞帝的思考，关于互联网带来的共享经济，对一整代人在思维模式上的深刻影响。

我们这代年轻人对私有财产的观念并没有任何改变，只是在界定私有与公有的这条界限上，越来越向公有退让，我们更多的是需要能够彰显自己的独特个性的私有物，而那些能够用公共劳力取代的事物没有必要拥有。

这或许可以理解为一种互联网共产主义，我们对公有的概念正在从虚拟进化到实体。尼葛洛庞帝也同样谈到了空置房的利用，或许在未来，这些空置房会被充分利用起来，我们拭目以待。

在这里我的理解是，互联网并非让我们越来越丧失自我，而是为了让我们更好地实现自我，将一切可外包的外包出去。回想十几年前，所有著名互联网企业，腾讯、新浪、网易、盛大等都需要依靠和电信的种种关系才能生存，因为它们没有服务器（需要电信的服务器才能创业）。但是如今则完全不同，任何想要创业的公司可以随意选择各种云服务器进行后台的创业搭建：百度云、阿里云、腾讯云、金山云、盛大云、新浪云……

普通创业公司不再需要搭建自己的服务器，直接外包给这些供应商就行了。这种案例还有好多，比如网盘云存储、优酷视频、在线音乐等，用户只需要随时调取即可，无须把所有内容都存储在自己的硬盘当中。而这些，也在潜移默化地影响着一代人对于自己所需要的东西的边界。

互联网共享经济的雏形已经出现。

二、更加渴望刺激的年轻人

谈完汽车后，尼葛洛庞帝接着谈到了年轻人对于郊区的看法的改变，他们那代人上班的时候，他们更喜欢把居住地址选在郊外，每天开车去上班，原因在于他们想要逃离城市，因为城市太脏太乱，有太多的问题，但是到了年轻人这一代，他们就不愿意把居住地址选在郊外，因为他们觉得郊外很无聊，实在太没意思，没有娱乐活动，不能随时聚会，还需要开车，非常麻烦。尼葛洛庞帝认为这是由数字化、自动化引起的，这些在之前都没有发生过，这代人的变化非常巨大。从郊区开车去城市上班这样的生活，会在这群年轻人这一代逐步终结。

我对此的理解是，从互联网的文化角度来说，互联网加强了我们的连接，同时也加强了我们对感官刺激的要求，我们这代人的大脑的反射弧比上一代人更加敏锐，我们需要更快地获取多巴胺的释放。

我们对刺激陷入一种无限渴望的状态。发布照片到朋友圈，看到评论就点赞，我们也会不断通过朋友圈、微博去刷新去寻找更新更刺激的事物。而国外与之对应的则是，真人社交的Facebook，无限短信息流的推特，图片瀑布流Pinterest，图片社交的instagram，阅后即焚的Snapchat，无限新鲜视频的Youtube……

就从这点来说，年轻人会越来越向城市聚拢，因为只有在城市中他们才能获取到大量新鲜的刺激性的事物，并将自己发现的新鲜事物立即通过手机向网上的好友传播。

立即、马上、更快。其实每个时代的年轻人都一样，只不过互联网时代的年轻人能够捕获到更多，或许我们要承受住这样的信息冲击需要一段时间吧。

科技，应让世界大同

一、会黑客攻击的埃塞俄比亚儿童

尼葛洛庞帝和他的“一个孩子一台电脑”的公益团队做了个非常有趣的实验，他们打包了一堆装满各种儿童应用的平板电脑并带到埃塞俄比亚的两个村庄，他们教会了当地成年人如何利用他们给的太阳能电池给平板充电，然后离去。

一周后回到这里，他们发现在这两个村落的每一个孩子都会使用高达50个应用。

两周后回到这里，孩子们可以开始唱ABCD歌曲，并且已经学会了英文拼写。

四个月后再次回到这里，这些孩子居然利用平板电脑开始进行黑客攻击了！

这让团队非常兴奋，他们所相信的事情真的发生了！

这让我想起2013年的TED大奖得主米特拉和他的团队，他们曾经在印度新德里的贫民窟墙边挖了一个洞，安装了一台联网的电脑，用了一个隐藏的摄像头监视这里。他们发现孩子们在玩电脑、学电脑，并教给彼此，他们通过互联网自学了大量的知识。随后他们开始在印度建立“云”教育，让贫穷的孩子能够通过互联网自学，让孩子们平等地获得知识，他的真诚与实践终于获得回报，并赢得TED最终大奖，这些奖金将继续用于他的“云”教育计划。

两位大师的行为都让我非常感动。科技一方面拉开了数字鸿沟，但是从另一种角度来说又在填平这样的一种鸿沟，而让这些鸿沟填平的就是这些真正有情怀的人。6年之内，尼葛洛庞帝团队已经分发出去了三千多万台电脑。

这让我感受到了真正的大师们的情怀，相较于一个虚幻不定的未来，我们更需要在当下去做一些改变世界的事情。著名教育学家杜威曾说，看一个国家的未来怎么样，就看这个国家的教育。

而尼葛洛庞帝就在努力改变非洲的教育状况，为他们的未来买单。

二、擦拭最后的物理边界

本次演讲的主题是下一个“十亿互联网用户”在哪里？尼葛洛庞帝的视线并非投向未来，而是投向了那些没有联网的地方，即如何将这些尚未数字化的地方进行数字化，也就是让更多第三世界国家的农村地区联网。

尼葛洛庞帝希望从两个方面延展。一是从教育，从儿童普及平板电脑开始；第二是区域联网，让更多的人能够上网。前面已经讲过了非洲儿童平板电脑计划，而接下来便是区域联网的计划。尼葛洛庞帝团队正在使用同步轨道卫星，让农村人口连接上网络。

胡泳质疑道：“就算可以连接，但是无法保证所有人都愿意进入互联网，他们的思想观念停滞不前，如何解决在思想上的数字鸿沟？”尼葛洛庞帝回答道：“我们无法保证所有人上网，但是这是第一步，第一步是基础设施，第二步是让人们免费上网，第三步是让孩子用起来。如果第一步无法保证那么后面也不可能实现。”

对于这点，我感受到的是一种年轻人与老人的智慧的区别，年轻的时候我们想得最多的是立竿见影的结果，而老人的智慧不在于如何解决当下无法解决的问题，而是全心全意的付出，将一颗饱满的种子投下，等待在后世的开花结果，他所有的自信在于对人世的洞察。

尼葛洛庞帝已经71岁高龄，在我们的语境里他已步入古稀之年，这次的演讲让我感受到更多的不是他对未来的憧憬和想象，更多的是他的一种对这个世界的责任：用技术去填平原本被技术拉开的数字鸿沟，实现新教伦理中的关于在世的意义。

是的，尼葛洛庞帝种下的种子依然要在未来才能看到结果，他依然是一个把自己贡献给未来的人，他只是换了一种对未来写情书的方式，只是这一次，不知道是否能在有生之年收到回信，但在这实现的过程中，他已经找到了自己人生的意义，所有的质疑与喧哗都变得无足轻重。

互联网进化，我们终将告别隐私

导语：

失去隐私的人类未来会怎样？随着互联网的发展，我从几个方面递进思考。第一，无隐私世界的新人类的诞生。第二，无隐私障碍后的信任体系。第三，群体的净化。第四，国家也将交出隐私。第五，物联网以及超级人工智能的闭环，对人类的圈养。

无隐私的数字化存在，新人类的诞生

互联网的出现必将带来人类思维模式的变化，当前几乎任何信息都可以从互联网上获得。如果有人想追踪某人，他可以挖出对方的一切隐私，从QQ号码到手机号、照片甚至家庭住址，只要对方曾经出现过，都可以轻易挖到。

换句话说，一旦你开始接触互联网，你将交出你的隐私。那么毫无疑问，你将彻底失去隐私。

那么又有人认为是否应将一切信息加密，拒绝留下信息，这样是否可以不让他人找到你隐私呢？答案是很遗憾，即使你不上传你的信息，你的朋友也可能会上传你的信息，除非你远离人群住进深山老林去，但这又是绝无可能的。

人天生就是社交的动物，梭罗当年隐居瓦尔登湖都没有断绝过与他人的来往，其在家中准备了三把椅子，一把给自己，一把给朋友，一把给客人。换句话说，只要你处于人群中，就等于你已经处于互联网中。你无处可躲。

"我们的传播行为证明我们是人"施拉姆如是说。在未来，个人的隐私空间会越来越小，只要是你在社交场合（包括线上和线下）透露过的隐私，都可能永久存留于互联网中不可删除。那么在未来，人类则会越来越适应这点，在他们的思考模式中，隐私的概念会被淡化。新人类清楚地认识到自己与其他人都是可以随时触及一切过去的数字化存在。

建立信任，成本下降

在传统时代，建立信任的成本是相当之高的，只有花大量的时间去了解一个人才能达到一种真正的彼此信任。而在互联网时代建立这种信任，成本则是相当之低，因为对方的信息全盘出现在互联网上，你与对方合作都已经建立在可靠的数字化痕迹上，并且这种数字化造假相当困难，甚至可以说，基本无假可造。

当人与人的信任成本下降后，各种可能性就爆发出来了。

一、对产品评论的可靠性上升。

二、金融行业的透明性增加，暗箱操作现象大量减少。比如一个老总的人生经历全部在网上，什么时候发过什么文章，投资人都可以一清二楚地掌握，同样被投资者也可以掌控投资人的一切过去。知己知彼的时间成本大大减少。

三、各种精确到与个人合作的事情都能更加顺利。比如一个公司招人时，HR可以挖出此人的过去做参考，再查看当前表现来决定是否录用。我在《冬吴相对论》里听过一个有趣的例子，有个HR因为发现了应聘者以前做的不良事迹被同学发在网上，就把对方辞了。那么未来，HR一定会越来越会搜索，各位准备好了吗？

当然，以上是建立在新人类已经把大量个人痕迹保存在互联网上的基础上。父母把刚出生的小孩的照片上传到网上，这是他们的数字化存在的起点。这些小孩就是未来的新人类。从出生开始，他们的个人隐私就已经不复存在。

当前互联网虽无法完全做到这点，但是已经有了这种雏形。未来的人类，建立信任会从对方的数字化存在开始。

止恶，群体净化

关于群体的净化，先讲个熟悉的故事。

妓女被人们捆绑着带到耶稣面前，人们要惩罚她 ，耶稣说：“你们谁没有犯过错谁就可以先用手中的石子打她。”结果没有一个人敢动手。

那么在未来的互联网时代，不是说你作恶，你不发表出来就不会被人知道，而是说一旦你作恶，你一定会被永久记录。因为这是一个人人注视人人的世界。

举个未来的例子，如果今天早上上班时A小姐在路上遇到一些让人心情不好的事，突然想和人吵架，那么A小姐作为新人类，会想到的是：这个时代任何吵架绝对会被人传到网上；回头会被同事知道；我父母也会知道；我男朋友也会知道；我的事迹会被永远留在网上，无法删除。我的儿女和子子孙孙都会来看我这个祖先的泼妇骂街的形象。因此我还是克制吧。

互联网决定了未来是一个人与人之间越来越没有隐私存在的国度，所有一时的伪装都会在你的数据化身份面前无效，你的一切真实都无处遁逃。人类到达这一个高度取决于两个重要因素。

一、强力的互联网，相互的监视。

二、被监视者强烈地知道自己正被监视，所以进行自我监视。

目前这两点中的第一点的雏形已经建立，而第二点则尚在起步，我们当前还没有普遍的在思考模式中置入自己正在被监视这点。但是在未来新人类世界中，一定会在思考模式中置入这点。

有批评者可能会质疑，这是否会让人类更虚伪？更伪装？我的回答是否定的。行为心理学早就论证了，是人的行为决定了态度，而态度反过来再加强行为。如果一个人长期反复做一件事，那么他就会自然而然地赞同自己的做法。在互联网的大监控下，每个人都将成为每个人的监视者，而每个人都会在做有违道德之事之前明白这点，或者在事后尝到苦果，那么人类行为必然得以纠正。

回到开头的故事，在未来，不是耶稣问你，而是所有人都会来问你，但是他们不会像耶稣那样不再追问，而是对你讨伐。

国家也将交出隐私

边沁曾经提出过“全景监狱”，大意是犯人在环形监狱之中，中间有一个灯塔，犯人无法看到灯塔里的守卫，而守卫则可以随时看到犯人的一举一动，如其有违规则可以随时惩罚，而犯人知道随时有监控存在，为避免惩罚则不做越轨之事。福柯将之升级到社会学高度，把灯塔比喻为“规训”也即法律，而公民则是囚犯，我们的一举一动都在灯塔的看守之下，所以我们训练并规范了自己的行为使国家得以存在。

福柯处于一个媒体话语冲击的年代，所以我们不难理解他对媒体权力的深入理解已触及大众权力的恐慌感，如果他能看到今天的互联网，恐怕其哲学恐怕又要做一番修正了。

此时的我们看到的是看守者与囚犯的身份交换，国家开始意识到民众视野的无孔不入，并且能像它一样放大话语声音让其受到惩罚。

首先，群众永远需要话语声音的存在。在传统时代能放大话语声音的只有国家和媒体，而互联网是话语权力放大器，受众不再通过官方接受话语权力的“规训”，而是拥有来自四面八方的权力“规训”。这使得原来的国家与媒体都乖乖坐进了“监狱”，而群众则成为了灯塔的看守者。

那么这样也就能很好理解为什么国家也必然会交出隐私了。简单地说，国家是为了人与人的关系而建立起来的命运共同体，为了共同的命运群体交出彼此的信任建立起的国家。这种信任也是国家中心话语权的基础，互联网权力的兴起使这种信任减弱，但是国家为了维持这种信任，维持中心话语权，使得自身不会崩溃，则必须交出能增加信任的隐私。

这一过程不会一步到位，而是缓慢推进。再谈得远一点，在未来，如果所有国家的隐私都能向自己的国民交付至彻底透明，那也是世界冲突格局的终结。

物联网，超级人工智能数据闭环

之前谈论的全都是人与人的关系，现在谈论人与物的关系。这个未来更远一些，在未来成熟的物联网时代，你的一切都是保存在互联网的数字存在。互联网根据你平时开车去过的聚会点，就能判断出你的身份档次，进而对你进行营销。根据你的进食热量估算出你最近的身体健康情况，大脑皮层神经监控设备会分分秒秒注意你的情绪波动状况……

物联网时代，新人类不仅会交出社交隐私，甚至将会交出身体隐私。

再谈与人工智能的结合。《奇点临近》一书指出了人类的使命，就是创造出一台超级人工智能。当人类创造出超级人工智能之后，超级人工智能则会自行发展，制造更加超级的人工智能，机械智能彻底呈现指数级大爆发，而人类则无法跟上，人类的命运可能就会像大熊猫一样被圈养起来。

首先，我们撇开这样的超级人工智能是否会来到这一讨论，而一个人工智能闭环的大数据世界注定会出现。那时的人类的数据将全部存入互联网，从社交隐私到身体隐私，无一不在。而人工智能依托这些数据，加入心理学、生理学的判断模型，对每一个出生的人都进行个性化“改造”，通过观察此人的各种数据对其提供各种疾病预防、心理平衡治疗。每次出现超过数据的异常情况，都将有专员进行智能的调节。当整个数据越来越庞大、完整，人类则又可以完成一次对自身的净化。不仅是身体上的改造，更重要的是心理上的建立。

批评者会认为这是对人性的背叛，这是对造物主的不尊重。而我的回应是，如果我们是造物主的产物，那么我的产物同样也是来自它的意志。

人类终将被人工智能大数据圈养，这一数据闭环有赖于物联网以及超级人工智能。

最后，我想到了《三体》中的三体人，虽然是无法伪装任何思想的智能物种，但在科技方面却简粗暴地接地凌驾于人类之上。或许未来新人类谈到隐私，也许会无不同情地说到我们这些祖先，隐私是我们这些祖先的绊脚石。

互联网进化，BAT与360将消失

导语：

这个话题在当下正如日中天的BAT3们来说显得不合时宜，连我也怀疑这些巨头好像应该是永生的，但看看诺基亚、IBM的现在，也许我们不难推断它们的消失。

这个推论也不难，从互联网未来的进化来看，未来的人类是没有隐私的，也会将信息的不透明性降到最低。就拿实名制举例，政府推动的网站实名制备案、微博实名制、上网实名制收效甚微。但从PC到LBS，微信却奇迹般地成为一款真正的网络实名制产品，一切都是用户自发进行的，绝大多数正常用户都是在微信朋友上展示真实的自己，而这样一种展示则是一种真实的回归，与中央控制无关。

互联网会将“人”这个个体越来越突显出来，也将要对人的隐私进行更深度的挖掘，而这些企业能够存活也在于互联网尚未将信息透明到更极致的地步，一切信息不对称的地方都有获利的可能性。在未来，信息将变得越来越平坦，而这种利用信息不对称性获利的行为也必将落空，企业需要寻找全新的不对称信息的赢利方式，而那时也已与BAT3无关。

百度：当信息搜索回归到人

搜索引擎的贡献在于对信息的整合，但这种整合依然只是人们找信息的过程，而未来则是人找人（找到信息）的过程。在未来，当用户需要寻找专业化信息时，用户将会寻找到垂直行业的专业发言者们，而专业者们会为其提供专业信息。

而目前的自媒体依然是雏形，为用户提供专业化内容，也将成为未来搜索引擎的对手，这个对手不是新的搜索引擎，而是群体意志的力量。

人找人，自媒体力量的涌现，将会使信息的获得更加垂直于专业进而取代传统搜索引擎。换句话说，信息内容本身不会稀缺，稀缺的是影响力者加工后的信息，渠道的粉碎导致稀缺性的问题跃至所有人眼前，这是机器所无法生成的。

百度如果消失则是因为各行各业自媒体全部成型，信息的搜索回归到人。当然有人认为搜索和自媒体结合不是更好？但事实上，自媒体的力量绝对不是任何搜索引擎能够驾驭的。不过当取代搜索引擎的核心功能后，搜索的算法依然会具有应用于大数据的价值，无论是谷歌还是百度，如果在大数据挖掘这块事先布局，还是有继续存在的可能性。

而这也取决于这两者的某部门的发展情况，而最能决定百度未来的是一个叫做深度学习的部门，而谷歌则是人工智能。当然，谷歌存活的可能性更大，谷歌一直在尝试极其边缘化的事业，这会为谷歌开启更多的可能性。

百度在国内和阿里巴巴、腾讯做的事情一样，是布局，而谷歌更多的则是挑战，BAT们都是攻城略地式思维，而谷歌则是寻求真正的技术突破与人类变革，BAT与硅谷公司在格局视野上还是有一定区别的。

但是谷歌也会消失，如果谷歌消失，则一定是来自更加边缘的挑战，是它的傲慢所轻视的地带，这些边缘地带正在野蛮生长着，做着取代它或者吸收它的准备。

阿里巴巴：假如信任机制被取代

阿里巴巴的最大成功在于信用体系的再建立。阿里巴巴利用信息的不对称性，建立起全新的对称信息，成为一个巨大的生态圈。其最大价值在于信任成本的大大降低，而这种对于信任成本的保障也是阿里巴巴存活至今的最大关键。

阿里巴巴如果消失，则一定是信任机制被取代，当然目前没有任何一个平台足以与阿里巴巴对抗。如果将阿里巴巴这个生态圈看成一个生物，而把整个互联网看成是生态圈的话，那么阿里巴巴的信任机制则会被整个互联网取代，未来我们对于商家会有极大的信任，而不必依赖于阿里巴巴的保障。

之所以会对商家信任则是因为整个互联网已经为我们建立起了身份确认机制，对于买方的全面信息展示以及卖方的全面信息展示。互联网最终将冲破隐私的牢笼，人类的一切行为都将被数字化。这种记录一定是全网式的，未来每个人都是可信的，有全网记录的。那么届时，阿里巴巴则无法再利用信息的不对称性赢利，这也是阿里巴巴的消失之时。

最近看程苓峰谈到微信打阿里巴巴，是三维打二维的战争。说得很有道理，在我总结看来最主要的还是在于85后这类新时代人群已经对整个互联网形成一定的信任机制，他们不像上一代人对互联网购物畏首畏尾，他们越来越不需要依靠阿里巴巴所建立的信任机制来完成购买行为，阿里巴巴要想赢得这一战，唯有开放，重新回到互联网中去顺应潮流，而不是抵抗。

腾讯：云世界的恐惧

据说有个段子，王石劝马化腾也去哈佛大学学习游玩，结果马化腾回了一句："我要是走了，一年后腾讯在不在我都不知道。"这虽然只是个段子，也无法分辨真假，但有一点是真的：巨头也有自己的恐惧，巨头也可能死于瞬息之间。这也是当年珊瑚虫外挂触碰QQ、51触碰QQ、360触碰QQ都让腾讯下杀手的原因。

但话说回来，虽然即时通信的QQ和微信都是腾讯的核心命脉，腾讯以此占山为王，但腾讯和阿里巴巴一样依然只是一个封闭的生态圈，和阿里巴巴被取代的逻辑一样，未来互联网的全面开放会取代QQ。

QQ和微信所能表现的只是人的身份的一种，未来人类的隐私是无处藏身的，其所有信息都将集合在一起，而不是分散开来。一个最大的特点就是，在未来没有匿名上网的情况。

在未来，每个人都会有一片"云"，这个"云"将可能由国际标准化协会来裁定，这个"云"中的每个人都会拥有自己的各种身份，并将某个人的所有信息汇聚在一起。在QQ中，我们只能看到其QQ系列产品的内容，但在未来，趋于隐私的"现形"要求，这种封闭会被打破，我们在云中给对方发送信息，可以朝对方的任何一种身份状态去发送，而每个人都是一个综合的整体，不再仅仅只展现一面。

云世界，即时通信将脱离IM载体，互联网最终走向大一统格局。

360：如何面对已被净化的数据

IBM有个广告：警察利用大数据排查，分析了犯罪地点、人物记录后，提前来到了罪犯想要实施抢劫的犯罪现场，进而让犯罪止于襁褓中。

想必各位已经猜到了我想说什么，360等杀毒软件所做的都只是病毒木马出现后的防御，而不是将其遏制于萌芽，但未来的互联网甚至能将个人的犯罪可能性预测出来。既然连矛都没有了，还要盾干吗？

360重视“安全”，随后推出了儿童手环。在我看来这没错，但这依然只是物联网尚不发达之前可以做的事情。未来的人是没有隐私并且相互信任，而可穿戴设备之类的物联网会有一个唯一的大云端，数据上传后根据计算排查，直接将危险扼杀在襁褓之中，而不需要独立的第三方进行拦截，因为发送过来的数据都已经净化过了。

水不干净时需要过滤器，如果上游水已经过滤干净了，那就不再需要多此一举的过滤器了。

所以不管现在的巨头如何打来打去，未来都是要消失的，360也不例外。从道的角度来说，生是一种偶然，消失是一种必然，包括我们自己也在其内。

几十年后，当我面对最新的互联网设备的全息脑波控制的进入网游的提示画面，我会想起第一次上网的时候，33.6K每秒的调制解调器吱吱呀呀的拨号声音，面对粗陋不堪的门户网页都那样的兴奋，互联网混沌初开，BBS、聊天室、申请QQ、在线棋牌室、SP、插件、盗号等一切蛮荒纷沓而来，投机者与冒险家活跃在这片虚拟的乐土，随后各路诸侯群雄逐鹿、攻城略地，这片土地逐渐有了各种自己的摩西法典，终于在虚拟空间建立起与现实互为融合的游戏规则。

开路者们带领着初民们建立起了自己的帝国，但这些开路者的结局与马孔多小镇一样，他们的消失也是互联网进化的一部分，其留下的产物则与新的生物结合进化，继续前仆后继地游戏。

从云的视角看腾讯——终将进化至消失

导语:

最近我在思考IM的未来，在中国也只有腾讯是代表了，我这次试着从其发展历史来推演其未来。IM的发展历史让人敬畏，而其未来又充满了无限可能，以下是我的思考。我希望能从它的过去深刻地推演出它的未来。

通讯录云端，“云”的雏形

QQ诞生之前，国内最火的IM通讯软件是一款以色列人做的ICQ，用户可以根据该软件与好友聊天。但是可惜的是，ICQ并没有很强的前瞻性思维，其对于即时通讯的落脚点依然只是“通讯”二字，认为只要达成通讯一切就OK，所以ICQ是没有任何好友保存的。这种思维在我们现在看来好像有点笨得不可思议，但如果我们感同身受地进入那个时代就会发现那依然是一个电话通讯主导的时代，电话、手机号都是没有服务器保存通讯录的，当时只要让电脑做到能即时通讯就已经非常好了，所有落脚点都在“即时”上，其他功能都不重要，都可以被忽略，ICQ的做法也很正常。

所以从那个时代的角度看，腾讯牛就牛在，居然把好友全部保存到服务器上了，在当时这么做其实代价是极高的。而就是因为这么一个简单而又不简单的决定，迎来了QQ用户爆炸式的增长，直到服务器吃不消并放缓QQ的发号数量。

而QQ的这一改进其实是革命性的，IM不仅仅是通讯工具，而是有了“云”的雏形，所有人都可以随时出现或者退出在互联网的这个云端，QQ本质上是一个互联网的超级接口，我们进入，即可连接到在线的所有人。

QQ的出现也意味着，IM从“即时通讯”跨向了“云雏形”。

虚拟形象、“云中人”

一、QQ秀

只是有即时通讯当然是不够的，腾讯接着做的就是打造虚拟形象。QQ的第一炮就是QQ秀，个人形象可以通过QQ秀展现出来。90后们是非常有趣的，他们在现实中无法表达的情绪，都会在QQ上尽情释放，他们会把火星文放在资料里表达自己，他们聊天时会专门先用火星文翻译器翻一遍再发送，他们会用文字组合成各种有趣的图案作为自己的QQ资料。

而此时的QQ已经有了这样的90后的个性需求的基础，所以其推出QQ秀必然能大获全胜。当然现在的90后们，已经走上工作岗位，有的成了杀马特，有的成了小清新，不再玩火星文，但是那些刚接触QQ的小孩们还是很喜欢这套的，他们依旧玩得不亦乐乎。

QQ秀是什么？从这个角度来说，我们可以看到QQ的接口又一次被扩大，它是虚拟形象的乐土。

二、QQ空间

有句话说得好：“腾讯是和小孩一起长大的，腾讯知道小孩想要什么。”对于这句话我无比同意。QQ空间实在是惊人之作，在免费博客大行其道却无法赚钱时，腾讯却赚得盆满钵满。

原因也很简单，90后们的QQ空间会有人来看，他们在意别人如何看自己，他们需要一个虚拟的舞台展现自己，他们在乎自己的形象，他们在乎自己的小天地。于是乎，利用强关系链的QQ空间又赢了。

QQ空间，代表了虚拟形象的二次满足，其出现是一种IM进化的必然。

另外，QQ还有一堆可以丰富个人形象的东西，比如QQ图标、VIP等，都很好地满足了用户的需求。我们从宏观的层面去看IM进化，我们会发现IM的接口又一次被扩大，这次是个人虚拟形象的扩大，QQ从通讯的简单连接跨越到了人的形象的连接。

当然，这里连接的只是一群愿意玩QQ的人，而有另外一部分人则没有覆盖到，这部分人则在微信时代被全部覆盖到。朋友圈就是个人形象的聚合物，我们很多人都玩得不亦乐乎。

移动时代，“云落地”

一、实名制

那天，凯文·凯利和傅盛、罗振宇的录制现场我恰好在，其中谈到了未来的隐私保护的问题，而KK的回答则是未来会出现越来越多的实名制，他也非常认可实名制上网。

KK到底想说什么呢？在我刷了下朋友圈和QQ空间后突然发现一个惊人的现实——我们已经是实名制了。

微信就是一款超级彻头彻尾的实名制产品，这不是哪个中央政府在控制，这是群体意志。我们已经身处于自发而成的实名制时代！仔细想想，这是一件多么有趣的事情。而微信就是这个实名制互联网的接口，你必须以真实身份接入。

联网的智能手机随时贴身携带，再加上LBS，让我们不得不真实。之前的接口是让人的形象进行虚拟的展现，但微信这个接口则是让一个真实的人出现在“云”里。

二、永久在线

QQ有次改版将手机QQ的在线状态取消，随后居然爆发了全国用户的吐槽和攻击，用户们要求改回原版，最后腾讯方面迫于压力只能又改了回去。这里面其实涉及的是用户多年以来在PC端的使用场景，进而积累的用户习惯问题。

手机QQ的方向当然没错，不过QQ的命运已经基本开始由盛转衰，微信已经拿过IM的接力棒。移动时代的用户使用场景是，说得夸张点——没睡觉就等于在线。而基于这样的一种场景，微信作为一个移动时代的超级接口，将最初的“即时通讯”发挥到了极致，直接OTT掉了运营商。

最后我们总结下IM在移动时代的进化：我们看到，这是虚拟世界向现实世界的全面降落，互联网的“云”已经彻底降落至我们的脚下，而现实也在不断对虚拟反噬，两者已经合一。

微信作为一个超级接口，将对人的虚拟形象塑造扩大到了对人的真实形象的塑造，由虚拟踏入了现实。PC时代，我们可以随时退出“云”中，但现在只要我们一睁眼就已是在线，就已经身在“云”中，再无“退出”二字，再也无处可躲。

“母体”已经着落，你会吞下哪颗药片呢？

IM未来将会如何进化？

一、旺盛期

毫无疑问，腾讯未来几十年甚至可能百年以内都不会消失。IM的接口功能会更加扩大，它会像一块磁铁一样，吸入更多的信息，所有人都会更加依赖IM所带来的附属形象。

而IM则会更加聚合各类资源，让IM成为移动时代的超级入口，比如物联网、游戏、支付等。

不用怀疑，此时的IM会成为互联网的巨兽，将吞噬掉整个互联网的半边天，称霸一方。

二、衰落期

以下有点科幻，也很有趣，想想我都挺激动的，很想活到那天。

我之前写过一篇《互联网进化，未来BAT3们将如何消失》，其中谈到一定是更开放的生态将腾讯取代。为什么？

我们再仔细看下，IM接口的膨胀变化，从最初的简单通讯，到虚拟形象，再到真实形象。接下来会是什么？

更真实的大聚合。

微信只是负责展示了某人想展示的一面，而互联网的连接作用会让隐私瓦解，详见我那篇《互联网冲击下，失去隐私的人类未来会怎样？》。瓦解隐私则需要的是你自己的“贡献隐私”，还有他人贡献你的隐私，以及物联网对你隐私的瓦解。

未来每个人都会有一片“云”，这个云可能如同比特币一样去中心化，是人的聚合形态，他人会用这片“云接口”上传关于某人的信息，而这种上传并非来自他人的主动，而是云时代的物联网自动搜集聚合形成的：通过人脸识别，语音识别等。同时这种聚合会有真实效验机制，公钥、私钥、加密机制一定会被再上升到物联网的另一个高度，不再是简单的验证数字签名然后解密而已。

云的特征是免费的、私有的、终身的、生物DNA验证的、唯一的、不可复制的、不可逆转的、不可删除的、永久保存的……

那时候其实和即时通讯没什么关系，或者说所有一切都将是IM，都是即时通讯的超级系统，所有一切都是聚合你的形象的一部分。

理解起来有点抽象。说得简单点，腾讯的IM接口是个庞然大物，总有一天它会到达整个互联网生态可以容纳的极限。到达时间的临界点后，互联网的反噬作用出现，一群群IM小怪兽一点点地将这头大怪兽吃下去、瓦解掉。随后这群小怪兽活蹦乱跳，在无序中涌现出有序，他们一个个手牵手，等待高智商的后人重新编写去中心化的游戏规则，对他们进行召唤，让他们全部联结在互联网中，好像他们的前辈比特币一样能和人类一起永生永世……

Facebook情绪渲染的背后

导语:

近日Facebook被各大媒体指责，其“渲染情绪”实验在人的动态信息中加入了测试数据，随后研究团队声称根据其测试结果表明，他们所控制的变量确实按照预期引发了他人不快或者愉悦的反应。

那么对此，我希望能够谈些有价值的事情。

我们是否早已被操控?

我们现在假设Facebook的算法可以随意控制我们的情绪，只要在信息流中加入干扰信息，就可以左右你一天的情绪，那么你将被Facebook统治。

第一种观点也是最常见的，Facebook面临大量的指责，各大报纸对其展开批评，这违反了伦理道德，用户不应当是Facebook的小白鼠……

再说第二种观点，这个观点就是，如果修改算法、修改界面上的元素就算是操控，那么从电视时代的广告，就已经开始群体心理操控了，而随后的互联网广告，谷歌不断调整算法的关键词广告的投放，图片广告的各种性暗示，各种勾起人性阴暗面的广告词难道就不是一种操控?

换句话说，媒体与大众永远是一种操控与被操控的关系，而Facebook的这种行为并没有任何不妥。“渲染情绪”自古就有，报纸广告早就在做，电视媒体早就在做，谷歌早就在做，只不过拥有更多用户隐私的Facebook显得更加尖锐而已。

用户当然不应该是小白鼠，因为这是假象，其实我们一直活在操控中，所以在电视媒体横行的时候，福柯就说这是一个比极权更没有自由的时代。

很不幸的是，现在比以前更是如此。

真相：数据的信号与噪声

纽约客在本次事件后发表了一篇文章，澄清了这次结果并不是像Facebook说的那样已经感染到了大众，实际上真正的结果是在这种语境下，人们并没有变得更开心，他们试图借由自己的内容显示出他们没有落后。当积极的内容减少之后，人们的幸福感可能并没有减少——他们可能只是觉得不太需要去为了与好友保持步调而自我夸大了。如果 Facebook 的研究能够说明什么问题的话，可能只是告诉我们，在一个社交群体中，人们会做出模仿他人的举动而已。

研究结果描述篇幅较少的一个发现能够支持这一理论：当人们读到的情绪化内容较少时，他们发布情绪化内容的概率也会减少。

而这说明了Facebook的结论并非正确，它只是为了引起媒体关注。

这里我再谈一下信号与噪声，当我们过度倾向于一种结论时，就会将所有数据往自己倾向的结论去倾斜，最后得出一个自以为正确的结论，这种错误叫做“过度拟合”，误将噪声当成了信号，而Facebook此次就犯了类似的错误。

无穷多的数据也会给我们带来无穷多的噪声，我们需要寻找的是信号，信号才是真正的价值所在。目前的可穿戴设备就属于噪声阶段，能够提取的信号非常之少。比如去年一直很热的智能手环就是一个非常好的案例，它为用户提供了一大堆数据，但是用户根本不知道这些数据有什么价值，而生产商也不知道，所以新鲜一阵也就过去了。

要知道，数据永远只呈现相关性，而不是结论。

撒谎的数据源

谷歌的疾病大数据预测虽然在2009年的预测上有漂亮的成绩，但是在2013年的2月谷歌流感趋势却被媒体大量批评，原因就在于其数据总是偏高于真实的流感数据，并且越来越不准确。

让我们分析下谷歌利用大数据预测疾病的思路。谷歌利用定位系统，分析出用户所在的区域，此外谷歌再锁定相关关键词，当用户搜索某些与特定疾病的关键词时，谷歌就能准确发现，当某地区的某个关键词搜索升高时，谷歌会发出预警，提示这里可能会发生流感。

很遗憾的是，从2009年以来，谷歌在大数据疾病预防上的成绩一路下滑，这里的原因不仅有算法上的，还有数据源上的问题。

一、当运营商的地理位置出现问题时，谷歌收集到的信息就是错误的。

二、搜索疾病关键词的用户不一定是患病用户。

三、关键词搜索的全名匹配和相关性匹配问题会导致谷歌出错。

四、搜索算法会影响用户搜索习惯，导致数据错误。

于是我们可以总结出，仅仅凭借关键词是无法直接得出真正有效的结论的，Facebook也同样如此。

这些数据源都存在一定问题，谷歌在大数据疾病预测的结果上还可以寻求实证，但是本次的Facebook的结论就没有任何的实证依据，根据所获得的部分信息去推导一个结论是完全错误的。

数据不会撒谎。这一事件只是我们无法忍受不确定性而对自己真诚的撒谎并且相信而已。这也是萨特所说的自欺。

通过更改算法，Facebook可以做什么？

一、留住用户。Facebook声称此次的测试是为了留住更多的用户，但我觉得完全是废话，任何一个涉及信息流的网站每天都在更改大量的算法来为用户寻求最佳的体验。谷歌、百度每天都在做，推特、微博、淘宝、相亲网站也都在做。

关于用算法留住用户，已经是目前大型网站都必须做的事情了。

二、做实验。这里的实验应该分为两种。第一种就是本次做的，通过修改算法然后观察用户在网站上所产生的信息结果。第二种就是通过修改算法，去观察用户所产生的变化，就如同谷歌的大数据疾病预测那样，但谷歌并没有为预测疾病而去更改关键词结果算法，它只是不断地修改用户搜索结果后的疾病出现概率的算法，并没有刻意去影响用户行为。

第一种一直是Facebook都在做的事情，修改算法观察结果，但是第二种则是需要花费极大的精力去做，并且还要为结果负责。

结语：Facebook把我们骗了，这或许是在刷存在感的表现。社交产品朝生暮死，用户永远是追求新鲜、追求好玩的，Facebook腰斩1/3的股价买下whatsAPP就是恐惧的佐证。

数据永远只能告诉你已经发生的事，那些确定无疑的信息，但是不确定的未来还是会被我们这一代又一代的人创造出来，而这些，只能依赖直觉。

从整理房间谈产品修炼之路

导语：

MUJI艺术总监原研哉在《设计中的设计》说过："把熟悉的事物如何变得陌生也是一种创造"。确实，要把已经很熟悉并且乱糟糟的家整理干净是一种挑战，但是由于做产品做久了就会开始换一种角度看事情，没有人喜欢乱糟糟的生活，而很多人之所以没有把家整理好就是因为没设计好房间的功能，在时间与空间的安排上没有考虑到最优设置。所以，我从"合理性"这个角度出发，把房间看做一次产品设计进行重新归位。

让高频物品回归高频空间

一个APP或者网站，如果第一眼不能让人知道其核心功能，那就是失败了。首页定江山，一个APP只有一个核心，并在首页的基础上去延展的。初级产品经理容易犯的最大毛病之一就是"好看"胜于"实用"，"逻辑合理"胜于"体验合理”。

同样，把这个逻辑迁移到收拾家的过程中来说，很多人收拾家不是朝着“合适”而是朝着“拍照晒到朋友圈会很好看”的角度去收拾的，所以当他们把家收拾一遍后必然会再次陷入混乱的泥潭，反复轮回。

为什么我们需要考虑物品与空间摆放的合理性呢？答案在于一般家庭都不是土豪，可利用空间有限。这就像手机端的APP设计，也是越来越寸土寸金，设计APP时必须越来越小心，要全力把主功能放到主要区域。上面这句话放到整理房间中就变成了“把高频物品放到最触手可及的空间位置”。比如我分析了我在房间里使用频率最高的物品就是水杯，所以我会空出两个专门的位置留给我的水杯，一个是床头一个是桌子。当然这里的空出位置是指每次都有空位，让其他东西为水杯挪出必要位子，而不是每次把杯子放上去之前需要再把别的物品挪开，让那些低频不常移动物品尽量远离高频位置空间。也就是说，我要为我的水杯留出至少两个固定位置。

不就是给水杯留出两个位置吗，这就是产品设计了？各位先不要着急，听我把话说完。接下来就是继续衍生的时候了，当你分析完第一个“物体”与“空间”的关系后，你就可以接着按频次与空间优先级考虑其他一切物品，进而就可以将一切各归其位。比如我接下来的高频物品就是iPad、kindle、手机等，我就同样需要为他们留下固定空间。所以我现在会在台子上留出空间，专门用来放它们，这样不至于每次都乱丢，避免床上、地上、抽屉里都会随时出现的情况。

房间会“乱成一坨翔”的原因无非是可随意移动的高频物品太多，而由于我们自身的思维混乱没有给他们留出正确的空间，让低频物品占领高频物品的空间，导致了我们房间一团糟。高频移动物品会不断打乱空间，而空间又会反过来让一切更乱。

所以，我们第一步就是去思考。

第一，可随时移动的高频物品是什么？

第二，你的高频接触空间是哪些？

第三，如何分配空间？让这些高频物品正确地占领高频空间，让低频物品远离高频空间。

这是修炼的第一阶，从具象到抽象的分析的能力。

为低频物品寻找合理空间

一个产品经理把产品变糟糕的最大原因之一就是主次不分，什么都想做，什么都贪，然后把用户需求很弱的那些功能放到了与主功能并列的位置上，结果导致了没有用户买单。

所以我们第二件要做的事情就是收心。第一是承认空间的有限，第二是承认有些东西确实是你不常用，可以收起来，甚至可以扔掉的。大道相通，不断“断舍离”。

这里的低频物品会有很多种可能性去定义，这又分为了两种：“可以扔掉”和“必须保留”。

比如一些还有两年才会过期的感冒药，在你没有感冒的时候放在桌子上就不合理了，但这些药品必须保留，就需要进入低频空间，如抽屉的某个盒子里。

再比如在你衣柜里存放的只有穿过一两次的衣服，这件衣服在本质上就是低频物品，并且“可以扔掉”，放在那里只会妨碍空间。

总的来说，人的囤积欲是很强的。有心理研究结果表明，人对失去100元的痛苦程度远大于获得100元的幸福。所以让他们丢掉一些没有必要的东西其实挺难，但这正是需要修炼的地方。

这和做产品其实也相通，我们总有一堆想法，产品经理们必然会在脑子里冒出一大堆非常垃圾的想法，并且抱着不放，而最后推向市场时只能惨败。这就是缺少“断舍离”的能力，总是抱着这是我的好点子的执着，必然摔跟头。

我做产品摔的跟头挺多，所以我越来越明白这点。于是我在收拾房间的时候就扔掉了好多不穿的衣服，旧的衣服、不好看的玩具、过期日历、半坏的耳机、时好时坏的数据线……扔掉之后，突然觉得一身轻松。

如果有必要可以列一张表，按照物品以及空间的频率由高到低排序，然后再决定空间位置以及去留。并且在这阶段最重要的就是“断舍离”，从局外人看自己的囤积欲。

这是修炼的第二阶，断舍离的能力。

留出多余空间，用于迭代

任何优秀的产品经理都不可能一步到位把一年后的产品原型都定下来，张小龙也说过微信是自己生长出来的。从微信的发展进化来看，微信不仅让高频、低频的功能找到了合理的空间位置，还为未来其他功能的衍生留出空间，比如微信的第三栏，张小龙没有和line一样直接就是朋友圈，而是把朋友圈再折叠起来，没有直接定死，这也为之后的“摇一摇”、“附近的人”的爆发留下巨大空间。试想如果当时朋友圈直接就是第三栏，用户的习惯一旦被固定下来就无法轻易改变，而之后功能的拓展就会比较困难了。

回到我们的主题，整理房间其实也是一样的，很多人定计划有些极端，给房间的每个物品进行了私人定制，甚至回家后脱下的一双鞋子都要求呈现出45°摆放，东西用过后要马上神经质地放回去，然后家里一旦有人破坏了自己收拾好的空间就破口大骂……

这其实就有点本末倒置了，我们整理房间的目的是为了让我们过得舒适，而如果仅仅是为了把房间整理干净而反过来让自己不舒适，那整理房间就失去了意义。而这样接近强迫症式的开场，是注定要以失败告终的，不是自己受伤就是家里人受伤或者一起受伤。

那么我是怎么做的呢？首先我把该扔的都扔了，尽量留出位置。其次我知道人是有惰性的，我是个超级懒人，我之前每次回房间都要乱扔衣服，每次扔到床上、桌子、椅子上，到第二天、第三天也不会去管，结果不过几天，家里到处是我扔的衣服。所以我就意识到，这不是我的错，这是我的天性，我需要的是更多的空间，来满足我的这个需求，于是我买了一个衣物篮，每次回来都往里面扔衣服，每次满了再丢洗衣机，这还提醒了我应该定时洗衣服，不至于经常忘记洗衣服这件事，一举两得，非常和谐。

那么从这件事中，我复盘下，不要对人性过分自信，你所定下的那些高频、低频物品和空间，过一阶段一定会发现很多错误，这时就需要持续调整，而在错误发现之前，你必须给自己发现错误的空间：多留出20%～30%的空间让自己去犯错，去发现，然后再去升级。那些你本来以为是高频的需求其实只是低频需求，而那些你本来以为是低频的需求其实也可能是高频需求，你需要逐步改进。

其次，这种留出空间的意义还在于时间的变化上。事物不是一成不变的，随着一个人的收入的上涨，他会迎来各种新的未被开发的需求，这时相应的需求次序会发生变动，而留出的空间就像微信的第三栏，随时等着需求的叠加，功能的延展。

另外说一下，其实我房间过一段时间还是会乱一下，但是我每次乱过之后都有会重新思考物品的位置的合理性，然后再调整。

这是修炼的第三阶，为自己留出多余空间以便后续迭代的能力。

品味生活的能力

如果一个人家里的各种家具用品很糟、使用的家居用品也很糟，那也就根本不可能去考虑整理房间这种事。

小米的黎万强说过，小米在招设计师时，非常注重设计师穿什么，这不是毫无根据的，一个人如果连穿着都不讲究那就一定是混乱的，是缺少设计规划能力的。

很多租房的年轻人都有这么一种想法，这个房子是租的，反正不是我的，住一年就走了，这个房间怎么样无所谓，只有等我买到房了我才会好好对待它。这其实是一种生活观念的问题，我们的囤积欲太大，所以一心只想买房而忽略其他一切关于品质的东西，比如虽然收入已经过万，还是买最便宜的床上四件套，iPhone6出来了手机还在用iPhone4……

但其实在你的收入到一定程度后，去改善一下生活其实并不需要太多钱，而且这会让你活得更有品位更有自信，然后获得更高的收入。

当然，每个人有每个人的活法，我这里谈谈一个产品经理的看法。如果你收拾房间的目的就是希望能够把自己的生活品质提升起来，而如果你不把家居用品质量提升起来，你所做的努力都是缘木求鱼，因为你最后会发现你的付出与收获不成正比，乃至于最后放弃。这就好像微信已经升级到了最新版，手机依然是iPhone4，经常卡退，地铁上收不到信号，搞得自己很累。是需要更换硬件的时候了。

我非常喜欢知乎上“谢熊猫君”关于这个问题的回答：

所以趁床上用品打折的时候把原本260针的床单换成550针的，枕头也换成记忆棉的，我三分之一的人生要睡在更柔软的床上。所以我为了买电脑提前一个月调查研究和追踪硬件市场行情，提前两周买了新的电脑桌，为了摆放电脑桌调整了所有家具的位置。所以电脑买回来后我用各种绑线、走线工具，把众多的连接线藏了起来，外设虽多但看起来一点不乱。所以我在没吃过的新奇奶酪打折的时候买来品尝，所以我让朋友在机场免税店帮忙带single malt的威士忌，所以我选择社区健身房的会员，比商业健身房便宜了80%。我不求一步登天荣华富贵，但是我会选择用最少的钱来过体面的生活，因为对我来说，这个世界上最重要的人是我。把自己当成世界上最重要的人，不是说要自私，而是说要把自己当作世界上最重要的人来照顾。当你照顾好了自己，品味就会照顾好它自己。

原文链接：http://www.zhihu.com/question/21568734/answer/20070622

这在本质上也是一种断舍离，从“物”的断舍离到“内心执念”的断舍离。所以如果要是我以后面试产品经理，我也会考察他的衣着以及品位等，因为这代表一个人对生活的追求以及品位，而首先只有对生活有追求并且爱自己的人，才能爱自己做的事情和产品，也才有能力将自己对生活品位的不懈追求也全部深深地投入到产品的灵魂里。

乔布斯老爷子不就是这样纯粹的一个人吗？

这是修炼的第四阶段，爱自己，追求美好生活的能力。

对于产品，我其实有很多话想说。前三个阶段都是术，只要是个产品经理，工作一段时间都能总结出来，但是有些东西则是永远无法通过学习获得的，那就是对生活品质追求的态度。产品经理对生活品质追求的态度将直接投射到他所做的产品中。这种正向的追求包括让自己过得舒适，让自己有适度的享受，让自己更享受工作与生活。

产品本身，可有形可无形，但最终都是为了连接人与技术，为了让生活变得更为美好，而只有对生活有真正美好追求的人才能做出真正优秀的产品。

产品由0到1的真正边界是什么?

导语:

这几天又翻了下腾讯在2012年出版的一本谈产品的书《在你身边，为你设计》，这不禁让我感慨，腾讯的整个产品设计的标准化体系十分的优秀以及出色，说其用户体验在国内首屈一指一点也不为过。几个月前和一个曾经在腾讯工作过的朋友聊天，他认为腾讯的整个产品体系是一种工科生的思维方式，通过严格的公式、计算、考核、数据，来完成的，腾讯是以一套工科生的思维方式建立的完美的产品体系。

腾讯的整套产品的标准化系统确实值得学习，但是我近来在思考的则是，为什么在这样一套完美的产品生产系统中没有诞生微信？为什么在米聊积累了几十万用户后QQ依然无动于衷，而微信的诞生则是来自一封张小龙发给马化腾的意外邮件？如果没有这封邮件也就没有微信。又或者说，如果这套产品体系完美到天衣无缝，那么它的评价体系也应该完美，为什么又在微信诞生之初，受到腾讯内部的排挤？这种排挤刨除人的因素，其实可以看成是腾讯完美产品系统对于微信的排挤，那么腾讯以及百度、阿里巴巴这些大公司的完美的标准化的产品设计体系下的漏洞又在哪里？产品的边界又是什么？

前几天看到一篇文章，讲的是产品经理在产品设计上的全部细枝末节，从页面结构到修改的所有详细说明，深入一切细节，做得的确非常不错。但是最后看到这个项目的时候，顿时觉得很无趣，是一个乱七八糟的项目，整个产品都不知道在做什么，但是每个细节都已经被标注出来。

这和我之前犯的错误一模一样，我们都很努力地在交互层面想方设法地做到极致，在产品需求说明的规范化流程化上努力做到最清晰，让程序设计可以更加轻松的对接，让整个项目管理更可控、高效，但是做出来的产品用的人却寥寥无几，完全没有到达我们的预期。

而这也是我花了两年多时间走过的困惑，我一直很努力学习，也在努力寻找什么是好产品的标准答案，而我能够学到的则是不断优化用户体验，要为用户群体画像，要做好项目管理分配，要不断满足用户周边需求……但最终这些经验都是取决于已经有很多用户的产品，以及有大公司流量支撑的产品，他们的经验其实是已经完全越过了“0”到“1”的阶段在干的事情。

所以回过头来再看腾讯这些大公司的标准化的可以量化考核的产品管理哲学，统统都是建立在了1之后的事情，所以腾讯无法预测从“0”到“1”的微信，大公司可以在用户体验上做到极尽可能的优秀，优秀的人可以通过学习迅速掌握在大公司做事的方式，将流程化、体系化的工作做到最高效率、最优质，但是一旦让他自己跳出来创业，则所有经验是否有用都很难说了，比如白鸦，我以前一直看他谈设计的文章觉得很不错，但是他离开支付宝之后，做出的事情并没有一帆风顺，他也是一个很努力的人，他的设计理念没有任何错的地方，但是就没有做出算得上大成的产品。

折腾两年其实挺痛苦的，这两个月我在旅游，把心渐渐沉了下来，通过两年多时间的教训，我明白了一件非常重要的事情：从“0”到“1”这个过程是不可能通过标准化的方式所习得的，无论你多努力多刻苦地去钻研用户体验的细枝末节，去做更详细的需求文档，都没用，无论你多努力多聪明，在这些事情上做到极致，你依然只会是一个经理人，就像流水线上不会想太多的工人，总以为只要多努力就会有更多回报，但是永远想不到为什么世界上会有这样一份工作，以及整个世界背后运行的机制是什么。

我最近思考最多的是从“0”到“1”，到底什么是需求？所有人都知道一个产品都只能做到极致的一个点，但是100个点里有99个会死，又到底是哪个点打出去是从“0”到“1”？这不是可以通过学习获得的经验，一定要回到人性底层才能体验到。

我另外悟到一个很重要的事情，就如何看一个人是否真正懂人性，懂人性不是拿着别人家的产品分析来分析去说这个体现了什么样的人性、自私、虚伪等？这只是事后结论。真正的懂人性的人一定是能够将自己的“懂”回归到自己的人际关系中，通过与人打交道的方式中就能看出一部分，他们可以通过你的交谈直接看透你背后的需求，来考虑你的处境，这是无法言传的。其次真正懂人性的人会将这个“懂”做成广受大众喜欢的小说、电影、话剧节目、脱口秀节目等艺术化的表达。当然，更为深层次的就是做成产品，因为通过懂人性做出的产品一定是能够将人性底层进行一种标准化的设计来实现的，这种标准化是必须实打实地切中每一个人底层需求，再顺势而为。再反过来说，这个世界的任何行业的标准化流程本质上都是按照人性底层的需求所衍生出来的。

所以当我重新回头去看“摇一摇”这个功能的时候，有一种不可思议的感觉。我们作为原始人的时候，接触一个物体最直接的方式就是拿在手中摇动，想要知道它是什么，里面会有什么神秘的好玩的东西？这种最直接直抵人性底层的设计，一定是在腾讯的产品设计体系之外诞生的，也间接说明了张小龙的那封邮件也绝不是什么“意外”，是一种对人性深刻的把握，张小龙是真的懂人性。

我旅游这几天也非常清楚一件事，那些分析产品体验的报告永远只是表面上的事情，尤其是90后分析报告之类，这些分析都没有错，但这都是随时可能变化的游戏规则的乱象。真正能够让你抵达人性深处的只有对自己的深入观察，频繁观察自己的欲望、恐惧、烦恼、愤怒等，你必须先有探索自己的欲望，而不是像所有人一样永远被欲望和恐惧牵着鼻子走，然后经历一切挫折与痛苦后顿悟出离，才可能到达见自己则见众生的高度。

所以，佛陀是懂人性的，它创造了流传千万年的产品，佛陀真实地看到了无论这个世界的科技与文明如何物换星移，人性底层的那些东西不会发生任何变化。

我后面会接着思考，望与同道者共勉。